本书为2023年度自治区"天山英才"培养计划哲学社会科学人才和新疆文化名家项目"哲学社会科学普及人才"项目"新疆社会科学普及工作的探索与实践"（KPRC2023001）的阶段性研究成果。

新疆大学"双一流"建设学术著作出版专项资金资助

唐先滨 著

新疆社会科学普及发展研究

RESEARCH ON THE POPULARIZATION AND
DEVELOPMENT OF SOCIAL SCIENCES IN XINJIANG

社会科学文献出版社
SOCIAL SCIENCES ACADEMIC PRESS (CHINA)

前　言

党的十八大以来，以习近平同志为核心的党中央高度重视哲学社会科学事业。《全民科学素质行动规划纲要（2021—2035 年）》于 2021 年 6 月正式发布，明确将习近平总书记关于"科技创新、科学普及是实现创新发展的两翼"[①] 的重要指示作为新阶段科学普及事业的根本遵循，"要把科学普及放在与科技创新同等重要的位置"[②] 作为 2025 年目标之一。2022 年，习近平总书记在中国人民大学考察时，强调要"加快构建中国特色哲学社会科学，归根结底是建构中国自主的知识体系"[③]，为新时代繁荣发展中国特色哲学社会科学进一步指明了方向。人文社会学科和人文社会科学知识往往具有一定的价值取向，对群众的世界观、人生观、价值观的塑造具有不可替代的作用，这是人文社会科学具有的天然优势，也是社会科学普及亟须展开的重要原因之一。

党的十八大以来，新疆维吾尔自治区深入学习贯彻习近平总书记在哲学社会科学工作座谈会上的重要讲话精神，积极探索社会科学普及问题。自 2016 年以来，新疆维吾尔自治区连续 8 年共计向 130 多家单位授牌"新疆维吾尔自治区社会科学普及基地"；2021 年 3 月 25 日新疆维吾尔自治区第十三届人民代表大会常务委员会第二十四次会议通过了《新疆维吾尔自治区社会科学普及条例》。这些措施进一步推进了社会科学普及事业的发展，使社会科学普及工作真正做到深入群众。笔者在新疆工作多年，目睹社会科学普及事业的长足发展，为自治区党委和政府对社会科学普及工作

[①] 《习近平谈治国理政》第 2 卷，外文出版社，2017，第 276 页。
[②] 《十八大以来重要文献选编》（下），中央文献出版社，2018，第 339 页。
[③] 高培勇：《归根结底是建构中国自主的知识体系》，光明网，2022 年 6 月 8 日，https://m.gmw.cn/baijia/2022-06/08/35794571.html。

的重视感到不胜欣喜，但又深知社会科学普及工作并非总是一帆风顺的。因此，笔者决定对新疆社会科学普及工作进行深入的调查研究。促使笔者做这件事的原因如下：其一，社会科学普及工作在宣传党的路线、方针和政策，传承和弘扬中华优秀传统文化方面具有天然优势和重要作用；其二，社会科学普及作为铸牢中华民族共同体意识的载体，对公众文化素养的提升和全社会精神文明建设具有重要的意义；其三，社会科学普及工作在引导群众、凝聚群众，增强广大群众社会科学普及体验和实现文化浸润功能上有重要作用，是打通"文化润疆"的"最后一公里"；其四，民众素质的高低是一个国家软实力强弱的重要表现，是社会主义现代化建设的重要动力，对象化、分众化、互动化的社会科学普及有利于丰富人民群众精神文化生活，提升人民文明素养和社会文明程度，促进人的全面发展和社会的全面进步；其五，意识形态工作一直是党和国家工作的重要组成部分，新疆建设好、维护好社会主义意识形态意义重大，通过开展社会科学普及工作，筑牢意识形态安全防线，对于凝聚各民族团结奋斗的共同思想基础具有重要的理论和现实意义；其六，社会科学普及工作的发展有利于支持高等院校、企业、行业部门发挥自身优势，带动各级各类社会科学普及基地高质量建设，引发社会各界对社会科学普及的关注与重视。

基于以上考虑，本书采用多种研究方法。一是文献法。本书将诸多学者的观点分类汇总，并将其基本观点作为理论支撑。二是定性分析和定量分析相结合。定性分析主要涉及文献资料法、案例分析法、比较分析法，通过这些方法可以加深大众对社会科学普及、社会科学普及基地及其评估体系的认识和了解，进一步深化所研究的问题。定量分析主要涉及问卷调查法和访谈法所获取的数据。三是坚持宏观研究与微观研究相结合。宏观方面，本书面向全疆发放调查问卷，以全疆的视角深入剖析目前社会科学普及取得的成效及存在的问题；探讨阐释好、宣传好、贯彻好《新疆维吾尔自治区社会科学普及条例》的路径；深入研究并借鉴国内外相关经验，为新疆社会科学普及工作的改进和完善提供重要参考。微观方面，本书通过案例分析法进一步探讨社会科学普及基地及其评估体系的改进措施。

本书主要包括六部分内容。

绪论，主要包括研究背景、研究意义、研究综述、核心概念、研究目标、研究方法、理论基础及政策法规，阐述了推进新疆社会科学普及工作的必要性。

第一章新疆社会科学普及工作现状研究，主要涉及新疆推进社会科学普及工作发展路径研究、新疆对象化开展社会科学普及工作研究、新疆分众化开展社会科学普及工作研究、新疆互动化开展社会科学普及工作研究、新疆社会科学普及现状调查研究——基于829份调查问卷的分析。习近平总书记曾指出："一个没有发达的自然科学的国家不可能走在世界前列，一个没有繁荣的哲学社会科学的国家也不可能走在世界前列。"[①] 2017年中共中央印发的《关于加快构建中国特色哲学社会科学的意见》强调，坚持和发展中国特色社会主义，必须加快构建中国特色哲学社会科学。2021年7月施行的《新疆维吾尔自治区社会科学普及条例》是新疆社会科学领域第一部地方性法规，也是自治区社会科学工作进入法治化道路的重要标志。笔者通过对南疆、北疆、东疆三个区域7个地州的829人的问卷调查发现，新疆社会科学普及已经取得一定的成效，但仍存在基础设施落后、人才机制不健全、缺乏创新力、群众对社会科学普及了解程度低等问题，需要围绕资金投入、人才培养、社会科学普及载体、互联网、群众思想等方面开展工作，深化新疆社会科学普及成效，繁荣新疆哲学社会科学。

第二章新疆社会科学普及基地认定与评估研究。本章节主要研究了新疆社会科学普及基地建设的现实图景、新疆社会科学普及基地的认定与新疆社会科学普及基地的评估工作。新疆社会科学普及工作自1984年以来经历了探索阶段、起步阶段、发展阶段。自2016年起，新疆共授牌130余家社会科学普及基地，社会科学普及基地发展初具规模，建立了较为完善的新疆社会科学普及基地认定体系，但是在社会科学普及基地评估方面新疆还处于初步发展阶段，面临评估机制不完备、评估流程不全面、奖惩机制不完善等发展困境。为突破发展困境，本书基于新疆社会科学普及基地的实际情况，构建了极具应用价值的评估指标体系，为新疆社会科学普及基地的长久发展提供基本保障。

第三章阐释宣传贯彻《新疆维吾尔自治区社会科学普及条例》研究。自2021年3月25日《条例》颁布出台，其便成为新疆各地区开展社会科学普及工作的重要依据。阐释宣传贯彻好《条例》对于繁荣新疆哲学社会科学，推

[①] 习近平：《在哲学社会科学工作座谈会上的讲话》，人民出版社，2016，第2页。

动马克思主义中国化大众化，发挥其在深入开展"文化润疆"工程、夯实社会稳定和长治久安思想基础等方面的作用具有重大意义。阐释好《条例》的内容和意义是推动新疆社会科学普及工作的前提，是增强人民对社会科学认识的基础。宣传好《条例》是一项承上启下的工作，通过宣传，可让《条例》深入人心，走进新疆民众的生活，促使民众自觉贯彻好《条例》。

第四章国内外相关经验及启示研究。国内一些地区已经在社会科学普及方面积累了丰富的经验，如天津市社会科学界联合会结合自身优势，通过以点带面实现从经验、机制以及宏观体系构建等多个维度深入推动社会科学普及工作；安徽省社会科学普及的数字化转型工作取得重大成就。国外诸多先进科普形式和做法为新疆社会科学普及工作的改进和完善提供了重要的理论基础和经验借鉴。

第五章新疆社会科学素养调查研究。通过对南疆、北疆、东疆三个区域的804人的问卷调查，从公众对社会科学现实意义的认识、公众对社会科学普及工作的兴趣和现实需求、公众对社会科学普及工作的认识这三个维度调查了公众对社会科学普及的情感倾向和意见态度，为之后的一系列相关社会科学普及工作的展开，提供了理论数据与侧重方向。

由于笔者的理论水平、分析归纳能力、调查研究能力有限，本书尚有不足之处。首先，在调查研究的问卷设计上还存在些许不足，部分问题设计忽视了调查的全面性，缺乏对主体的深入剖析。其次，对田野点的选择尚需斟酌，调研区域的范围有待进一步扩大，样本数据分布不平衡。最后，项目组成员理论水平高低不均，分析归纳研究材料的能力有限，有待进一步加强理论学习和各方面能力锻炼。

殷切希望各位同人和广大读者朋友批评指正，以促进新疆社会科学普及事业繁荣发展！

目　录

绪　论 …………………………………………………………………………… 1
　第一节　研究背景 ……………………………………………………………… 1
　第二节　研究意义 ……………………………………………………………… 4
　第三节　研究综述 ……………………………………………………………… 6
　第四节　核心概念 ……………………………………………………………… 12
　第五节　研究目标 ……………………………………………………………… 16
　第六节　研究方法 ……………………………………………………………… 16
　第七节　理论基础 ……………………………………………………………… 17
　第八节　政策法规 ……………………………………………………………… 19

第一章　新疆社会科学普及工作现状研究 ……………………………………… 22
　第一节　新疆推进社会科学普及工作发展路径研究 ………………………… 22
　第二节　新疆对象化开展社会科学普及工作研究 …………………………… 41
　第三节　新疆分众化开展社会科学普及工作研究 …………………………… 48
　第四节　新疆互动化开展社会科学普及工作研究 …………………………… 54
　第五节　新疆社会科学普及现状调查研究——基于829份调查问卷的
　　　　　分析 …………………………………………………………………… 61

第二章　新疆社会科学普及基地认定与评估研究 ……………………………… 74
　第一节　新疆社会科学普及基地建设的现实图景 …………………………… 74
　第二节　新疆社会科学普及基地认定研究 …………………………………… 101
　第三节　新疆社会科学普及基地评估研究 …………………………………… 119

1

第三章　阐释宣传贯彻《新疆维吾尔自治区社会科学普及条例》研究 …… 142
第一节　阐释好《新疆维吾尔自治区社会科学普及条例》　…… 142
第二节　宣传好《新疆维吾尔自治区社会科学普及条例》　…… 145
第三节　贯彻好《新疆维吾尔自治区社会科学普及条例》　…… 148

第四章　国内外相关经验及启示研究 …………………………… 151
第一节　国内社会科学普及的经验做法 ……………………… 151
第二节　国外科学普及的经验做法 …………………………… 155
第三节　国外开展科普活动的经验 …………………………… 161

第五章　新疆社会科学素养调查研究 …………………………… 164
第一节　新疆公众对社会科学的态度 ………………………… 164
第二节　新疆公众获得社会科学知识的渠道及相关普及活动分析 …… 171
第三节　新疆公众对社会科学普及工作的评价分析 ………… 177

参考文献 …………………………………………………………… 184

附录 A …………………………………………………………… 191

附录 B …………………………………………………………… 199

附录 C …………………………………………………………… 209

后　记 …………………………………………………………… 211

绪 论

第一节 研究背景

党的十八大以来，以习近平同志为核心的党中央高度重视哲学社会科学事业。2016年，习近平总书记主持召开哲学社会科学工作座谈会，提出"加快构建中国特色哲学社会科学"①的重大战略任务。2017年，习近平总书记在党的十九大报告中指出："推动文化事业和文化产业发展。满足人民过上美好生活的新期待，必须提供丰富的精神食粮。要深化文化体制改革，完善文化管理体制，加快构建把社会效益放在首位、社会效益和经济效益相统一的体制机制。"②于2021年6月正式发布的《全民科学素质行动规划纲要（2021—2035年）》，明确以习近平总书记关于"科技创新、科学普及是实现创新发展的两翼"③的重要指示为新阶段科学普及工作的根本遵循，并将"基本形成'科学普及与科技创新同等重要'的制度安排"作为2025年的目标之一。④2022年，习近平总书记在中国人民大学考察时，强调"加快构建中国特色哲学社会科学，归根结底是建构中国自主的知识体系……使中国特色哲学社会科学真正屹立于世界学术之林"⑤，这为新时代繁荣发展中国特色哲学社会科学进一步指明了方向。党的二十大提出中国式现代化是物质文明和精神文明相协调的现代化。以习近平同志为核心的党中央始终坚持物

---

① 习近平：《在哲学社会科学工作座谈会上的讲话》，人民出版社，2016，第15页。
② 习近平：《决胜全面建成小康社会 夺取新时代中国特色社会主义伟大胜利——在中国共产党第十九次全国代表大会上的报告》，人民出版社，2017，第43~44页。
③ 《习近平谈治国理政》第2卷，外文出版社，2017，第276页。
④ 郑永和等：《"两翼理论"指导下科普事业发展路径的思考》，《科普研究》2022年第1期。
⑤ 高莹：《中国社会科学院传达学习习近平总书记在中国人民大学考察时重要讲话精神》，《中国社会科学报》2022年4月29日。

质文明和精神文明"两手抓、两手都要硬",不断推动物质文明和精神文明协调发展。

因此"两翼理论"及"两手抓、两手都要硬"指导下的新时代社会科学普及工作,将会充分发挥社会科学普及在推动创新发展中的重要作用。与此同时,党的二十大报告指出,"加快构建中国特色哲学社会科学学科体系、学术体系、话语体系,培育壮大哲学社会科学人才队伍"[①],构建具有中国特色的哲学社会科学学术体系和话语体系,加强社会科学人才的培养,这正是党中央对社会科学研究的准确定位。社会科学的重要性不言而喻。对于社会科学知识如何"飞入寻常百姓家",我们应当采取更加积极有效的措施。

党的十八大以来,新疆维吾尔自治区深入学习贯彻习近平总书记在哲学社会科学工作座谈会上的重要讲话精神,加强和规范社会科学普及工作,培育和践行社会主义核心价值观,提高公民的社会科学文化素养和思想道德素质,促进人的全面发展和社会全面进步,积极探索社会科学普及基地建设。尤其是自治区社科联第五次代表大会以来,全区哲学社会科学战线深入研究新疆改革发展稳定面临的重大理论和现实问题,为新疆推动高质量发展、实现社会稳定和长治久安作出了积极贡献。在强国建设、民族复兴新征程上扎实推进中国式现代化新疆实践,需要包括哲学社会科学战线在内的各方力量共同努力,并为全区广大哲学社会科学工作者提供广阔舞台。自2016年以来,新疆维吾尔自治区连续8年共计向130多家单位授牌"新疆维吾尔自治区社会科学普及基地"。2021年3月25日,新疆维吾尔自治区第十三届人民代表大会常务委员会第二十四次会议通过了《新疆维吾尔自治区社会科学普及条例》,自7月1日开始施行。这些社会科学普及基地辐射面广、各有特色、形式多样,包括教育研发类科普基地、文化场馆类科普基地、民族乡村文化类科普基地、媒体传播类科普基地、其他类基地等,为促进社会科学普及事业发展、推动社会科学普及工作深入群众发挥了重要作用。2023年11月21日,自治区社科联第六次代表大会开幕,会议强调要聚焦新疆优势特色领域,不断推动知识创新、理论创新、方法

---

① 习近平:《高举中国特色社会主义伟大旗帜 为全面建设社会主义现代化国家而团结奋斗——在中国共产党第二十次全国代表大会上的报告》,人民出版社,2022,第43~44页。

创新，构建具有中国特色、新疆风格的哲学社会科学体系；根植人民、服务人民，深入开展调查研究，有针对性地提出破解群众关切问题的真招实策，做好哲学社会科学知识普及工作，更好满足各族群众日益增长的精神文化需求。新疆维吾尔自治区将5月的第三周定为新疆社会科学普及周。在2023年5月15日的新疆维吾尔自治区社会科学普及周的开幕式上相关部门公布了第八批"新疆维吾尔自治区社会科学普及基地"名单，新疆美术馆、新疆日报报史馆、新疆乌伦古湖国家湿地公园、乌鲁木齐国际陆港区发展服务中心、伊犁哈萨克自治州伊宁县新时代文明实践中心、巴音郭楞蒙古自治州和硕县马兰红山军博园、新疆大学校史馆等16家单位被评为社会科学普及基地。各普及基地通过采取公众易于认知、理解、接受、参与的方式和途径，以习近平新时代中国特色社会主义思想为指导，普及社会科学知识和理论成果，巩固马克思主义在意识形态领域的指导地位，巩固各族人民团结奋斗的思想基础，推进"文化润疆"工程。目前，新疆社会科学普及基地工作以加强历史资源保护为依托，借力乡村振兴，把中华优秀传统文化、红色革命文化、社会主义核心价值观，通过实景、实物、实情融入日常百姓生活，有形有感有效铸牢中华民族共同体意识，并且通过分级创建社会科学普及基地的做法，做大做强社会科学普及基地的品牌。

社会科学普及基地作为经常性开展公益性、群众性社会科学普及活动的重要载体，对提升全民素养、促进社会发展进步具有重要作用。截至2017年，全国大部分省区市都由社会科学界联合会牵头建立了省级社会科学普及基地，有些还建立了省市县三级社会科学普及基地工作网络。湖南建立省级社会科学普及基地101家；浙江建立了省市县三级社会科学普及基地近1000家，基本覆盖全省；四川建立了76家省级、95家市级、150家县级社会科学普及基地；江苏建立了100家省级、300家市级、400余家县级社会科学普及基地；福建建立了35家省级社会科学普及基地，市、县两级建立了147家社会科学普及基地；安徽、重庆、江西、云南等省市和广西壮族自治区建立了一定数量的社会科学普及基地。[①] 截至2022年5月，新疆维吾尔自治区社会科学普及基地数量已达120家，但是综合科普[②]水平与内

---

① 龙艳：《社会科学普及基地发展现状及建议》，《文教资料》2018年第19期。
② 本书所指"科普"，除特别说明外，一般指"社会科学普及"。

地其他省份相距较大。普及基地建设起步较晚,在社会科学普及基地管理方面还处于初步阶段,建设空间较大。因此,本书通过吸收和借鉴其他省份的经验,根据新疆具体实际,制定相关认定管理办法,做到一般与特殊相结合,完善新疆社会科学普及基地相关制度。

第二节　研究意义

一　理论意义

第一,推动社会科学普及工作高质量发展有利于传承和弘扬中华优秀传统文化,推动优秀传统文化创造性转化、创新性发展,有利于深入开展"文化润疆"工程,加强哲学社会科学工作,促进新时代哲学社会科学事业高质量发展,为加快构建中国特色哲学社会科学体系作出贡献,推进中国式现代化建设。

第二,社会科学普及基地作为普及社会科学知识与方法,宣传党的路线、方针和政策的有效渠道和重要载体,能够弘扬习近平新时代中国特色社会主义思想,有效推动当代中国马克思主义理论和新时代社会科学知识落细落实,推动社会科学普及工作改革创新迈上新台阶。

二　现实意义

(一)有利于铸牢中华民族共同体意识

当今世界,在人类社会发展的全球化的大背景下,民族主义、多元文化主义、历史虚无主义等多元价值观,使人们对价值追求产生了一定的困惑,从而增加了社会发展的各种不确定性。虽然我国综合国力不断提升,国民的民族自豪感和爱国之心显著增强,但是本土文化的主流价值观与外来文化的碰撞以及各国利益的争夺,对民族团结产生了一定不良影响。因此,排除思想干扰,树立正确价值观,成为铸牢中华民族共同体意识的应有之义。社会科学普及作为铸牢中华民族共同体意识的载体,对公众文化素养的提升和全社会精神文明的建设具有重要意义,从而形成推动社会发展的软实力,凝聚民族力量。

（二）有利于推进"文化润疆"工程

社会科学普及是一种向社会公众传播社会科学知识和理论成果的实践活动，是推进"文化润疆"工程的总抓手。为了使"文化润疆"工程落地生根，应按照《全民科学素质行动计划纲要（2006—2010—2020年）》"政府推动、全民参与、提升素质、促进和谐"的总体要求，开展形式多样、不同主题的社会科学普及宣传活动。通过对象化、分众化、互动化，形成全方位、多层次、多声部的传播矩阵，深入推进"文化润疆"工程，为新疆经济社会发展注入强大精神动力，使各族群众在物质上与精神上共创发展成果、共享发展红利。开展社会科学普及工作，可以引导群众、凝聚群众，增强广大群众社会科学普及体验和实现文化浸润功能，从而打通"文化润疆"的"最后一公里"。

（三）有利于促进民众素质提升和社会全面进步

社会科学普及基地是社会科学普及的阵地，通过采取通俗易懂的方式、形式多样和内容丰富的活动，有利于丰富人民群众精神文化生活，宣传社会科学知识，提升人民文明素养和社会文明程度，促进人的全面发展和社会全面进步，让社会科学知识真正走进人民群众心中。民众素质的高低是一个国家软实力强弱的重要表现，是社会主义现代化建设的动力。民众素质水平的高低会影响到现代化的建设水平，关系社会发展是否具有长足动力。社会科学普及事关新疆的现代化建设，事关新疆的长久发展。社会科学普及活动旨在传播和普及社会科学知识，只有通过强有力的普及宣传工作，才能迅速传递社会科学信息和党的方针政策。社会科学普及对民众而言是一个全方位互联互动的过程，目前新疆已基本形成"政府推动、多部门联动、社会和公众互动"的工作格局，互动化的社会科学普及工作能亲近民众，使民众进一步去实践社会科学，增强学习动力，从而提升民众素质。[①]

---

① 李寅：《筑牢民族工作领域意识形态安全防线的思考》，《贵州民族研究》2021年第1期。

(四) 有利于维护意识形态安全

一直以来，意识形态工作是党和国家工作的重要组成部分，民族问题历来是意识形态工作的重要领域、前沿阵地，筑牢意识形态安全防线，事关民族团结和社会稳定。社会科学普及是党的意识形态领域工作的重要组成部分。开展社会科学普及工作，可以筑牢意识形态安全防线，对于新疆建设好、维护好具有强大凝聚力和引领力的社会主义意识形态意义重大，对于凝聚各民族团结奋斗的共同思想基础具有重要的现实意义。

(五) 有利于社会科学普及基地高质量建设

社会科学普及基地坚持政府主导、全民参与。通过鼓励社会力量参与建设或兴办社会科学普及场馆设施，统筹协调、资源共享，支持高等院校、企业、行业部门发挥自身优势，能够引起社会各界对社会科学普及的关注与重视，带动各级各类社会科学普及基地高质量建设。

第三节 研究综述

自2004年1月5日《中共中央关于进一步繁荣发展哲学社会科学的意见》下发以来，社会科学普及工作受到了社会科学工作者和研究者的深度关切，相关理论研究成果逐渐增多。通过对研究成果的爬梳可知，研究者从不同向度、多个层面探讨了社会科学普及的基本条件、重要地位以及社会科学普及工作的现状与存在的问题，并就进一步完善社会科学普及机制提出了许多富有建设性的对策建议。了解国内社会科学普及和社会科学普及基地的研究现状和发展动向，可以更好地推动新疆社会科学普及工作的研究。

一 关于对社会科学普及内涵、作用的研究

周良发诠释了社会科学普及的概念内涵、构成要素与基本特征，认为社会科学普及是指通过一定的组织形式和传播途径，向社会公众传播社会科学知识和理论成果的实践活动，其类型主要包括理论宣传、知识教育、实践服务等，社会科学普及的要素由普及背景、普及目标、普及主体、普

及对象、普及内容、普及载体和普及效果组成,社会科学普及具有公益性、社会性、长期性、针对性的基本特征。① 杨东升介绍了社会科学的内涵、作用和发展情况,其对社会科学的特征、分类、历史、研究方法作出论述,说明了社会科学具有导向功能、管理功能、决策功能、咨询与预见功能、思想文化功能、参与解决复杂重大课题功能,并在最后指出社会科学发展的路径。②

关于社会科学普及的要素,通常来讲包括对象、载体、效果等。周良发认为,各个群体在年龄、教育、职业、身份、经历上的差别,直接影响着他们对社会科学知识的喜好和需求,这就要求普及主体因时因地因人而异,能够有针对性地调整社会科学普及的内容和形式,以便采用切实可行的普及方法和模式。③

二 关于社会科学普及体制和机制的研究

唐志勇、周鸿燕指出,在各地深入推进社会科学普及工作过程中,政策文件缺乏稳定性和权威性,政府经费投入不足,社会科学普及队伍不稳定,党政联动的体制机制不健全等深层次问题逐渐浮现,迫切需要通过地方立法将中央和地方关于加强哲学社会科学宣传和普及的重要政策以及各地探索的行之有效的社会科学普及经验做法以法律的形式固定下来,从而推动各级政府和社会各界依法有序开展社会科学普及活动④;刘宇通过分析社会科学普及立法的动力、模式和主体,指出单行立法逐渐成为主要立法模式这一趋势,因此各地在进行社会科学普及立法时,应以问题为导向,注重精细化,避免立法抄袭⑤;丁国峰、姜婷提出应从国家层面和地方层面采取不同立法模式探索和完善我国社会科学普及立法工作。⑥

---

① 周良发:《社科普及的概念内涵、构成要素与基本特征》,《中共郑州市委党校学报》2016年第3期。
② 杨东升:《社会科学的内涵、作用和发展研究》,《大陆桥视野》2018年第7期。
③ 周良发:《社科普及的概念内涵、构成要素与基本特征》,《中共郑州市委党校学报》2016年第3期。
④ 唐志勇、周鸿燕:《社会科学普及立法模式探析》,《南方论刊》2017年第9期。
⑤ 刘宇:《我国社会科学普及地方立法的动力、样态与趋向》,《重庆交通大学学报》(社会科学版)2019年第6期。
⑥ 丁国峰、姜婷:《我国社科普及与科技普及的异同及立法趋向》,《安徽科技》2021年第3期。

三 关于社会科学普及机制的研究

龙艳指出,当前我国社会科学普及体制机制仍不完善,存在诸多问题。[1] 朱华光认为必须从社会科学普及工作领导组织机制、巩固活动机制、评价激励机制、经费保障机制、法治保障机制等方面构建社会科学普及工作长效机制,以实现社会科学普及工作的科学化、规范化、常态化、长效化。[2] 陈兴华以探讨建立社会科学普及长效机制为目的,提出提高认识、加强领导是构建社会科学普及长效机制的前提;健全组织、明确责任、搞好规划是构建社会科学普及长效机制的关键;完善立法是构建社会科学普及长效机制的保障。[3]

四 关于社会科学普及载体的研究

当前我国的社会科学普及载体主要有以下几种：科普读物、人文讲坛、宣传咨询、科普基地。党的十九大以来,乡村振兴背景下的农村社区社会科学普及工作得到广泛重视,郭瑞等学者对其载体进行了研究,他们认为社会科学普及载体创新工作应统一思想,坚持激活传统载体,开发新载体,加速新旧载体之间的融合,积极引入人工智能、大数据分析技术等。[4] 张清华、张希梅认为,应以大学生进社区开展社会科学普及实践活动为载体,培育社会主义核心价值观,探索新形势下大学生思想政治教育的新途径和新方法。[5]

五 关于社会科学普及效果的研究

从根本上讲,社会科学普及效果是衡量社会科学普及工作成败的重要

---

[1] 龙艳：《社会科学普及体制机制的问题与对策研究》,《传播力研究》2018年第26期。
[2] 朱华光：《浅析社会科学普及工作长效机制的构建》,《前沿》2013年第13期。
[3] 陈兴华：《论社会科学普及长效机制的构建》,第九届沈阳科学学术年会会议论文,辽宁沈阳,2012年10月。
[4] 郭瑞等：《乡村振兴背景下农村社区社科知识普及载体创新研究》,《邢台学院学报》2021年第4期。
[5] 张清华、张希梅：《社会科学普及以社区为载体培育大学生社会主义核心价值观》,《赤峰学院学报》(汉文哲学社会科学版)2014年第10期。

指标。① 王晶研究指出，随着近年来国民经济的发展与文化的进步，社会科学的宣传和普及工作也有了很大进展，从而更加充分地发挥了社会科学"认识世界、传承文明、创新理论、资政育人、服务社会"② 的重要功能。为此，加强社会科学的普及工作具备显著实践性价值。但目前，相关工作仍存在许多尚未解决的问题。在数字经济时代，高校社会科学普及市场广阔，需求旺盛，但是高校还不能做到有效供给，供需没有实现有效对接。③ 在新疆，当前社会科学普及教育工作效果还远远不能满足发展需要，同时其理论研究也远远不能满足实践发展的需要。

六 关于社会科学普及对象化、分众化、互动化的研究

冯培深入研究了习近平总书记就如何开展好党的十八届五中全会精神宣讲工作作出的重要批示，进一步阐释了对象化、分众化、互动化的内涵，以增强宣讲的针对性、生动性和实效性。④ 唐先滨探索社会科学普及的新路子，强调应通过《新疆维吾尔自治区社会科学普及条例》的宣传、组织的设置、多元融资、人才引进等举措，推进新疆社会科学普及事业高质量发展。⑤

七 关于社会科学普及基地建设和运行现状的研究

社会科学普及基地是繁荣发展社会科学的实践载体，也是向社会公众普及社会科学知识的主要场所。社会科学普及基地建设的优劣直接决定了社会科学普及工作的成效，因而深受各省区市社会科学普及机构的重视，也受到研究者的深度关切。杨亮以浙江省为例，深入探讨了社会科学普及基地的建设问题，认为社会科学普及基地建设是社会科学普及的逻辑先

---

① 周良发：《社科普及的概念内涵、构成要素与基本特征》，《中共郑州市委党校学报》2016年第3期。
② 王晶：《新形势下社会科学普及工作存在的问题与对策研究》，《山西科技报》2023年9月28日。
③ 李海菊：《数字经济时代高校社科普及路径研究》，《江南论坛》2021年第10期。
④ 冯培：《对象化 分众化 互动化——谈谈大学生思想政治教育话语体系的转化与创新》，《北京教育（德育）》2015年第11期。
⑤ 唐先滨：《探索社会科学普及新路子》，《新疆日报》2022年5月19日。

在。① 张祝平研究指出，杭州市社会科学普及基地建设以完善社会科学普及组织网络为抓手，扎实推进社会科学普及基地建设。社会科学普及基地每年至少组织一场大型科普宣传活动，定期向社会公布活动时间和活动内容安排，主动吸引、组织公众到社会科学普及示范基地接受社会科学普及教育，并积极与新闻媒体合作。② 张勇以重庆市为例剖析社会科学普及基地建设中存在的问题，提出"立足公众需求、强化纵向联合、实现横向贯通、突出学科特色、强化优势互补、注重外引内联、打造特色品牌"的社会科学普及基地建设措施。③ 社会科学普及基地应根据各自特点，充分发挥自身优势，紧密结合当地经济社会发展、自然生态和人文资源实际。

八 关于社会科学普及基地认定与实践的研究

各省的社会科学普及条例中都有涉及社会科学普及基地认定的相关规定。社会科学普及基地的认定应当严格遵循有关地方管理和认定规定，同时结合地方实际开展有特色的基地认定工作。例如杭州市认真落实《中华人民共和国科学技术普及法》和《杭州市科学技术普及条例》，积极贯彻《加强浙江省社科普及示范基地建设的若干意见》，依照"方向清晰、主题鲜明、目标明确"的原则，以及"有场地、有人员、有活动"的要求分级分类完成了对一批社会科学普及基地的认定工作。④ 认定工作一般在社会科学普及基地的申报工作完成后展开，由当地社科联进行现场考察评估，省社科联专家评审。杨庆元在讨论成都市社会科学普及基地创建工作时，提出成都市目前已制定了《成都市社会科学普及基地评审实施细则》《成都市社会科学普及基地评审专家选取办法》等制度规范。⑤ 与此同时，为了推进社会科学普及基地的认定工作，《福建省社会科学普及条例》第十七条提

---

① 杨亮：《社科普及基地建设的哲学思考——以浙江省为例》，《前沿》2016年第4期。
② 张祝平：《让社会科学走向社会——杭州市社会科学普及工作的实践与探索》，《党政干部论坛》2014年第9期。
③ 张勇：《社会科学普及基地建设存在的问题及对策——重庆市的实践探索》，《长沙民政职业技术学院学报》2017年第2期。
④ 张祝平：《让社会科学走向社会——杭州市社会科学普及工作的实践与探索》，《党政干部论坛》2014年第9期。
⑤ 杨庆元：《新形势下做好社科普及基地建设与管理的思考——以成都市社科普及基地创建为例》，成都市陶行知研究会第十四期教育问题时习会会议论文，四川成都，2021年5月。

出："鼓励和支持公民、法人和其他组织结合各自情况，申报并建设社会科学普及基地。社会科学普及基地应当发挥示范和辐射作用，普及社会科学知识。"该条款鼓励和支持社会各界参与社会科学普及基地的建设和申报，从而推动了认定工作的开展。[①] 在认定工作中，应牢牢把握正确政治导向，坚持以习近平新时代中国特色社会主义思想为指导，考察认定对象是否结合自身特点和优势，有效开展群众性、社会性、经常性社会科学普及活动。积极选取在内容、载体、方式等社会科学普及要素上有创新、有突破的申报组织，使其能够成为社会科学普及基地后更好地发挥带动和辐射作用。

九　关于社会科学普及基地评估与实践的研究

随着社会科学普及基地建设力度的不断加大，相关主体应在调研总结经验的基础上，进一步完善各项管理制度，调整评估方式和评价指标。首先应在各省的社会科学普及条例的指导下开展评估工作，《湖南省社会科学普及条例》第二十条提出："社会科学普及基地不按照社会科学普及规划开展科普活动的，由同级人民政府责令改正。由财政资助的社会科学普及基地拒不开展社会科学普及活动的，由资助的部门追回资助的资金，并取消社会科学普及基地资格。由财政资助的社会科学普及作品或者社会科学普及活动，违反法律、法规或者违背社会主义核心价值观的，由资助的部门追回资助的资金，并依法予以处理。"[②] 不仅如此还可以制定并运用其他评估办法，此外还应灵活运用其他手段使评估工作不拘于形式，成都市不仅将评估与经费资助结合起来，根据对基地的评估结果给予资金支持，还建立了基地考评指标体系，形成"以奖代补""定期评估"的激励淘汰机制。从而推进考核与评审工作制度化，为促进社会科学普及基地的健康发展提供制度保障。[③] 张祝平认为杭州市每年开展"先进社会科学普及示范基地"和"社会科学普及示范基地先进工作者"评选表彰工作，定期对基地进行

[①] 《福建省社会科学普及条例》，《福建日报》2014年10月9日。
[②] 《湖南省社会科学普及条例》，《湖南日报》2015年10月5日。
[③] 杨庆元：《新形势下做好社科普及基地建设与管理的思考——以成都市社科普及基地创建为例》，成都市陶行知研究会第十四期教育问题时习会会议论文，四川成都，2021年5月。

评估的做法值得借鉴。①

第四节 核心概念

一 社会科学普及

广西社会科学界联合会科普部学者覃柳琴认为社会科学普及有一个巨大的社会功能，那就是确立社会共同理想，巩固国家主导价值，铸造民族精神支柱。共同的理想和追求、共同的文化和情感是中华民族历经磨难而生生不息的强大精神支柱。②广泛开展社会科学普及工作，全面提高全民族的社会科学素质，使社会科学运用于广大人民群众的社会实践之中，对于建设中国特色社会主义伟大事业、推进社会科学的繁荣发展及人的全面发展，具有重大而深远的意义。2021年3月25日新疆维吾尔自治区第十三届人民代表大会常务委员会第二十四次会议通过了《新疆维吾尔自治区社会科学普及条例》，该条例明确指出，社会科学普及，是指采取公众易于认知、理解、接受、参与的方式和途径，普及社会科学知识和理论成果，传播科学思想，倡导社会文明，传承中华优秀传统文化，弘扬科学精神和人文精神的活动。本书依此概念界定开展研究。

二 社会科学普及基地

本书将社会科学普及基地界定为依托社会力量建设，面向社会和公众提供社会科学普及服务的机构（场所），包括但不限于：文化场所、历史文化景区、教育机构（场所）、社会科学研究机构以及其他有条件向公众展示社会科学优秀成果，具备社会科学传播、普及、教育功能的部门和机构（如企事业单位、社会团体、媒体传播机构等）。新疆维吾尔自治区位于中国的西北边陲地区，不仅有着美丽的自然风光，而且具有丰富的历史和文化遗产及多彩的民族文化。除此之外，在新疆革命、建设和改革等不同历史时期，共产党人在新疆大地上经历了艰苦卓绝的奋斗历程，留下了一大

---

① 张祝平：《让社会科学走向社会——杭州市社会科学普及工作的实践与探索》，《党政干部论坛》2014年第9期。
② 覃柳琴：《略论加强社会科学普及》，《广西社会科学》2004年第1期。

批红色革命遗产。为突出重点，针对社会科学普及基地的不同功能，在明确建设思路和目标的基础上，本书结合新疆维吾尔自治区社会科学普及基地发展现状，对社会科学普及基地建设进行布局，将社会科学普及基地划分为以下几类。

第一，教育研发类科普基地，是指具有优质社会科学普及人才和学科（学术）资源，具备开展社会科学普及理论研究和产品研发能力，能够形成社会科学普及工作引领力的机构或部门，包括但不限于：省内高校、社会科学研究机构、社会科学类社会团体等。

第二，文化场馆类科普基地，是指专门面向社会和公众开展社会科学普及活动、进行先进文化教育与传播的场馆（所），包括但不限于：图书馆、博物馆、文化馆、美术馆、艺术馆、文化类景区、纪念馆、方志馆、档案馆、文化宫、青少年宫（活动中心）、妇女儿童活动中心、老年人活动中心、遗址遗迹、主题公园、乡镇（街道）基层综合性文化服务中心（站）以及相关企事业单位等。

第三，媒体传播类科普基地，是指具备策划、制作、传播等技术手段，能够利用媒体传播渠道，扩大社会科学普及工作覆盖面和影响力的机构或部门，包括但不限于：自治区内广播电视传媒集团、传媒出版机构、网络新媒体传播机构、新闻出版发行机构、文化艺术体育机构、文化信息传输机构、文化创意和设计机构、文化休闲娱乐机构以及相关企事业单位等。

第四，民族乡村文化类科普基地，是指具备向公众开展社会科学普及条件和功能，能弘扬中华优秀传统文化，传播传承民族民俗风情、传统技艺、农耕文化的古镇古村、传统村落，或体现乡村产业兴旺、生态宜居、乡风文明、治理有效、生活富裕等的现代化新农村。

第五，其他类基地，是指其他有条件向公众开展公益性社会科学普及活动的非营利机构。

三　社会科学普及基地的认定

新时代以来，中央和全国各地方政府高度重视社会科学普及能力建设，科普的多重价值功能更多被提及，全国各地积极实施党的创新理论新科普工程，出台了相应社会科学普及条例，建立了各级社会科学普及基地，社会科学普及能力得到极大提升。社会科学普及基地认定是我国不断提高社会科学普及基地的科普能力和社会影响力的必然前提,对提升社会科学普及基地管理能力、促进社会发展进步具有重要作用。

四 社会科学普及基地的评估

社会科学普及基地的评估指标必须充分反映社会科学普及基地发展的综合情况,而不是局限于某些具体方面,应该将社会科学普及基地评估放在更为全面的背景下,并且要适当引入一些基础支撑条件因素,如地区发展的差异状况等。除此之外,新疆社会科学普及基地评估指标选取要有利于推动社会科学普及基地建设工作,以及提升公众科学素质,规范基地管理,促进社会进步。要坚持分类评估与统一评估相结合,一方面考虑不同区域、不同类别的社会科学普及的差异性,分类评估,设置不同考核标准;另一方面统筹兼顾公共科普服务质量与科普效益,促进社会科学普及基地健康发展。

五 社会科学普及的对象化

社会科学普及的对象化是指根据不同对象制定不同普及方案,定制不同的内容,选择不同的宣传方式,"一把钥匙开一把锁"地开展精准普及,目的是增强理论的针对性和实效性。一是内容对象化。征集、了解百姓需求,百姓关注什么就讲什么,为他们量身定制宣讲内容。例如,邀请当地的养殖大户给民众传授科学知识,或者让特定的专业技术人员讲一些实用技术;针对党政机关人员,主要是学习党史、领会各种文件精神;针对老年人群体,由老年保健协会宣传一些有关健康保障的知识,开展一些健康实践活动等。二是语言对象化。新疆是多民族聚居地区,单一的社会科学普及语言难以满足民众需求,为了使社会科学普及最大限度地发挥作用,可以将"少数民族"和"普通话"结合起来。三是主体对象化。随着新疆社会科学普及工作的推进,应构建起包括社会团体、企事业单位、城镇劳动者、农民在内的多元化的社会科学普及队伍,逐步实现普及主体的对象化,形成具有中国特色的普及体制。

六 社会科学普及的分众化

社会科学普及的分众化是指普及主体根据不同群体差异性、选择性、多样性的理论需求,面向特定的受众群体某种特定的需求,分别提供不同的理论知识。分众化的目的是尽可能地把党的创新理论传播到各个不同身份类型的群体中去,提高理论宣讲的普及率和到达率。一是社会科学普及主体分众,打造矩阵式的社会科学普及宣讲队伍。例如,围绕建党百年,开展讲好中国共产党故事和新疆故事主题宣讲活动,可让各单位、众多党员干部等人员参与其中,让青年带动青年、学生带动学生,提高宣讲的影响力、感染力。二是社会科学普及的客体分众。针对不同人群普及不同的知识。例如,面向企业职工开展以职业道德、安全生产、绿色低碳为重点的社会科学普及工作;面向各级各类学校把普及社会科学基础知识作为素质教育的重要内容;面向学生开展以社会主义核心价值观、理想信念、法治观念、人文修养、安全常识等为重点内容的科普工作。三是社会科学普及的内容分众。通过垂直细分领域,在明确主客体分众的基础上,紧密结合社会生活发展实际开展社会科学普及工作。例如,建立社会科学普及馆;开设社会科学专栏;利用新时代文明实践中心的"点单—接单—派单"模式,尽力满足各族群众的不同需求。

七　社会科学普及的互动化

社会科学普及的互动化是指强调理论普及过程中的互动性、交流感及现场反馈,注重对象的参与和融入,目的是提高普及工作的生动性和感染力。一是主客体互动。运用个性化创作、可视化表达、互动化传播的方式,通过文字、图片、音频、视频、直播、访谈、大赛等,不断吸引各类网民的关注,提升网络社会科学普及的点击率、收视率和点赞率,用网言网语解疑释惑,鼓励网民热议讨论、发表观点,激发社会各界的学习热情。二是线上线下互动。紧跟互联网技术发展步伐,拓展专业理论普及阵地,设置理论专栏专题,为网络普及工作开辟专属空间。同时,打出"组合拳",借助互联网的传播手段、技巧和线下"面对面"的现场效果,构建网上网下同频共振、线上线下共同发声的格局。三是平台载体互动。强化互联网思维,主动适应互联网模式下的层级架构、用户需求、行为方式、生存法则等,探索建立各类互联网理论宣讲平台,搭建网络理论宣讲的共享数据库,推动网络理论宣讲从静态到动态、从一维到多维、从单项灌输到多项交互的全方位转变。

第五节 研究目标

本书通过对新疆社会科学普及发展情况的研究，希望能系统阐释新疆社会科学普及发展的基本现状，探究新疆社会科学普及实践成效及存在的问题，探索出符合新疆实际的社会科学普及建设路径，能为新疆经济和文化社会可持续发展和"文化润疆"工程的实现提供有益理论参考和实践指导。

第六节 研究方法

本书基于文献、问卷调查和访谈等方式将理论与实践相统一，再结合实际情况，对新疆社会科学普及工作进行研究。

一 文献法

根据研究需求，本书通篇运用了文献法，将诸多学者的观点分类汇总，以文献为理论支撑。查找并阅读了大量与新疆社会科学普及相关的期刊论文及硕士、博士学位论文等资料，对研究有了一个系统的认知，并对这些文献进行整理、筛选，将理论与实践相结合，为本书研究对象寻找到有力的理论支撑。

二 访谈法

为了突破研究自身的局限性，本书采取访谈法开展调研，调研小组通过与访谈对象面对面交流探讨，以获得访谈对象更深层次的主观感受。本书就新疆社会科学普及情况对自治区社科联的工作人员、乌鲁木齐市社科联及乌鲁木齐社会科学普及基地的工作人员、昌吉回族自治州社科联的工作人员进行了访谈，寻根溯源，从而深入剖析目前社会科学普及工作取得的成效及存在的问题。

三 问卷调查法

为了更深层次地了解新疆社会科学普及工作开展情况，本书在查阅了大量文献的前提下，设计了"新疆社会科学普及情况""新疆社会科学素养"等调查问卷。并收集了近千份问卷，通过定量分析，得出相关结论，进一步为有关部门提供社会科学普及的实践依据。

四　案例分析法

案例分析法是一种将理论与实践相结合的分析方法。本书通过对社会科学普及领域内的典型案例进行剖析，从而加深了对社会科学普及、社会科学普及基地及其评估体系的认识和了解，便于进一步探讨所研究的问题。本书在第二章新疆社会科学普及基地认定与评估研究中，讨论了社会科学普及基地的认定、评估及管理办法的相关内容，并结合其自身发展状况和经济条件创建比较完整的评价标准体系。同时借鉴广东省、湖北省和海南省的社会科学普及基地的认定、评估及管理办法，为新疆社会科学普及基地的认定、评估及管理办法的制定提供经验指导。

五　比较调查法

比较调查法是指将两种及以上的事物和现象，或一种事物和现象的几个方面、不同发展阶段进行对比，分析它们的共同点和差异点，以认识事物和现象的特点、本质的科学方法。本书对国内其他城市和其他国家社会科学普及发展的不同情况进行了比较分析，为新疆社会科学普及发展提供了有益参考。

第七节　理论基础

一　习近平总书记关于哲学社会科学的重要论述

增强公民的哲学社会科学素质是建设中华民族现代文明的重要基础。习近平总书记指出："坚持和发展中国特色社会主义必须高度重视哲学社会科学。"[①] 哲学社会科学素质密切影响着人们认识世界的角度、立场和方法，反映人们的思维能力、精神品格和文明素质，进而反映人们开展物质文明和精神文明建设的价值导向、格局视野和质量水准。当前，世界面临着新的动荡与变革，人类社会也正面临一场新的文明秩序危机。在此时期，更要使全体公民认识到自己所肩负着的新的文化使命，意识到我们要建设

---

① 习近平：《在哲学社会科学工作座谈会上的讲话》，人民出版社，2016，第2页。

什么样的现代文明来延续国家命脉、民族精神。而这就需要提升全体民众的哲学社会科学素质,使广大人民群众掌握正确的世界观、方法论,拥有明辨是非的能力,坚定文化自信,夯实建设中华民族现代文明的地基。

党的十八大以来,习近平总书记在多个场合就发展哲学社会科学发表重要论述,明确了中国特色哲学社会科学的本质内涵、主要特点、范畴体系和建设路径,为在新时代做好哲学社会科学工作提供了根本遵循、指明了前进方向。党的十九大报告提出"加快构建中国特色哲学社会科学"[①]的战略任务。党的二十大报告专门在"提高全社会文明程度"部分提出了要"加强国家科普能力建设"。[②] 新时代以来,中央和全国各地方政府高度重视社会科学普及能力建设,科普的多重价值功能更多被提及,创新的理论指引着社会科学普及工程的实施,各地出台了相应的社会科学普及条例,建立了各级社会科学普及基地,社会科学普及能力得到极大提升。

新疆社会科学普及工作以习近平新时代中国特色社会主义思想为指导,以普及人文与社会科学知识、传播先进文化和科学思想、倡导科学方法、弘扬科学精神为宗旨,坚持"贴近实际、贴近生活、贴近群众"要求,更好地满足人民群众日益增长的精神文化需要,促进公众人文素质和全社会文明水平的不断提升;另外,统筹兼顾公共科普服务质量与效益目的,促进新疆社会科学普及事业的发展。

二 新时代党的治疆方略

新时代,党中央提出"依法治疆、团结稳疆、文化润疆、富民兴疆、长期建疆"的二十字治疆方略,社会科学普及是实施"文化润疆"[③] 工程的具体措施。新疆社会科学普及基地在发展建设中积极贯彻"文化润疆"工程,推动新疆迈上高质量发展轨道。

新疆社会科学普及基地在发展过程中以习近平新时代中国特色社会主

[①] 习近平:《决胜全面建成小康社会 夺取新时代中国特色社会主义伟大胜利——在中国共产党第十九次全国代表大会上的报告》,人民出版社,2017,第41~42页。
[②] 习近平:《高举中国特色社会主义伟大旗帜 为全面建设社会主义现代化国家而团结奋斗——在中国共产党第二十次全国代表大会上的报告》,人民出版社,2022,第45页。
[③] 《习近平:坚持依法治疆团结稳疆文化润疆富民兴疆长期建疆 努力建设新时代中国特色社会主义新疆》,共产党员网,2020年9月26日,https://www.12371.cn/2020/09/26/ARTI1601118110829742.shtml。

义思想为指导,深入学习宣传贯彻党的二十大精神,全面贯彻新时代党的治疆方略,围绕社会科学普及主要内容及自治区"文化润疆"工作部署,运用新理念、新载体、新举措,在品牌创建、平台打造、阵地建设、志愿服务等方面开展的具有创新、示范意义的社会科学普及活动,为新疆社会发展和社会科学普及事业营造了新声势。

顺应"文化润疆"工作部署,适应新形势下社会科学普及工作的新要求,新疆社会科学普及工作不断丰富形式,主要体现在以下几方面。

第一,在传统的阅读活动、摄影、绘画等基础上,支持增加说唱、展演、动漫、视频、微电影、VR、全息影像等多种社会科学普及活动类型。

第二,利用互联网思维引导社会科学普及路径创新,探索"互联网+"模式和新媒体传播方式,开拓社会科学普及工作新阵地。

第三,采用体验式、互动式、沉浸式等方式切实增强社会科学普及吸引力。

第四,加强孵化,培养和带动更多的人才参与社会科学普及工作。

这些创新模式拓宽了社会科学普及的受众面,搭建了群众便于参与的平台,通过群众乐于参与的载体、喜闻乐见的方式、通俗易懂的语言,提高群众主动参与度,实现社会科学普及工作大众化、常态化。

第八节 政策法规

一 国家层面法规政策

哲学社会科学是推动历史发展和社会进步的重要力量。2017年5月,中共中央印发了《关于加快构建中国特色哲学社会科学的意见》,强调了哲学社会科学的重要性,并指出要坚持和发展中国特色社会主义,必须加快构建中国特色哲学社会科学,从而为实现"两个一百年"奋斗目标、实现中华民族伟大复兴的中国梦提供强大思想理论支撑。[①] 2022年中共中央办公厅印发了《国家"十四五"时期哲学社会科学发展规划》,提出了加快构建中国特色哲学社会科学的战略任务,也对"十四五"时期哲学社会科学发

---

① 《中共中央印发〈关于加快构建中国特色哲学社会科学的意见〉》,中国政府网,2017年5月16日,http://www.gov.cn/xinwen/2017-05/16/content_5194467.htm。

展作出总体性规划。① 同年 9 月中共中央办公厅、国务院办公厅印发《关于新时代进一步加强科学技术普及工作的意见》，针对科学普及工作中存在制度安排不完善、科普服务供给不足等问题，提出新的要求②，深刻阐述了关于哲学社会科学发展规律的一系列问题，也为社会科学普及工作提供了政策依据。

第一，坚持党的领导。构建中国自主知识体系，形成新时代中国特色哲学社会科学，使其能够向更高层次发展。中国正面临百年未有之大变局，因此应以有组织的科研为抓手，加强顶层设计，提出具有中国特色，原创性、时代性的概念与理论。而有组织的科研工作的推进有赖于中国共产党的坚强领导。

第二，建设中国特色哲学社会科学。中国哲学社会科学的发展必须在党的领导和中国特色社会主义方向内进行创新性的思考和研究。同时要提升自主创新能力，从中国国情出发，以解决实际问题为中心，用全新的知识对象、知识范畴、自主的方法路径，创新拓展自身研究的学术范式和学术视域。因此，只有高举中国特色社会主义伟大旗帜，哲学社会科学才能根基稳固，彰显中国之路、中国之治。

第三，始终坚持马克思主义的指导地位。马克思主义是关于自然界、人类社会、人类思维发展的一般规律的理论体系，为人类社会发展进步指明了方向。在关于其思想体系的内容中不仅有政治革命、阶级斗争等政治理论，亦有大量关于学术研究、思想理论创新的治学要义，能够为中国哲学社会科学的发展提供具体指导。

第四，加强中国特色新型智库建设。打造一支具有国际影响力的智库队伍，为全面建设社会主义现代化国家提供有力思想和智力支持。建构国际影响力大的中国特色哲学社会科学，增强中国国际话语权。

二 自治区层面政策法规

（一）《新疆维吾尔自治区社会科学普及条例》

2021 年 3 月 25 日发布的《新疆维吾尔自治区社会科学普及条例》具有

---

① 《中共中央印发〈国家"十四五"时期哲学社会科学发展规划〉》，央视网，2022 年 4 月 27 日，http://news.cctv.com/2022/04/27.shtml。
② 《中共中央办公厅 国务院办公厅印发〈关于新时代进一步加强科学技术普及工作的意见〉》，中国政府网，2022 年 9 月 4 日，http://www.gov.cn/zhengce/2022-09/04/content_5708260.htm。

以下几个重要特点。

第一,突出政治性。该条例第三条强调社会科学普及"应当以习近平新时代中国特色社会主义思想为指导,巩固马克思主义在意识形态领域的指导地位,巩固各族人民团结奋斗的思想基础",该条例对于保障党对意识形态工作的绝对领导,对于牢牢抓住新疆工作总目标,完整准确贯彻新时代党的治疆方略,具有重大意义。

第二,强调大众性。就内容而言,该条例是一部促进性立法,不同于管理性立法,法规明确的法律关系主体带有全民性,该条例第四条规定社会科学普及应"坚持政府推动、社会支持、全民参与、资源共享、服务大众的原则"。

第三,注重可操作性。社会科学普及工作具有整体性,具体而言,政府各部门和社会各界的职责任务都需要遵循"统一领导,协调各方"的原则,整合公共资源,统筹各方力量协同推进。该条例第十二条明确了社会科学普及工作联席会议制度,由其统筹规划、组织协调本行政区域内的社会科学普及工作,这增强了该条例的可操作性和实效性。

第四,凸显地方性。该条例第二章在社会科学普及的"内容和形式"部分,将党的民族理论和民族宗教政策、胡杨精神、兵团精神、新疆地方与祖国关系史、新疆工作系列白皮书及相关内容等作为社会科学普及的重要内容加以明确,客观总结、提炼了新疆社会科学普及实践经验,也要求各地发掘和利用新疆历史人文资源开展普及活动,讲好新疆故事。

(二) 自治区党委十届三次全会决议

自治区党委十届三次全会审议通过了《关于深入学习贯彻习近平法治思想 完整准确贯彻新时代党的治疆方略 奋力推进新疆社会稳定和长治久安的决议》,强调法治建设是实现现代化发展的必然要求。《新疆维吾尔自治区社会科学普及条例》的发布就是新疆贯彻落实习近平法治思想的重要表现,也是由理论话语转向法律制定与社会动员的体现,可以依法推进社会科学普及工作走向大众。

第一章　新疆社会科学普及工作现状研究

第一节　新疆推进社会科学普及工作发展路径研究

习近平总书记在2016年哲学社会科学工作座谈会上指出："一个没有发达的自然科学的国家不可能走在世界前列，一个没有繁荣的哲学社会科学的国家也不可能走在世界前列。"[①] 社会科学普及工作是指通过采用适合群众需要的方式方法，广泛地对社会科学知识进行常态化的传播，以有效地服务社会公众。[②] 社会科学普及的主要目的是通过对公众科学素质的提升，使公众利用科学思维和方法处理各种事务。在新疆自治区党委和政府高度重视下，社会科学普及系列专项工作有序展开。本书调研组于2022年2月对自治区社会科学界联合会、乌鲁木齐市社会科学界联合会、昌吉州社会科学界联合会、自治区博物馆、自治区展览馆、乌鲁木齐市博物馆等部分社会科学普及单位与基地进行实地走访调研，同步向社会各界发放并回收了829份有效问卷。座谈和调研情况显示，新疆社会科学普及工作是一个系统工程，需要政府、社会、公众多方统筹推动，研究新疆社会科学普及工作现状，提出新疆社会科学普及的路径，对于高质量推动新疆社会科学普及工作不断向前发展具有重要意义。

一　推进新疆社会科学普及的重要意义

（一）为落实新疆工作总目标铺就思想根基

推进社会科学普及工作有序开展是党的意识形态领域宣传思想工作的

[①] 习近平：《在哲学社会科学工作座谈会上的讲话》，人民出版社，2016，第2页。
[②] 龙艳：《社会科学普及信息化的问题与对策研究》，《湖南社会科学》2018年第4期。

重要手段，有助于提升社会科学文化知识在意识形态斗争主阵地的传播能力。自治区各级社科联利用社会科学普及基地、场馆等进行爱国主义教育，传播社会科学文化知识，有助于巩固群众的思想基础。实现新疆社会稳定与长治久安总目标，需要大力推进新疆社会科学普及工作，围绕重大主题凝心聚力，有助于为党和国家传声立言，强化新疆各民族使命担当，在满足人民群众文化需求中增强人民的精神力量，实现新疆民族团结和各民族共同繁荣，建设稳定和谐、团结发展的新时代中国特色社会主义新疆，真正让党的理论走近人民、走进人心。

（二）为"文化润疆"方略植根沃土增添催化力量

习近平总书记在第三次中央新疆工作座谈会中提出"文化润疆"[①]方略，这是新疆进入新时代、迈入新发展阶段后在党的领导下继续发展向前的文化指引。文化的本质是指导人类行为的价值或规范，"文化润疆"方略可将涉及边疆文化的不同文化领域、文化种类进行传承、创新和发展，将党的先进的价值观念潜移默化地注入新疆人民心中，促进新疆经济社会的稳定与发展。[②] 推动新疆社会科学普及工作的开展，提升新疆人民社会科学知识储备与文化素养，是高效贯彻"文化润疆"方略的需要，有助于提高民族地区现代文化引领力度，推广现代文化教育。[③] 新疆高效开展社会科学普及工作，有助于实现各民族文化交流融合，促进新疆各民族共同繁荣发展，建设富饶繁荣、文化璀璨的新时代社会主义新疆。

（三）为铸牢中华民族共同体意识培育群众文化底蕴

科学文化素质是公民的基本素质，提升全民科学文化素质是科普工作者的工作目标。[④] 进入新时代，随着公众对精神文化需求的迅速增长，2015

---

① 《习近平在第三次中央新疆工作座谈会上发表重要讲话》，中国政府网，2020年9月26日，https：//www.gov.cn/xinwen/2020-09/26/content_5547383.htm。
② 徐黎丽、杨秦文：《文化润疆必须把握四个着眼点》，《中南民族大学学报》（人文社会科学版）2021年第10期。
③ 孙庆刚、杨建君：《民族地区民生科技需求意愿及影响因素——来自新疆城乡数据的Logit实证分析》，《科技进步与对策》2017年第20期。
④ 黄雁翔、聂海林：《科技馆科普工作者的科学本质观调查——以湖北省为例》，《科普研究》2019年第1期。

年联合国发展峰会通过了"2030年可持续发展议程",该议程更加注重人在经济、社会与环境多方面发展的全面协调可持续,要实现此发展目标,提高人的素质非常关键。[①] 人民基本科学素养水平的高低反映了不同地区间的科普工作和科技资源转化的深入程度。[②] 促进新疆社会科学普及工作的深入发展有助于满足新疆人民群众尤其是边境民族地区人民群众对社会科学普及的需求,缩小各民族之间的知识鸿沟和发展鸿沟,提升新疆人民群众社会科学文化素养,为铸牢中华民族共同体意识培育文化底蕴。

二 新疆社会科学普及工作的发展现状

(一)紧跟顶层设计,搭建区地社会科学普及机构平台

顶层设计作为推进新疆社会科学普及工作的制度基础,是开展社会科学工作的组织保障。2021年7月1日起《新疆维吾尔自治区社会科学普及条例》正式施行,这是标志着自治区社会科学普及工作迈入法治化轨道的第一部社会科学领域的地方性法规。2021年自治区社科联积极践行该条例要求,紧紧围绕建党100周年这一主线,鲜活灵动讲好中国共产党故事,理直气壮讲好新疆故事,推出以"庆祝中国共产党成立100周年"为主题的展览。该主题展览被自治区有关部门列入党史学习教育、"党旗映天山"主题党日活动和民族团结进步教育等主题活动的参观项目,已有近千家单位的15万余名党员干部观看展览。昌吉州社科联为扩大学习宣传该条例的覆盖面,采用新媒体制作《新疆维吾尔自治区社会科学普及条例》H5知识问答页面、短视频,广泛开展该条例的宣传教育和普及工作,以更加贴近百姓生活、更加突出时代特色为目标,推动实施社会科学普及工程,围绕重大主题,凝聚人心,为党和国家传声立言,牢记初心使命,强化责任担当,让党的创新理论和新疆美好故事"飞入寻常百姓家"。新疆各级社科联以习近平新时代中国特色社会主义思想为指导,全面贯彻落实党的二十大精神,贯彻落实习近平文化思想,完整准确全面贯彻新时代党的治疆方略,深入贯彻落实习近平总书记关于哲学社会科学的重要论述,贯彻落实

---

① 张志敏:《公众科学素质建设全球合作机制构建的探讨》,《科普研究》2021年第4期。
② 任红松等:《新疆科技资源科普化问题的思考》,《科技管理研究》2012年第9期。

习近平总书记关于新疆工作重要讲话重要指示批示精神，以铸牢中华民族共同体意识为主线，以高质量发展为主题，为新时代党的治疆方略服务，为党和政府科学决策服务，为提高全民人文科学素质服务，为哲学社会科学工作者服务，守正创新、锐意进取，推动新疆哲学社会科学事业持续繁荣发展。全区哲学社会科学界始终以自治区党委、政府重点工作，人民群众所需所盼为己任，紧扣自治区党委决策部署，针对新疆改革发展稳定的重大理论和现实问题，开展战略性和对策性研究。自治区社科联圆满完成庆祝中华人民共和国成立70周年活动"新疆彩车专项小作"展示，中宣部"纪录小康工程"新疆专项任务和"奋进新时代"主题成就展新疆展区各项工作任务，向全国乃至世界展示出可信、可爱、可敬的中国新疆形象；联合自治区文旅厅、司法厅、教育厅、农业农村厅等部门和新疆师范大学、新疆农业大学等高校，聚焦"三大攻坚战"、丝绸之路经济带核心区建设、乡村振兴战略、"八大产业集群"等自治区重点工作，组织实施社会科学专家基层大调研，形成论证扎实的原创性研究成果97篇；加强对新时代党的治疆方略体系化研究和学理化阐释，依托新时代党的治疆方略理论与实践研究课题，以及新疆社会科学界学术年会、新疆社会科学界青年学者论坛等平台，组织全疆高校、党校、研究机构围绕"依法治疆、团结稳疆、文化润疆、富民兴疆、长期建疆"五个专题推出新时代党的治疆方略理论与实践研究课题405项，举办学术论坛30余场次，形成1200余项高质量理论研究成果，报送的《关于加快推进新疆数字经济发展的建议》《从全疆疫情防控看治理能力提升》《关于推进新疆新能源产业全价值链创新发展的建议》等60余篇应用对策性成果得到自治区党委主要领导批示，并在自治区相关部门和地区得到转化运用；提高服务地州市、厅（局）能力和水平，设立地州市、厅（局）合作专项课题，决策咨询研究课题优秀成果不断涌现，"柯柯牙精神"等一批研究成果得到实践推广。第五次代表大会召开以来，自治区社科联坚持以习近平新时代中国特色社会主义思想为指导，在自治区党委的坚强领导下，全区哲学社会科学界按照党中央繁荣发展哲学社会科学的重大决策和自治区党委部署要求，围绕中心、服务大局，自觉承担举旗帜、聚民心、育新人、兴文化、展形象的使命任务，认真履行"桥梁纽带、组织协调、咨询服务、宣传普及"职责，充分发挥哲学社会科学"认识世界、传承文明、创新理论、咨政育人、服务社会"作用，积极为自治区党委、政府建言献策，当好"思想库和智囊团"，圆满完成了自治区社科联第五次代表大会确定的主要目标和任务，为哲学社会科学繁荣发展开创了新局面，为自治区改革发展稳定作出了积极贡献。新疆维吾尔自治区社会科学界联合会第六次代表大会的主要任务是，以习近平新时代中国特色社会主义思想为指导，全面贯彻落实党的二十大精神，深入学习习近平文化思想，深入贯彻落实习近平总书记关于哲学社会科学的重要论述，贯彻落实习近平总书记关于新疆工作重要讲话重要指示批示精神，完整准确全面贯彻新时代党的治疆方略，认真落实自治区党委十届历次全会精神，总结过去五年工作，明确今后五年区哲学社会科学工作奋斗目标和主要任务，修改自治区社科联章程，选举产生自治区社科联第六届委员会，组织动员全区广大哲学社会科学工作者守正创新、锐意进取，大力推进新疆哲学社会科学事业繁荣发展，为在中国式现代化进程中更好建设美丽新疆贡献社会科学力量。

（二）紧抓组织建设，搭建区地社会科学普及机构平台

组织建设是推进新疆社会科学普及工作顺利开展的重要现实基础和组织保障。自治区社科联高度重视社会科学普及工作，不断健全社会科学普及机构，各地州市陆续组建社会科学普及领导小组，更加注重当地群众反馈，促进基层社会科学机构与自治区社科联的高效协调联动。五年来，全区哲学社会科学界持之以恒用习近平新时代中国特色社会主义思想凝心铸魂，坚持把学习宣传贯彻习近平新时代中国特色社会主义思想作为首要政治任务，及时跟进学习习近平总书记最新重要讲话精神，相继扎实开展"不忘初心、牢记使命"主题教育、党史学习教育和学习贯彻习近平新时代中国特色社会主义思想主题教育，高标准完成中央第六巡视组和自治区党委第二巡视组反馈问题整改，不断巩固和扩大巡视整改成果，示范带动各级社科联以巡促改、以巡促建、以巡促治取得实效。全区广大哲学社会科学工作者坚决拥护"两个确立"、增强"四个意识"、坚定"四个自信"、做到"两个维护"，以坚定的政治信念、清醒的理论自觉、高度的文化自信，确保哲学社会科学工作始终沿着习近平总书记指引的方向坚定前行。乌鲁木齐市建立社科联代表大会制，健全领导机构，每年初召开常委会会议，总结上年度社会科学工作、安排部署当年重点工作，计划着力建立市、

区（县）级社会科学工作联席会议制度，以组织建设保障社会科学普及工作顺利进行。昌吉州社科联切实加强对全州社会科学普及活动的总体部署和统筹协调，成立以昌吉州社科联领导为组长、办公室主任为副组长的社会科学普及周工作领导小组，与昌吉州融媒体中心、昌吉州图书馆等学会组织积极沟通，昌吉州社科联带头，所属社团、县市社科联以及自治区级社会科学普及基地积极响应，面向群众、面向基层同时开展活动。

（三）激活当地特色资源，社会科学普及载体精准多样

各地州市因时因地制宜，充分发挥当地特色资源的绝对文化优势，以博物馆、纪念馆、烈士陵园、伟人故居等社会科学普及场馆为依托，实现多种线下纪念场馆设施联动讲述、讲好相关社会科学知识。自治区推动多地建成多个以市民文明学校和农牧民夜校等为载体的特色教育基地，通过画册、折页、新媒体作品等多样化方式实现对社会科学知识的宣传教育。自治区社科联根据不同受众群体对不同学习方式的需求，推动以报纸、图书、电视等为主的传统媒体与以互联网为主的新媒体合作共同讲述普及科学文化知识；新疆广播电视台播出的《社会科学空中讲堂》栏目得到"新广行风热线"与"天山智讯"微信公众号同步转载，实现新旧媒体综合性宣传推广。乌鲁木齐市博物馆努力打造"五大"教育基地，通过让文物说话、让历史发声，努力挖掘文物背后的故事，传播文物内在的社会科学知识，使群众在日常生活中潜移默化地接受和学习相关专业知识，科学文化素养得以提升。乌鲁木齐市米东区充分利用新时代文明实践中心的作用，成立了新时代文明实践所和实践站，打造出五大服务平台，有效彰显了"文化润疆"方略在米东的成效，社会科学知识真正实现"走街入户"。5年来，自治区社科联自觉用习近平新时代中国特色社会主义思想武装头脑、指导实践、推动工作；组织举办哲学社会科学界学习贯彻党的十九大、党的二十大精神，学习贯彻习近平总书记庆祝中国共产党成立100周年大会上的重要讲话精神理论研讨会等学术活动50余场次，推动全区哲学社会科学界掀起学习贯彻热潮，并不断引向深入；以"建设美好新疆 共圆祖国梦想""奋斗百年路 启航新征程""喜迎二十大 奋进新时代"等为主题，采用"1+N"模式创新性举办"新疆社会科学界学术年会""新疆社会科学界青年学者论坛"，有效发挥社科联培育学术精神、推动学术规范、提升研究水

平、发现学术新人、培养社会科学研究梯队等重要作用；鼓励各地州市社科联围绕党的十九大、党的二十大、新中国成立70周年、建党100周年等重大时间节点，组织开展理论与实践研究研讨活动近百场次，不断激发基层社科联组织活力；推出"理响新疆·云社科"专栏，以全媒体形式展示习近平新时代中国特色社会主义思想在天山南北的生动实践，该专栏推送的3部作品荣获全国首届"人文社科之光"社科普及短视频大赛一、二、三等奖；不断巩固提升主办的社会科学理论期刊、社会科学网站、微信公众号理论宣传阵地质量，自治区社科联主办的"天山智讯"微信公众号被中宣部评为"全国优秀理论宣讲公众号"；将"社科专家基层行"面对面宣传阐释同网、刊、微、端、屏协同推送有机结合，有效发挥了哲学社会科学思想先导和理论引领作用。

（四）及时总结特色做法，形成可复制推广经验

一是注重推动优化线下社会科学普及体验。新疆各级社科联高效发挥新疆社会科学普及宣传周的作用，开展"全民读书月""社会科学知识普及周"等定期性主题活动，鼓励群众参与到主题活动之中，传播社会科学文化思想、普及社会科学文化知识，从而提升公民社会科学文化素养和思想道德水平。持续强化线下宣传教育理念，2021年乌鲁木齐市人民公园为迎接建党百年，在公园主干道更新党史宣传展板，制作铁艺宣传牌，打造出主题鲜明的党日红色宣传教育阵地。自治区社科联通过举办"红歌快闪""社科诵读"等社会科学与文学艺术相结合的群众性活动，优化大众线下社会科学普及体验，激发各族群众对社会科学普及工作的热情与支持度。昌吉州社科联采用人民群众喜闻乐见的方式，与州党委宣传部讲师团共同开展"永远跟党走"典型巡回宣讲报告会，将动人的故事传播至万人心中，推进社会科学普及工作的高效开展。新疆不断健全社会科学普及机制，社会科学普及不断向基层延伸，社会科学普及工作成效显著。新疆推进社会科学普及工作法治化，颁布实施区哲学社会科学第一部地方性法规——《新疆维吾尔自治区社会科学普及条例》，建立自治区社科普及工作联席会议制度，已初步建立横向由26家自治区成员单位组成，纵向由14个地州市、各县市区、各高校社科联和社会科学普及基地参与的社会科学普及工作格局，组建社会科学普及队伍，有效推动社会科学普及工作打通"最后一公里"。自治区党委宣传部和自治区社科联共同举办"新疆相册"系列4个主题展览，"铸牢中华民族共同体意识"系列7个主题展览和基层巡展活动，有效发挥"展览小窗口、宣传大平台"的重要作用。自治区社科联打造"新疆社会科学普及周"品牌，全区累计开展各类社会科学普及活动3.5万场次；聚焦青少年群体，联合自治区党委网信办等单位举办新疆动漫节，跨界有机融合哲学社会科学与动漫艺术，活动短视频全网浏览量达500万人次，7场直播活动总浏览量突破千万人次；联合多家单位举办五届"文化润天山 春联进万家"活动，累计免费发放春联1400多万副，覆盖全疆上万个乡村。联合多家单位连续五年举办以"书写诗词中的新疆""国粹的魅力"等为主题的"中华优秀传统文化进高校"活动；创办"依麻木镇中华文化大院"等一批学术专业引领的社会科学普及基地（名师工作室），有效发挥示范辐射作用。"新时代讲习所""鲁喀社科大讲堂""社科空中讲堂""社科关联你我他""社会科学普及基地讲解员大赛""中华文化耀和田"等各类社会科学普及活动在天山南北扎实开展，全民参与社会科学普及活动的热情不断高涨。

二是推广建设"互联网+社会科学"普及工程。各地数字博物馆、数字图书馆以及科学文化知识讲解陆续上线，使得群众足不出户即可拥有与线下讲解相同的科学知识学习条件，在人民群体尤其是青少年群体中获得一致好评。各地结合当地红色资源开展"互联网+红色文化"专项活动，促进红色文化与新时代融合发展，全面提升"官网+官微"信息化水平。乌鲁木齐市烈士陵园推出了"网上烈士纪念堂""线上展览""VR展馆"等云端服务，大力推动红色革命文化深入基层、深入人心，"社会科学知识+红色文化"主题宣讲实现了在推动社会科学普及的同时传承红色基因，铸牢了新疆各族人民中华民族共同体意识。

三是积极推进优秀文化共建共享，形成社会科学普及合力。2021年春节自治区社科联推出"三牛致祥——生肖作品迎春展"线上展览，大力发扬"三牛"精神；与新疆人民出版社合作，出版《党旗映天山》（英烈故事绘、革命故事绘）连环画，入选国家出版基金项目；与新疆日报社合作，推出30期"风展红旗"党在新疆故事汇；与经济日报《艺术与设计》杂志社合作，征集"伟大建党精神"全国高校平面设计作品；向山东工艺美术学院和新疆四所高校征集"铸牢中华民族共同体意识"平面设计作品；征集购买上海金山、广东龙门、南京六合、浙江舟山四地的农民画，并进行装裱，作为"乡村中国 小康路上"系列社会科学普及馆藏产品。

三 新疆社会科学普及工作现状及存在问题研究

（一）社会科学普及资金投入与分配不均

资金支持是推进社会科学普及工作的重要物质基础。社会科学普及工作资金主要来自政府预算，缺少相应融资机制，资金来源渠道有限，《新疆维吾尔自治区社会科学普及条例》关于社会科学普及保障措施的内容中对于资金安排和经费收支没有明确的标准，各地州市社会科学普及的资金容易受当地政府或机构的重视程度不同的影响，而导致资金规模参差不齐，资金的总量和投入的结构也各有不同，进而导致社会科学普及工作开展不够均衡。在针对社会科学普及情况的问卷调查中，67.63%的被调查者认为社会科学普及资金投入不够导致硬件设施不完善是制约社会科学普及事业发展的主要因素之一。

（二）社会科学普及人才相对不足

当前社会科学普及深入创新价值链，发展态势主要表现为与教育、文化渐进融合，高质量成为社会科学普及工作的主基调，因此推进新疆社会科学普及工作，对人才队伍建设提出更高要求。[①] 在针对社会科学普及情况的问卷调查中，有72.01%的被调查者认为社会科学普及人才培养机制不完备，社会科学队伍建设相对滞后是制约社会科学普及事业发展的主要因素之一。主要表现为以下三个方面。一是专业人员数量紧缺。社会科学普及工作形式种类多样，工作较为繁重，但是相关专业人员编制不足，专业人员紧缺，且存在相关专职工作人员经常被借调等现象，无法满足社会科学普及工作需要。以乌鲁木齐市博物馆为例，该馆现有编制19个，管辖1个大中型博物馆（3.45万平方米）、3个纪念馆和2个文博场馆，现有人员编制仅能保证每个场馆配置1~2人，维持场馆正常开放运行但无法满足文物

---

① 袁梦飞、周建中：《关于新时代科普人才队伍建设的研究与思考》，《科普研究》2021年第6期。

保管、研究和开发等现代博物馆建设发展需要。二是专业人员技能与新时代要求不匹配。在针对社会科学普及形式的调查问卷中，有85.89%的被调查者希望以新媒体、自媒体的形式开展社会科学普及活动，但现存编制人员不能熟练应用互联网新型媒体传播和视频特效剪辑等技术，导致工作人员自身现有本领难以适应大众需求和工作需要。疆内高校普遍缺少相关专业设置，社会科学普及人才培养仍处于摸索阶段，人才队伍素质不高，复合型人才短缺。三是缺乏专业志愿者队伍。社会科学普及志愿者梯队规模有限，尚未形成志愿者人才库，志愿者发挥作用有限。自治区社科联虽有招募志愿者从事社会科学普及工作的活动，但是志愿者招募规模有限、时间不定且专业志愿者人才稀少，难以真正发挥志愿者作用。

（三）社会科学普及基地管理不够完善

社会科学普及基地是开展社会科学普及活动，推进社会科学普及工作的基本载体。目前新疆社会科学普及基地挂牌后普遍缺乏后续的考核评估以及统一管理，乌鲁木齐市辖区各级社会科学普及基地有28家，遍布全市七区一县，覆盖面较广，但由于管理不到位一定程度上存在各自为政的现象，协同开展社会科学普及活动比较少。结合调查问卷发现，有67.67%的被调查者认为社会科学普及硬件设施不完善是制约社会科学普及事业发展的主要因素之一。社会科学普及基地是新疆开展社会科学普及工作的主要阵地，其管理运营、监督监管以及评估反馈机制的不健全，使得新疆社会科学普及成效大打折扣。

（四）社会科学普及资源供给能力相对不足

随着信息社会的迅猛发展，大众主要通过互联网渠道获取科学信息，在互联网服务平台的影响下网民对社会科学信息需求主要表现为内容"短平快"、知识碎片化以及热点的互动性。[①] 公众对信息需求的变化，需要社会科学普及主体作出相应调整。在实际走访调查和对问卷分析后发现，新疆社会科学普及工作在实际开展过程存在政府高位推动、公众被动参与活

---

① 王黎明、钟琦：《基于搜索数据的网民科普需求结构和特征研究》，《科普研究》2018年第4期。

动等现象，导致出现传播速度慢、形式呆板、缺乏权威性等问题（见图1-1）。调查问卷统计结果显示，64.78%的被调查者认为社会科学普及工作传播速度慢，缺乏实时性，45.36%的被调查者反映新疆现阶段普及的社会科学知识内容及形式无法满足个人需求，出现供需不匹配问题。

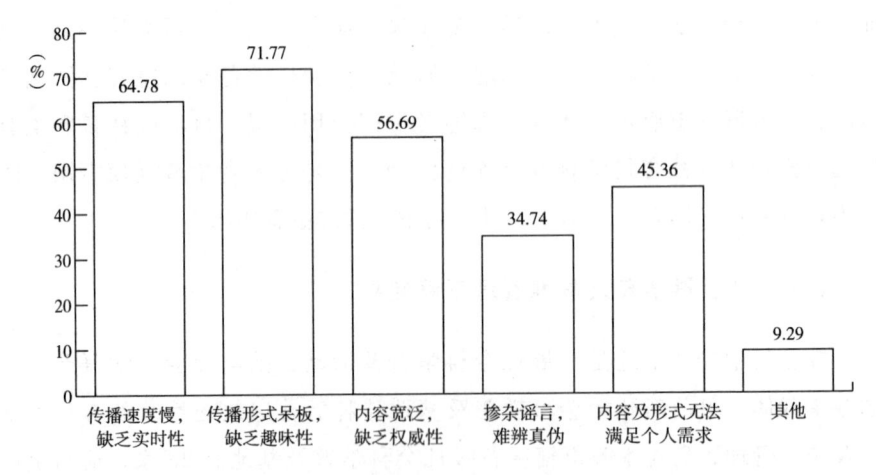

图1-1 关于新疆社会科学普及工作在满足群众需求方面存在的问题调查（部分）

部分社会科学普及活动形式呆板，效果一般，普及内容存在讲空话的现象，调查问卷中有71.77%被调查者反映传播形式呆板，缺乏趣味性。另外，有61.28%的被调查者认为自身对社会科学普及过程中的内容仅能听懂部分或完全听不懂。在社会科学普及工作开展过程中，受制于社会科学普及工作者的能力与专业知识水平，其对如何进行社会科学知识普及、普及哪些内容等研究不够系统深入，对群众吸引力不大，不少社会科学普及基地成为"文物仓库"，无法满足人民群众对相关领域文化知识的需求。

（五）社会科学普及知晓率相对较低

在社会科学普及情况问卷调查中，有75.63%的被调查者对社会科学普及的具体内容仅有所耳闻，有6.76%的被调查者甚至完全不了解普及的内容。在829位被调查者中仅有30.52%的被调查者知道2021年新疆维吾尔自治区社会科学普及周的具体日期。对社会科学普及工作了解不足的一个重要原因即群众对所在地区开展社会科学普及活动知晓率低，在调查问卷中发现，有50.66%的被调查者不清楚甚至不认为自己所在地区开展过相关社会科学普及活动。

研究发现新疆社会科学普及宣传多以单向、灌输模式为主是群众对社会科学普及工作了解不足的另一重要原因。具体而言，被调查者认为在社会科学普及过程中出现的问题多集中于传播手段与内容上，有66.10%的被调查者反映自身所在地区社会科学普及方式缺乏多元化；有66.22%的被调查者反映社会科学普及传播渠道、手段有待进一步优化；有55.61%的被调查者认为社会科学普及内容不够吸引人，不够丰富；分别有47.41%和44.03%的被调查者认为普及内容缺乏针对性，不能满足百姓需求以及普及过程单调乏味，缺乏吸引力；此外，有31.72%和36.91%的被调查者分别认为普及语言单一，效果不佳以及普及方式单一，普及对象缺乏积极性（见表1-1）。

表1-1 新疆社会科学普及过程中存在问题（部分）

单位：人，%

题项	人数	比重
社会科学普及资源投入机制尚不完善	550	66.34
社会科学普及工作发展不均衡	515	62.12
社会科学普及方式缺乏多元化	548	66.10
社会科学普及传播渠道、手段有待进一步优化	549	66.22
社会科学普及内容不够吸引人，不够丰富	461	55.61
普及内容缺乏针对性，不能满足百姓需求	393	47.41
普及过程单调乏味，缺乏吸引力	365	44.03
普及语言单一，效果不佳	263	31.72
普及方式单一，普及对象缺乏积极性	306	36.91

（六）社会科学普及工作主体相对单一

科普服务是指政府作为主要服务主体面向社会全体成员，通过组织协调相关机构直接或者间接地提供科学普及产品和服务，以满足社会全体成员科普和科学素质提升的需求为目标的系统与制度的总称。[①] 当前新疆社会

---

① 齐欣等：《科普服务标准体系构建研究》，《科普研究》2020年第3期。

科学普及工作的开展主要是政府占主导地位，且集中在体制系统内以完成任务为主，社会各界的参与度不高，上热下冷。缺少政策指引，导致社会各方力量参与热情不高。公众既处于社会科学普及工作的中心位置，同时又希望社会各主体参与社会科学普及工作，但是仅以政府的高位推动难以实现社会科学普及工作的常态化、大众化运作。

四 推进新疆社会科学普及发展的路径

（一）全方位贯彻落实《新疆维吾尔自治区社会科学普及条例》要求

以《中华人民共和国科学技术普及法》为引领，以《新疆维吾尔自治区社会科学普及条例》为基准，科学制定并准确落实相关法律法规，明确各级党委政府、社会科学机构以及全社会各自的责任，推动社会科学普及工作法治化进程；将《新疆维吾尔自治区社会科学普及条例》列入公职人员学法考试和专业技术人员继续教育在线学习必修课，培养公职人员和专业技术人员主动参与社会科学普及工作的意识；发挥机关单位公职人员的带头引领作用，以此为基础推动对《新疆维吾尔自治区社会科学普及条例》的学习。采用线上线下相结合的方式开展宣传活动，尤其是充分用好社会科学普及周开展宣传工作，掀起学习《新疆维吾尔自治区社会科学普及条例》的热潮。定期举办有奖竞答比赛，引导群众关注《新疆维吾尔自治区社会科学普及条例》的内容，进一步增强群众对社会科学普及工作参与感。

（二）健全社会科学普及组织机构

以自治区社会科学界联合会为首建立工作联席会议制度，由各社会科学普及基地选拔一定比例人员代表组建工作联席会议领导小组，鼓励自治区社会科学界联合会、地州市社会科学界联合会、县（市）宣传部、学会、协会、社会科学普及基地等多元主体参与联席会议，加强各个组织团体之间的沟通与联系，相互借鉴与学习，共同为社会科学普及工作出谋划策。在工作联席会议制度基础上，建立轮值制度，由自治区社会科学界联合会、地州市社会科学界联合会按月轮值承办工作联席会议，确保社会科学普及工作落地。加强社会科学普及与政府其他部门的工作的融合，探索推进社会科学普及的新路径。大力推动社会科学普及网络平台建设，由互联网专业人员对工作平台进行管理，引领网络红色地带、转化灰色地带、弄清黑色地带，在网络舆论主阵地中普及社会科学知识。[1] 在基层社区建立社会科学普及组织机制，遵循公众参与社区科普活动的正向作用规律，开展社区社会科学普及活动，传播社会科学知识。[2] 在基层社区建立社会科学普及工作联盟，促进基层党委政府和相关部门形成合力，盘活社会科学普及资源，满足公众学习社会科学知识的强烈需求。与此同时，构建社会科学普及联动指导机制。在纵向上，将地州市社会科学普及重点工作纳入地州市年度意识形态考核细则，压实各单位主体责任；在横向上，积极与相关单位加强沟通协调，制定社会科学普及重点任务"作战图"。

（三）鼓励建立多元融资机制

由自治区政府牵头引领地州市社会科学界联合会吸引企业公益投资和开展社会融资，多渠道解决资金匮乏难题。由自治区政府牵头组建社会科学普及专项基金，主要用于开展多样化社会科学普及活动、社会科学人才队伍建设、社会科学普及基地建设、社会科学普及学术课题研究。双向并举发展公益性社会科学普及产业和经营性社会科学产业，引导科学教育和文化创意企业进入社会科学普及产业，通过图书出版、科普周边创作、产品研发实现社会科学普及的市场化运作和社会科学工作自我发展。拓展资源整合利用空间，进一步提高整体总量性投入和结构性投入。与此同时，落实社会科学普及激励机制。实施重大社会科学普及活动经费资助奖励办法和优秀社科课题评选奖励办法，对优秀社会科学普及项目、特色活动给予一定资金补助，充分调动社科工作者的积极性、主动性和创造性。

（四）建设高质量社会科学普及人才队伍

人才梯队软实力是社会科学普及场馆的核心竞争力，也是社会科学普及工作获得实效的关键。为此，要建设高质量社会科学普及人才队伍，培育一批专职社会科学普及人才，打造由社会科学普及场馆人才、社会科学

---

[1] 张瑞才：《承担职责使命 创新社会科学普及》，《学术探索》2016年第1期。
[2] 陈婉姬等：《公众参与社区科普活动意愿的影响因素研究——以深圳市为例》，《科普研究》2021年第2期。

普及基地人才、社会科学出版人才、新媒体社会科学普及人才、社会科学普及研究人才等组成的专职社会科学普及人才队伍。对于不同岗位的社会科学普及工作者定期进行挂职轮岗，提升其工作绩效。注重对于社会科学普及人才的专业知识培训，邀请相关领域的行业专家与学者定期举办讲座，并且定期开展专业知识测试，增强社会科学普及人才专业素养，加快推进社会科学普及人才继续教育培训体系建设。推动互联网技能培训常态化，以互联网引导社会科学普及工作，促进社会科学普及工作者熟练运用网络技术解决"本领恐慌"难题。

新疆哲学社会科学事业的发展要以加快构建中国特色哲学社会科学为目标，以中国为观照、以时代为观照，立足新疆实际，解决新疆问题，在学科体系、学术体系、话语体系建设方面持续发力。

一要积极推动哲学社会科学学科体系建设。立足新疆经济社会发展实际和地域文化特色，择优扶持一批对接新疆重大发展战略、促进新疆经济社会发展急需的特色学科，支持具有重要文化价值和传承意义的学科发展，推进学科交叉融合，积极推动人文社科各学科之间、自然科学和社会科学之间的交叉汇聚，在构建具有中国特色、中国风格、中国气派的哲学社会科学学科体系中贡献新疆智慧和力量。

二要提升学术原创能力和水平。支持高校和科研院所推进马克思主义学院、铸牢中华民族共同体意识研究基地、自治区普通高校人文社科重点研究基地、自治区社科联治疆方略理论与实践研究中心、报刊网络理论宣传阵地重点平台的建设与创新。支持专家学者立足新疆实际开展学术原创研究，从新疆改革发展的实践中挖掘新材料、发现新问题、提出新观点、构建新理论，重点围绕树牢正确历史观、铸牢中华民族共同体意识、弘扬中华文化等领域，持续推出一批有理论创新价值和决策参考价值的研究成果，努力提升学术原创能力和水平。

三要加快构建哲学社会科学话语体系。推进政治话语学理化，持续开展习近平新时代中国特色社会主义思想体系化研究、学理化阐释，推动新时代党的治疆方略核心思想、关键话语与哲学社会科学各学科概念、范畴、理论有机融通推进学术话语大众化，加大社会科学普及和传播工作力度，编撰出版具有新疆特色的社会科学普及读物，加强社会科学普及品牌建设。以问题和需求为导向，积极争取掌握大数据时代的学术话语权。

四要打造高素质、强意愿的社会科学普及志愿者队伍。充分调动社会各界参与社会科学普及工作的自主性和志愿性。建立与高校长期合作机制，促成高校开设相关专业、引导疆内高校推行社会科学普及学分制以及设置相关课题，将社会科学普及活动与学生第二课堂、社会实践、志愿服务和科研创新密切结合。社会科学需要做到服务中心、服务大局，要汇集全疆优秀大学生和教师群体建立社会科学普及智库，培养出坚强的后备力量。充分发挥自治区哲学社会科学奖评选"指挥棒"作用。

五要鼓励全社会和广大哲学社会科学工作者积极投身社会科学普及事业。建立自治区高校基本科研业务费制度，支持高校青年哲学社会科学人才加强理论与实践研究、培养一批具有创新能力和发展潜力的学术骨干。开展新疆社会科学普及奖评选工作，创建社会科学普及基地，评选出一批社会科学普及优秀作品和先进集体，形成良好的示范带动效应。加强高校哲学社会科学研究基地建设，建设自治区普通高校人文社会科学重点研究基地以及自治区铸牢中华民族共同体意识研究与实践基地，充分发挥研究基地作用，产出一批具有理论价值和实践价值的研究成果，不断提升其服务区域经济社会发展的支撑力和贡献力。

（五）建立健全社会科学普及基地长效考核机制

修订完善社会科学普及基地管理办法，各地各级社会科学普及基地应根据自身特点细化各项事务安排，制定相关办法，统一规范社会科学普及基地管理。各地州市应切实加强对社会科学普及活动的总体部署和统筹协调，鼓励高校、社会科学研究机构、社会组织等发挥自身优势，建设具有自身行业特色的社会科学普及基地，并对其进行定期评估。建立明确的考核评估与动态监管机制，提高社会科学普及基地的挂牌标准，在挂牌后划拨一定的专项资金，对其运营管理实行定期动态监管，由相应级别社会科学界联合会负责抽查社会科学普及基地工作开展情况并及时作出监管反馈，促进社会科学普及基地之间、基地与外部组织机构之间的高效衔接，实现内外联动、相互促进。

（六）分众化对象化互动化开展社会科学普及工作

分众化、对象化、互动化开展社会科学普及工作，围绕广大人民群众需求，推行"群众点单、组织派单"的普及模式。

分众化开展社会科学普及工作，应注重对象分众化、内容分众化、普及主体的分众化，目的是使社会科学知识能最大限度地到达各个层面，提高其普及率和到达率。对象化开展社会科学普及工作，应注重普及内容的对象化、普及语言的对象化、普及形式的对象化，目的是增强其针对性和实效性。推进实现"一把钥匙开一把锁"的精准宣讲，了解人民关心热点，同时在普及过程中注重加强对农民和青少年群体的重点服务。互动化开展社会科学普及工作，应注重主体和客体互动，目的是加强客体在普及过程中的参与度，提高群众的积极性。互动过程要减少社会科学普及的"硬度"，软化社会科学普及的"力度"，营造与受众平等互动的环境，努力提供优质的社会科学普及资源。改变传统的"灌输式"宣讲模式，强调宣讲过程中的互动性，注重宣讲客体对宣讲过程的参与，营造体验式、沉浸式的社会科学普及环境，引导群众主动参与。围绕铸牢中华民族共同体意识主线，推进"文化润疆"工作走深走实，运用新理念、新载体、新举措，在品牌创建、平台打造、阵地建设、志愿服务等方面形成具有创新、示范意义，体现时代性、突出群众性、富于创造性的社会科学普及工作体系。

（七）持续加大社会科学普及的宣传力度

一是要利用好社会科学普及基地、新时代文明实践中心等载体，多样化宣传贯彻《新疆维吾尔自治区社会科学普及条例》以及生产发放类型多样、用途多样的社会科学文创产品，提高社会科学普及工作在群众之中的知晓率。强化社会科学普及基地服务理念，提供"订单式"专项服务，扩大社会科学普及服务范围，传播先进、特色的科学文化知识。同时注重"互联网+社会科学普及"的独特作用，利用好互联网速度快、覆盖广、受众多等优势扩大社会科学知识的宣传覆盖范围，将微信公众号、网络直播等应用于社会科学普及工作之中，扩大社会科学普及的参与范围。

二是实现社会科学普及主题活动推广常态化、大众化。要持续推进读书会、故事会、社会科学电影展播、社会科学论坛、文化讲坛、社会科学知识竞赛等主题活动并根据群众反馈及时作出相应调整，促使社会科学普及方式多样。持续推进社会科学普及进机关、进企业、进校园、进家庭。创作排练歌舞、快板、电影、小品等文艺作品，采用大众通俗易懂的形式，促进群众广泛参与，让人民群众在潜移默化中受到社会科学知识的熏陶。

三是打造具有新疆特色的社会科学普及馆，同时配合学校、部队、企事业单位、社团等开展社会科学普及教育。针对基层社区群众打造社区社会科学普及互动厅，助力基层采取声、光、电等信息化手段开展社会科学普及工作，打破时间空间限制。充分利用"社会科学普及周"活动，在社会科学普及过程中将中华民族传统节日与社会科学文化相融合、新疆各民族特色节日与社会科学普及相结合，持续开展"社会科学流动讲堂""社会科学文艺汇演"。

四是依托专业传媒机构、互联网创新企业和学术组织，加大科技手段在社会科学普及中的应用力度，依托现代科技手段创新社会科学普及模式，培育建设社会科学普及产品创制中心，开展专业作品创作、编写以及出版工作，将专业作品推送至"社会科学普及周"中，提升社会科学普及能力。[1]

（八）建立健全多方主体参与格局

多方主体参与社会科学普及既是顺应社会科学普及发展形势的体现，也是满足新疆人民大众对社会科学普及需要的关键，需从两方面构建多主体参与格局。

一是健全社会科学普及工作评估体制机制。构建评估指标体系，实施多元主体参与（含第三方）的评估机制，对于社会科学普及的计划、组织、执行、评价、反馈等环节进行全过程评估，重点对经费预算、社会科学普及过程、目标与成效进行评估。根据社会科学普及工作发展新要求，建立覆盖科学性、适用性、可操作性等多方面的社会科学普及评估标准。[2] 开展社会科学普及奖评选与社会科学普及品牌建设评选活动，激发社会科学普及作品创作及品牌创建的积极性。对社会科学普及效果不理想的单位进行警告及系统内通报批评。

二是鼓励多方主体参与社会科学普及工作。研究发现，新疆人民群众认为在社会科学普及过程中社会各界应承担不同的责任，除国家机关、企事业单位、村委会、居委会、社会科学普及馆等常规主体外，企业、医院、

---

[1] 《努力推动社会科学普及事业高质量发展——聚焦〈南京市社会科学普及事业发展"十四五"规划〉》，《南京日报》2021年12月3日。

[2] 齐欣等：《科普服务标准体系构建研究》，《科普研究》2020年第3期。

商圈等社会组织也应承担社会科学普及的责任。

具体来看，有61.88%的被调查者认为企业应该结合各自文化建设的实际开展社会科学普及活动；有54.64%的被调查者认为公共场所经营者，如商圈、医院、公园等应当利用宣传手册、电子屏幕等设施宣传社会科学知识。因此，应当鼓励企业、民间社会团体等社会组织积极参与社会科学普及活动，发挥市场配置资源的优势作用，构建以社科联为主体、社会各界广泛参与的社会科学普及工作网络，坚持综合考量，长期开展。

（九）构建社会科学普及工作大格局，多维度开展社会科学普及工作

深化宣传普及工作，在推动社会科学普及深入基层深入群众、助力"文化润疆"上展现新作为。始终围绕新时代党的治疆方略，以铸牢中华民族共同体意识为主线，以增强认同为目标，深入开展"文化润疆"工程，不断夯实建设美丽新疆的现代文明素质基础。

要着力构建社会科学普及工作大格局。贯彻落实《新疆维吾尔自治区社会科学普及条例》，开展《新疆维吾尔自治区社会科学普及条例》实施情况执法检查，加强社会科学普及工作的组织协调，以联席会议制度推动各级职能部门重视和开展社会科学普及工作。发挥联席会议成员单位作用，共同培育多领域、专业化社会科学普及队伍，创新社会科学普及手段和方式，营造全社会参与社会科学普及的浓厚氛围，高质量构建社会科学普及工作大格局。要加强社会科学普及平台建设，不断优化提升社会科学普及基地建设质量，创新建立产学研相结合的示范基地、可复制推广的孵化基地，形成功能完善、类别清晰、特色鲜明、具有广泛代表性的社会科学普及阵地。用好新疆社会科学普及奖和自治区"天山英才"培养计划社会科学普及人才培育项目，引导更多专家学者从事社会科学普及研究和社会科学普及内容创作。做精做强"新疆社会科学普及周""社科专家基层行""中华优秀传统文化进高校"等社会科学普及活动品牌。挖掘培育一批专业领域的领军人物、群众欢迎的文化能人，大力开展面向基层、面向学校、面向公众的分众化社会科学普及活动，助力现代文明培育。针对基层特点和群众需求，围绕铸牢中华民族共同体意识、弘扬中华优秀传统文化、国家通用语言文字推广普及、青少年"筑基"工程等具体实践，用好地方人才资源，着力打造多层次的"民间特色团队"，以送讲座、送培训、送文

化、送法律、送信息、送服务等多种形式，通过创新宣讲、微视频、展演、动漫、说唱、摄影、绘画、"沉浸式"互动体验等多种手段，带动现代文明培育活动全年常态化在基层开展。开展公众社会科学养及需求调查，不断增强社会科学普及工作的有效性、针对性，进一步提升公众社会科学素养和思想道德素养。把"互联网+""新媒体+""融媒体+"作为重要抓手，搭建集"学会网上管理+人才队伍数据库+课题网络申报+资源库共享+媒体互联互动"等多种功能于一体的网上社会科学平台，在各地融媒体 App 和微信"零距离"平台共同开设"理响新疆·云社科"专题专栏，形成网上社会科学宣传矩阵，通过网络化、信息化等技术手段，建设数字社会科学普及平台，推动社会科学普及资源的利用和共享。

第二节 新疆对象化开展社会科学普及工作研究

2016 年，习近平总书记指出："科技创新、科学普及是实现创新发展的两翼，要把科学普及放在与科技创新同等重要的位置。"[①] 在党和国家的高度重视下，科学普及工作迎来了前所未有的蓬勃发展期。科学普及与社会科学普及是整体和部分的关系，就其整体性而言，社会科学普及是科学普及的有机组成部分，又是对科学普及功能作用的一种补充和延伸。新疆的社会科学普及不仅在党的宣传思想工作中发挥了重要作用，为新疆的稳定和发展也作出了不容忽视的贡献，更在提升国民素质修养、丰富群众精神文化生活和推动社会和谐稳定上发挥了不容小觑的作用。自《新疆维吾尔自治区社会科学普及条例》颁布实施以来，对象化地开展社会科学普及工作得到了更多人认可。对象化是指根据不同宣讲对象制定不同宣讲方案，制定不同的宣讲内容，选择不同的宣讲方式，"一把钥匙开一把锁"地开展精准宣讲，目的是增强理论宣讲的针对性和实效性，主要体现为普及内容对象化、普及语言对象化和普及主体对象化。根据不同的群体特点有针对性地采用不同的普及形式，使社会科学普及工作更加精准，解决了从前不加区分、统一灌输的普及方式的缺陷，有利于全民科学文化素质的切实提高，对文明和谐社会的建成具有重要意义。

---

① 《习近平谈治国理政》第 2 卷，外文出版社，2017，第 276 页。

一 新疆对象化开展社会科学普及工作的现状

（一）坚持一切以人民为中心，继续落实普及内容对象化

社会科学普及的对象是多元的，其对社会科学知识的需求也是多元的，统一灌输式的社会科学普及难以满足不同普及对象的不同需求。因此，从普及对象的多元需求出发，坚持普及内容的对象化是合理且必要的。自治区社科联坚持"一切以人民为中心"，深入基层走访调查，征集、了解百姓需求，百姓关注什么就讲什么，为他们量身定制宣讲内容，体现了普及内容的对象化。昌吉州社科联邀请当地的养殖大户给群众传授科学知识，或者让特定的专业技术人员讲一些实用技术，因为老百姓愿意听与自身利益切合的内容。不论是自治区社科联还是昌吉州社科联都坚持将民众需求放在首位并加以区分地开展宣讲工作。针对党政机关人员，主要是学习党史、领会各种文件精神；针对广大基层民众，主要是开展一些讲座讲讲健康文明的生活方式；针对老年人群体，由老年保健协会宣传一些健康保障的知识，开展一些相关活动等。根据不同的宣讲对象安排不同的宣讲内容，社会科学普及才能最大限度地满足不同普及对象的不同需求，更好地体现"一切以人民为中心"的宗旨。

（二）推出多种类的社会科学普及语言，不断推进普及语言对象化

从民众的多元需求出发安排不同种类的社会科学普及内容是实现社会科学普及对象化的第一步，为使社会科学知识能被人们理解和接受，还需要充分考虑普及对象的语言使用习惯。根据普及对象的语言使用习惯对象化地开展宣讲工作，是实现社会科学普及对象化的第二步。在新疆，单一的社会科学普及语言难以满足民众需求，为了使社会科学普及工作最大限度地发挥作用，昌吉州社科联结合当地实际，不断丰富普及语言的种类。在少数民族较为集中的区域，为了使社会科学普及过程中语言上的沟通交流更加便利，昌吉州社科联在驻村工作中安排少数民族干部负责宣讲工作，或者请懂少数民族语言的党校老师、专家和博士进行宣讲，最大限度地满足了不同普及对象的语言需求。因地制宜、因人而异地开展社会科学普及活动是普及工作卓有成效的前提条件，社会科学普及语言也要从当地实际

出发，根据普及对象特点及时进行调整，使普及对象能更快更好地理解社会科学知识。

（三）构建多元化的社会科学普及队伍，逐步实现普及主体对象化

一支精简高效、训练有素的队伍是组织顺利开展各项活动的前提保障，社会科学普及工作的顺利开展不仅得益于组织内的高素质队伍，由各种社会主体组成的多元化社会科学普及队伍的作用也不容小觑。随着新疆社会科学普及事业的不断发展和壮大，包括各级社科联、社会团体、企事业单位、城镇劳动者、农民在内的多元化的社会科学普及队伍正在形成，逐步实现普及主体的对象化，形成了具有中国特色的普及体制。[1] 如"快板大妈"将第三次中央新疆工作座谈会精神编成快板词，讲述生活日新月异的变化，使老百姓在欣赏文艺节目的同时也能潜移默化地学习到社会科学知识；自治区社科联也积极召开座谈会，邀请高校教师以及退休职工进行宣讲，让老百姓成为最好的宣讲者，坚持重心下移，让普通群众投身到基层宣讲中，以上都体现着普及主体的对象化。社会科学普及工作单靠社科联的力量是远远不够的，社科联与各社会力量只有团结起来形成合力，并让最广大的基层民众成为普及主体，社会科学普及事业才能不断发展壮大。加强组织体系建设，切实加强对地州市、高校社科联工作的指导。目前，全区地州市、县（市、区）社科联覆盖率分别达到100%、85%，高校社科联由4家发展至15家，工作基础进一步夯实。要加强党对社科类社会组织工作的领导，成立新疆社科类社会组织党委，在自治区党委宣传部指导下，与自治区民政厅等单位共同印发"关于加强新疆维吾尔自治区社会科学学术团体建设的实施意见"，坚持一手抓积极引导发展，另一手抓严格规范管理，扎实做好所属社科类社会组织的年检、换届、学术等工作。深入开展社科类社会组织大调研，完成对52个社科类社会组织清理整顿整改工作；坚持党建引领，成立社科类社会组织党支部34个，持续巩固社科类社会组织党建"三个全覆盖"成果，特别是在全国哲学社会科学工作办公室将自治区社科联确定为学术社团联系点以来，其通过资金和项目扶持，支持和引导社科类社会组织开展特色鲜明、创新性强、影响广泛的学术活动，构

---

[1] 李俊：《安阳市科学普及现状及改进对策研究》，硕士学位论文，郑州大学，2020。

建"政治坚定、人才聚集、管理规范、学术繁荣、业绩突出"的学术社团发展新格局。

二 新疆对象化开展社会科学普及工作存在的问题

（一）社会科学普及内容理论性过强，对普及对象吸引力弱

社会科学知识涉及面广、专业性高、理论性强，是具有较强通用性和高度抽象性的知识体系。由于受众的学历和知识水平的差异，照本宣科式地向广大基层民众宣讲抽象化的理论知识往往使部分群众难以理解普及内容，对普及对象吸引力不强。社会科学普及内容只有对民众具有吸引力，基层民众才愿意去了解和学习。根据调查问卷，在社会科学普及工作中对普及内容的理解程度如何的问题上，仅有38.72%的被调查者"完全能听懂"，"能听懂部分"的被调查者占57.9%，而剩下的3.38%则表示"听不懂"；并且在其他相关问题中，也有44.51%的被调查者认为普及内容"高大上"、讲空话和难以理解。社会科学普及内容理论化较强，普及主体如果不能以通俗易懂的方式进行传达，基层民众很难较好地理解社会科学普及内容，社会科学普及内容对普及对象的吸引力自然较弱。开展社会科学普及工作的目的在于提高公众社会科学知识素养，只有在听懂和理解的基础上，民众才能更好地吸收各类社会科学知识。拉近理论与群众的距离需要充分结合民众的实际需求，通过对象化、分众化进行近距离的交流互动，才能接地气聚民心。社会科学普及内容只有与基层民众的需求对应起来，才能对基层民众有较强的吸引力，真正做到"以人民为中心"，以满足人民文化需求和解决实际问题为准绳，避免讲空话、走形式，社会科学普及才能真正发挥实效。

（二）社会科学普及队伍建设滞后，多元主体参与度略显不足

人是一切活动的开展者和推动者，对于一个组织来说，一支精简协调、经验丰富的高素质人才队伍是顺利开展各项活动的前提保障。本书调研组在对昌吉州社科联的访谈中了解到社科联目前存在的问题主要是人员力量薄弱，在其他调研中我们也发现各地社科联人才匮乏的问题广泛存在。

根据调查问卷，在关于制约社会科学普及事业发展的主要因素有哪些

的问题中，高达72.01%的被调查者表示社会科学普及人才培养机制不完备、社会科学人才队伍建设滞后。访谈及问卷调查结果都显示新疆社会科学普及存在的主要问题是缺乏高素质的人才队伍，只有建设好一支专业精、水平高的高素质人才队伍，社会科学普及的各项工作才能有序展开。从另一个角度来讲，虽然自治区社科联和昌吉州社科联逐步构建起包括社科联、社会团体、企事业单位、城镇劳动者、农民在内的多元化的社会科学普及队伍，但多元主体的参与度不足的特征仍相当明显。从社会科学普及的队伍构成来看，普及主体还是以社科联为主，其他普及主体参与数量不多、频次不高，多是高校或当地具有代表性的"草根名嘴"参与社会科学普及工作。

三 新疆对象化开展社会科学普及工作的对策建议

（一）以民众需求为准绳，坚持普及内容对象化

坚持重心下移，根据普及对象需求安排宣讲内容，定制符合和适应宣传对象个性特征和需求的宣传内容是实现对象化的核心。社会科学应转换宣传途径，"飞入寻常百姓家"，面向基层，服务大众。[①] 首先，应当通过网络问卷、网上留言和深入基层调研等方式广泛收集和整理广大干部和群众各方面的理论需求，充分考虑他们的理论水平、理解接受能力和现实生活处境等，围绕其关心和关注的问题，为他们安排不同的宣讲内容。宣讲要着眼实际，因人而异、因地制宜，不搞齐步走，宣讲内容的选择也要结合群众理解层次。其次，坚持以群众需求为导向设计和开展宣讲工作，社会科学需要做到服务中心、服务大局，群众关心什么就讲什么。在满足群众需求的基础上也要找到理论与群众需求的契合点，将上级"要求学什么"和基层"需要学什么"有机结合，增强理论宣讲的针对性和实效性。最后，社会科学普及应当是生动的、具体的，宣讲内容只有贴近实际、贴近群众，才能真正深入人心，促进群众广泛参与。要善于用群众话语、生活话语讲述和阐释理论，使抽象化的理论变得深入浅出、通俗易懂。

[①]《助推基层党史宣讲深入人心》，《青岛日报》2021年9月17日。

(二) 创新社会科学普及形式，使社会科学普及形式更好地诠释普及内容

内容决定形式，形式服从内容，并随内容的变化而变化。社会科学普及内容的对象化决定了形式也要充分考虑普及对象的特征，使形式也体现对象化。形式对内容又有反作用，形式只有适合内容，才能促进内容的发展，但如果形式不适合内容，就会阻碍内容的发展。作为内容的表现方式，形式只有不断创新，才能更好地展现内容。第一，应采用"社科+文艺"的科普形式。相比于单调乏味的灌输式宣讲，文艺表演的形式对基层群众更有吸引力，社会科学普及要努力找准老百姓的口味，编排文艺节目，通过快板、弹唱等形式将社会科学知识用通俗易懂的方式传达给基层群众，使基层群众在欣赏文艺节目的同时也能汲取社会科学知识。第二，应采用"社科+故事"的形式。要善于运用民众身边的事例，采用民众周边的事例更具说服力，也使得社会科学普及更加具体、更贴近民众生活。通过讲故事的形式开展社会科学普及活动要找准切入点，将故事与社会科学普及有机结合起来，以小故事说明大道理，让基层群众能够从朴实的故事中领悟深刻意义。第三，应采用"社科+互联网"的形式。在有效运用传统普及方式的基础上，顺应时代潮流，使社会科学普及方式得到及时更新。在充分发挥报纸、广播、杂志等传统媒体作用的同时，也要重视微信、微博等新兴媒体的影响，可以运用网络通过短视频、动画等大众喜闻乐见的方式开展社会科学普及工作。要适应新形势下社会科学普及工作的新要求，丰富社会科学普及形式，在传统的社会科学普及图书、展览、展板、绘画等基础上，支持动漫、视频、微电影、VR、全息影像、快板、戏剧等多种社会科学普及活动类型。根据普及对象的特征和喜好确定普及方式，使社会科学知识更能被人们接纳和吸收。

(三) 具体问题具体分析，实现普及语言对象化

1. 结合当地实际，丰富普及语言种类

推动社会科学普及工作的顺利开展，不仅需要符合大众口味的内容，更需要将好的内容传播给大众的语言载体。在新疆开展社会科学普及活动的过程中使用的语言类别只有结合当地实际，才能富有成效。社会科学普及主体应当根据当地实际和普及对象丰富普及语言种类，使语言种类尽可

能覆盖全体普及对象。在开办社会科学普及讲座时，根据普及对象的语言类别，将国家通用语言与当地少数民族语言、方言相结合，使当地民众听得懂、听得进。在设计社会科学普及读物和宣传册时，也应当充分考虑普及对象的情况，出版多语种版本的书籍、宣传册等，充分考虑不同普及对象的情况，努力达成普及语言的对象化。

2. 推动社会科学普及大众化，将学术语言转换成群众语言

集中统一的念稿式的社会科学普及方式已不再适用于当今时代，在对象化地开展社会科学普及工作的过程中，要充分考虑和照顾基层群众的文化水平和理解层次。首先，因地制宜、因人而异地将社会科学普及的学术语言转换为家常话。让当地民众感到亲切，也使社会科学普及更接地气，避免讲空话、走形式。其次，根据普及对象的特点找到一个合适的切入点，用小故事讲清大道理，用身边事印证硬道理，用新角度诠释老道理。用讲故事、作比较、列数据等方式，使抽象、难懂的理论变得更具体、通俗易懂。最后，多采用"草根"宣讲员讲身边事的形式，"草根"宣讲员作为民众的一员，对当地民众的所思所想、语言习惯、思维方式更加了解，通过把讲故事与社会科学普及结合起来，更能将理论讲得通俗易懂、切近生活和实际。

3. 发挥多元主体作用，实现社会科学普及主体对象化

（1）动员社会力量加入社会科学普及队伍，实现社会科学普及主体多元化。开展社会科学普及工作，队伍建设是关键。基层群众人多矛盾多，要实现社会科学普及全覆盖，仅靠社科联等体制内资源和力量是不够的，还需要借助体制外的各种力量和资源，构建面向不同普及对象的多元化的社会科学普及队伍，并努力提高多元主体的参与度。第一，由社科联率领社会科学普及队伍。作为社会科学普及工作的主心骨，社科联发挥着核心作用。一方面，应当根据具体情况增加人员编制、吸纳专业人才，并整合党校、高校、各单位党务工作者等体制内资源充实社会科学普及队伍。另一方面，在扩充"量"的同时，也要注重"质"的提升。为了使社会科学普及工作人员的知识结构得到及时更新，还应当不定期地开展培训工作，努力培育一批热爱社会科学普及工作、有比较深厚的社科知识储备并具备一定的组织能力的社会科学普及工作者，打造专业化、高素质的社会科学普及人才队伍。第二，由专家团队强化队伍。要打造一支专家队伍并努力

加强与国内知名学者的合作交流，善于发挥"专家智库"的作用。同时注意整合高等院校和其他相关机构的智力资源，形成合力更好地为社会科学普及工作提供学术支撑。第三，由基层群众充实队伍。坚持问题导向，如在实施"文化润疆"工程中存在"润"党员干部多，"润"基层群众少，针对性不强，活动热闹基层无"感"，形式单一，大而化之等问题，应坚持以破解问题为原则，以社科联主责主业为基础，引领示范带动全区更好开展社会科学普及工作。要培养一支包括社区干部、志愿者和群众在内的基层社会科学普及队伍，因为他们对民众的所思所想了解得更清楚，更能有针对性地开展宣讲活动来满足民众需求。（2）坚持重心下移，发挥基层群众作用。社会科学普及的对象最主要的还是基层群众，让基层群众成为宣讲主体必将激发他们无限的智慧和活力，应重视民众在社会科学普及中的主体作用，实现普及主体的对象化。第一，建立基层社会科学普及队伍。对于基层社会科学普及活动而言，由谁来讲有时比讲什么更重要，由基层民众担任宣讲员增加了宣讲亲和力，也使社会科学普及更具吸引力。社科联应当把志愿者、离退休人员、居民和有才艺者都动员起来，让他们成为普及主体，组成基层社会科学普及队伍共同致力于社会科学普及事业，并挖掘当地老百姓中的"草根名嘴"，为他们搭建舞台实现个人价值。第二，充分发挥基层普及主体的优势，以群众喜闻乐见的方式开展社会科学普及活动。在形式上，通过老百姓讲故事、说相声、表演才艺等方式，吸引基层群众参与到社会科学普及活动中来；在地点选择上，使基层普及主体的宣讲深入广场、公园、晨练点及田野间，让社会科学普及不受地点限制；在时间选择上，作为基层群众中的一员，基层普及主体随时都能给周围人宣传社会科学知识，使得社会科学普及在潜移默化中影响人们的生活。第三，要鼓励民众积极加入基层社会科学普及队伍，提高民众的参与度，使社会科学普及队伍不断壮大。社会科学普及工作的着力点在基层，让基层群众成为宣讲人，实现普及主体的对象化，是社会科学普及事业不断发展的前提。

第三节　新疆分众化开展社会科学普及工作研究

社会科学是人们认识世界、改造世界的重要工具，是推动历史发展和社会进步的重要力量。分众化社会科学普及是指社会科学普及主体（如社科联及社会科学普及工作者等）根据不同群体差异性、选择性、多样性的理论需求，分别提供不同的社会科学普及内容。具体可以将受众群体分为公务员、企事业单位工作人员、农民、城市居民群体、学生群体、务工人员群体等，面向不同群体有针对性地开展不同的社会科学普及工作。

一 新疆分众化开展社会科学普及工作的现状

（一）坚持重大主题活动推动作用，依托社科联系统开展多主体合作，体现主体分众化

社会科学普及主体分众化是指打造矩阵式的社会科学普及宣讲队伍，让众多党员干部、企业人员等参与其中，让青年带动青年、学生带动学生，扩大宣讲的影响力、感染力。自治区社科联是推动新疆社会科学普及工作的重要主体，其以重大主题凝聚人心和为党和国家传声立言为使命担当，在推动实施社会科学普及工作过程中深刻体现分众化的特点。自治区社科联联合自治区党委宣传部策划推出"新疆相册：庆祝中国共产党成立100周年——追寻远去的影像记忆"主题摄影展，通过100组新旧图片对比，生动展示在中国共产党的领导下新疆社会发生的翻天覆地的变化和取得的历史性成就；联合新疆大学、新疆师范大学、新疆师范高等专科学校（新疆教育学院）、新疆艺术学院共同主办"铸牢中华民族共同体意识：共生共长共融——36位设计师展示的新疆文化形象特展"。围绕北京冬奥会，自治区社科联与自治区体育局、自治区文学艺术界联合会、新疆日报社、新疆广播电视台、新疆师范大学、乌鲁木齐市委宣传部共同举办了"相约冬奥 冰雪新疆"主题展，面向世界展现了新疆各族人民昂扬向上的精神风貌，通过讲好冬季奥运故事、全民健身故事和中国新疆冰雪运动故事，为北京冬奥会营造浓厚热烈氛围，增进了国际社会对新疆的正面认知。面向全疆各族儿女开展了以"构筑共有的精神家园"为主题的2022年新疆社会科学普及周活动，推出新疆社科书市、举办诵读会、中国画作品收藏展，在部分地州市开展社会科学普及馆藏产品巡展活动，推动新时代党的创新理论在新疆大地落地生根、开花结果；自治区社科联还开展了2021年自治区社科专家基层行网上宣讲活动，解读习近平总书记"七一"重要讲话精神，阐释伟大建党精神和中国共产党人的精神谱系——"兵团精神"和"胡杨

精神"。自治区社科联作为社会科学普及工作的重要主体，长期以来以重大主题活动为推动力，使近千家单位 15 万名党员干部参与其中，在新时代奋力推进社会科学普及各项工作，充分体现分众化特点。

（二）坚持按照《新疆维吾尔自治区社会科学普及条例》推进工作，在社会科学普及客体中体现分众化

社会科学普及客体分众化是指根据不同人群的特点，采用不同的内容方式开展社会科学普及工作。2021 年颁布实施的《新疆维吾尔自治区社会科学普及条例》，使自治区社会科学普及工作迈入法治化轨道。在《新疆维吾尔自治区社会科学普及条例》的内容中，有多处体现客体分众化特点。如国家机关、企事业单位和其他社会组织应当结合各自实际开展社会科学普及活动；在各级干部教育培训中，面向干部开展以中国特色社会主义理论体系、铸牢中华民族共同体意识、理想信念、道德品行、现代科学管理知识等为重点内容的培训活动；对企业应结合实际，面向职工开展以职业道德、安全生产、绿色低碳和心理健康为重点的社会科学普及活动；各级各类学校应把普及社会科学基础知识作为素质教育的重要内容，面向学生开展以中华民族共同体意识、社会主义核心价值观、理想信念、法治观念、人文修养、安全常识等为重点内容的社会科学普及活动等。《新疆维吾尔自治区社会科学普及条例》对新疆社会科学普及工作具有重要推动作用，也使得客体分众化的概念更加具体化。

（三）坚持依托经验做法推动社会科学普及工作，在社会科学普及内容中体现分众化

社会科学普及内容分众化是指在普及主客体分众化的基础上，紧密结合社会生活发展实际，通过垂直细分领域，尽力满足各族群众的供给需求，使社会科学普及内容更好地适应不同阶层、不同类型的大众群体，通过采取有针对性的普及方式使广大受众最大限度地接受和理解社会科学知识，使社会科学知识能广泛深入社会各个层面，提高其普及率和到达率。课题组在调研中了解到各地区现行有关经验做法，对社会科学普及内容分众化产生了积极作用。如乌鲁木齐市经开区（头屯河区）采取一系列举措加强政策机制建设，如建立社会科学普及馆、开设社科专栏以及利用新时代文明实践中心的"点单—接单—派单"模式,以多种形式推动普及内容分众化,尽力满足各族群众的需求。如乌鲁木齐市米东区根据群众的兴趣爱好和不同需求等出台了相关普及方案,该方案鼓励以课堂讲授的方式为主,辅以专题辅导、座谈讨论、播放电教片、网络教学,以及组织群众参加文化活动、实践活动、知识竞赛等形式,统一精选出一批示范课程,本着"贴近群众、贴近生活"的原则在各社区(村)巡回播放,以丰富教学课程内容。调研组在调研中了解到的经验做法还有许多,这些经验做法在社会科学普及内容分众化推进的过程中具有各自的特点,都为更好推动社会科学普及工作产生了积极作用,值得借鉴与学习,也是新疆各地区分众化社会科学普及工作的真实写照。

二 新疆分众化开展社会科学普及工作存在的问题

(一) 社会科学普及主体供给能力不足,无法充分满足不同受众实际需求

从社会科学普及主体的角度而言,各单位的在编人数、从业人数无法充分满足日益增长的内容与工作的实际需要,许多单位存在人员编制过少的问题。

> 我们部门有4个编制,两个正处两个副处,没有兵,所以我们都是兵,白天开展中心组学习会议晚上加班,十分繁忙,一个副部长去北疆挂职去了。编制是满了,所以我们这最大的问题还是人员不足。(受访者刘某,自治区社科联)

> 当前,我园的社会科学普及工作的确存在供给能力不足的情况,主要体现为讲解员严重不足,无法满足日益增长的参观需求。(受访者徐某,乌鲁木齐市烈士陵园)

由此可见各相关单位因为有"三定"方案的约束,无法轻易增加编制人数造成人员短缺,使主体供给能力不足,如烈士陵园这类单位尤其在节假日时因讲解员不足,很难满足群众的参观需求。这两个受访者所指出的情况都不同程度反映着社会科学普及主体的供给能力,这些情况的出现使受众的实际需求无法得到充分满足。

(二) 社会科学普及客体间存在一定差异，社会科学普及工作全员性存在困难

社会科学普及的客体包括全体公众。社会科学普及基于不同目标群体的喜好与需求，有目的、有针对性、有指向性地设定社会科学普及的具体任务，主动提供满足目标群体个性化需求的全方位服务。但现实的社会科学普及工作往往面向许多不同的客体受众，每类受众人群都有各自的特点，年龄、受教育程度、经济状况、社会类型、生活方式存在差异，而不同受众接收信息的能力不同、媒介的使用习惯不同，导致社会科学普及工作全员性存在一定困难，这些都会对受众的实际需求产生一定的影响。好的社会科学普及工作应当能够尽可能满足不同特征的受众差异性需求，实现社会科学普及的全员性工作效果。

(三) 部分民族受众国家通用语言水平不高，社会科学普及内容分众化存在一定不足

针对部分少数民族受众开展社会科学普及工作尤为重要，通过及时、准确的诠释可以更好地帮助少数民族受众理解党的理论、方针、政策、路线，牢牢抓住社会稳定和长治久安总目标。但在实际工作的推进过程中，部分少数民族受众因区域性聚居和流动性低的特点，国家通用语言的使用频率低、交流机会少；此外，新疆社会的经济发展水平与内陆沿海地区相比还有不小差距，新疆各地区之间的发展程度也不同，偏远地区对人才的吸引力度不够，高素质的国家通用语言教师短缺，这也使得国家通用语言普及程度不同，教育环境存在短板等。这些原因使得相关工作的推进存在困难。

> 要说困难的话那肯定是宣讲的内容不丰富或者一些载体资料比较少，总不能每次都带些纯文字性的东西比如我们设计的小活页之类的去宣讲吧。(受访者许某某，昌吉州社科联)

通过访谈可知，在社会科学普及宣讲过程中如果内容主要以纯文字的形式呈现，这对于国家通用语言水平不高的部分少数民族受众存在理解困

难的问题，很难独自领会相关内容所表达的含义、相关文件所表达的精神，对社会科学普及内容的理解和解读易产生偏差，进而对社会科学普及工作的效率产生影响。

三 新疆分众化开展社会科学普及工作的对策建议

（一）切实提高社会科学普及主体供给能力，进一步满足受众需求

针对社会科学普及主体供给能力问题，应当逐年加大社会科学普及投入力度，从财政拨款到人员编制数量的提升多方发力，鼓励社会科学普及内容的增加和创新，社会科学普及主体的工作重点向以受众的实际需求为导向进行转变，积极利用新技术进行信息化传播，积极推动资源共享，传播者应交换和共享社会科学普及信息资源，各社会科学普及单位间应采取信息共享、内容共享等方式切实提高社会科学普及主体供给能力。针对现存的社会科学普及工作人员短缺实际，笔者认为短期内可以采取推进志愿者队伍建设的方式，广泛招募志愿者，开展专业授课、骨干培训、实操培训，通过边学习边服务的形式，有效应对人员短缺的问题，满足节假日、周末的人员需求，长远看可以采取提高人员编制数量，扩充社会科学普及干部人才队伍的方式，来进一步提高主体供给能力。

（二）充分认识不同社会科学普及客体差异，进一步实现全员性社会科学普及

在工作推进过程中应充分认识到普及客体差异，针对不同年龄特点的受众群体，在内容和形式上应当采取不同的方式，针对青年群体可以采取活泼、幽默的方式去开展社会科学普及工作，针对中年人则可以利用有深度、严肃性的内容去开展社会科学普及工作，针对老年人则应当着重注意文字的书写方式，书写言简意赅，不能使用太过新潮的词语和表达方式，以增强老年人的可读性。另外，受教育程度越高的群体对社会科学普及的接受程度越高、适应的社会科学普及媒介种类也越多、对信息化的接受程度也越高，受教育程度偏低的群体则相对会更加适应某种单一的媒介方式，信息化的程度也较低，针对受教育程度高的群体采用图片、文字、视频等多种形式能让他们对科普内容产生更清晰的理解，而针对受教育程度偏低

的群体则更多采用具有视觉冲击力的图片和视频来帮助其理解普及内容。所以在人们对社会科学普及客体的差异有所了解后，可以使社会科学普及的分众化方式和内容更具针对性，使图片、视频、文字形式的使用，媒介方式的选择，宣讲内容的准备方向更加灵活。

（三）促进部分少数民族受众社会科学普及内容分众化

与此同时，各级社会科学普及工作人员应当积极调动少数民族受众的学习热情，让他们懂得主动学习，形成良好的学习氛围，不断提高各族群众的人际交往能力和信息获取能力。可以通过开设市民学校、农牧民夜校等多种形式提升他们的国家通用语言水平，让部分少数民族受众在工作之余有机会和渠道去提升自己的国家通用语言能力。在此基础上，针对部分少数民族受众的社会科学普及工作内容应体现分众化，尽可能采取如画册、折页、新媒体作品等直观、易懂的形式进行教育宣传，创新宣传形式和方法，注重和发挥云平台的效用，充分运用现有或着手搭建的平台，针对国家通用语言水平不高的部分少数民族受众，安排相关工作人员耐心教育教学让他们知道如何利用平台进行学习，促进社会科学普及与其他工作的结合，通过采用数字化信息技术，用好"互联网+"服务模式，以实施、推广、落实社会科学普及工作。最后，在部分少数民族受众国家通用语言水平提升的过渡阶段，可以多带一些翻译人员进行实时讲解，采取通俗易懂的形式，来更好地推动社会科学普及工作。

第四节　新疆互动化开展社会科学普及工作研究

社会科学普及是社会科学繁荣发展的重要组成部分，是改造世界、促进社会进步的重要环节和手段，是促进生产力发展的重要举措和动力，它在人类社会的发展中发挥着重要作用。社会科学普及的互动化是指强调社会科学普及过程中的互动、交流及现场反馈，注重社会科学普及客体的参与和融入，目的是提高社会科学普及工作的生动性和感染力。新疆十分重视社会科学的普及工作，2021年发布的《新疆维吾尔自治区社会科学普及条例》中就有与社会科学普及互动化相关的规定，旨在更好地彰显社会科学普及的互动化过程，提高各群体的积极性、主动性和参与度。

一 新疆互动化开展社会科学普及工作的现状

（一）主客体互动，在交流中提高认识

社会科学普及主客体的互动可以根据个性化的创作、可视化的表达以及双向互动的方式，通过文字、图片、音频、视频、直播、座谈会、访谈等形式，充分利用网站、微博、微信等媒介，拓宽影响层面，不断吸引群众的关注，以群众喜闻乐见的方式进行社会科学普及，弘扬科学精神，提升全民科学素质。2021年，自治区社科联打造了许多社会科学普及活动品牌，例如"社科讲堂"邀请专家学者深入社区（村）为居民授课；开展"新时代大讲堂"活动，与各族群众展开积极的互动交流，力求为各族群众创造更多的学习社会科学知识的机会。为顺应时代发展要求，增强主体和客体的互动，自治区社科联和新疆各地州市不断整合社会科学资源，优化和改善社会科学普及的环境，加强学习和宣传《新疆维吾尔自治区社会科学普及条例》，打通繁荣发展哲学社会科学事业的"最后一公里"，创新利用文字、图片、直播等各种方式，吸引广大群众的注意力，并在显著位置设立电子大屏，滚动播出自治区社会科学普及宣传片，紧跟时代发展的潮流，创新利用网络用语与网民进行互动，使许多网民加入其中，在潜移默化中学到社会科学知识。自治区社科联与"草根"宣讲团一起走进基层，用"干部讲理论，干部讲政策、'草根'讲身边事"的形式宣传和普及社会科学知识，对于群众不明白的地方，针对不同的群体，对症下药，采用各种方式解疑释惑，并鼓励和支持网民参与讨论，发表自己不同的观点，激发社会各个阶层的学习和探索热情，提高其对社会科学的认可度。

（二）线上线下互动，最大限度整合资源

要紧跟互联网时代大势，通过网络可视化模式开展社会科学普及工作，设置社会科学普及专栏，加强社会科学普及平台建设，为网络社会科学普及工作开辟专属空间。与此同时，线上线下齐发力，开展形式多样的线上宣传与交互性强的线下推介活动，共同营造社会科学普及氛围。近年来，新疆各地州市紧跟"互联网+"和"大数据"发展的步伐，其中，乌鲁木齐市烈士陵园近5年每年都推出各类临时展览2~3部，拍摄专题宣传片20

部；同时，其在数字化建设上也取得了质的飞跃，例如推进"官网+官微"信息化建设，建立微信参观预约系统，推出"网上预约""网上烈士纪念馆""红色故事汇""线上展览"等云端服务，不断拓展专业理论普及阵地，设置理论专栏，力求让社会科学文化更加便捷地走进群众、融入生活。"社会科学普及周"是普及社会科学知识的一个重要载体，每年的社会科学普及周期间，乌鲁木齐市经济技术开发区（头屯河区）除了积极参与市社科联组织的各项活动外，还同步开展线上、线下活动，包括理论宣讲、"新时代大讲堂"、优秀宣讲员大赛、知识竞赛等一系列丰富多彩的活动。为进一步推动党的创新理论"往深里走、往实里走、往心里走"，充分利用好社会科学普及周开展社会科学普及工作，加大对《新疆维吾尔自治区社会科学普及条例》的宣传力度，在社会科学普及周期间，乌鲁木齐市经济技术开发区（头屯河区）在机关、社区、农村及中小学全面开展社会科学普及工作，组织开展大型广场咨询和展览活动，举办"2024年自治区勘察设计行业相关专业技术培训学习"专家讲堂等系列品牌活动，邀请知名专家开展社会科学普及工作，与新时代文明实践活动有机结合，把社会科学知识及时送到群众身边，通过线上线下共同发声的形式提高社会科学普及的互动化水平，使各族群众的思想道德素质、科学文化素质和身心健康素质得到了较大的提高。[①]

（三）搭建互动平台，在共建共享中增进共识

强化互联网思维，主动适应互联网模式下的层级架构、用户需求、行为方式、生存法则等，探索建立各类互联网社会科学普及平台，搭建网络社会科学普及共享数据库，推动网络社会科学普及从静态到动态、从一维到多维、从单项灌输到多项交互的全方位转变。如今的时代是互联网交互发展的时代，自治区社科联主动适应大数据下的层级架构和用户需求，搭建了各式各样的社会科学知识平台和社会科学知识库，通过微信公众号等传播平台，开展微普及、微咨询、微展览、微公益等活动，不断扩大社会科学普及的覆盖面；另外，创新社会科学普及的形式，通过"社科+宣讲"

[①] 《迈好构建新发展格局的第一步——论学习贯彻地委扩大会议精神》，《塔城日报》2021年1月4日。

"社科+文艺""社科+活动"等形式,找准老百姓的"口味",开展互动化的社会科学普及工作,同时社会科学普及形式也不断丰富,采取的"宣讲+诵读""宣讲+文艺""线上宣讲"等形式,受到各族群众的喜爱,社会科学普及形式由原来"静态、一维、单项式灌输"的方式向"动态、多维、多项式交互"的全方位转变;围绕党和国家方针政策,结合党的十九届六中全会、党的二十大等重大会议和自治区"3+1"重点工作,以快板、诗歌朗诵、唱红歌的形式,把党的声音传递到千家万户,通过搭建互动平台,不断满足各族群众精神文化需求,使各族群众随时随地感受文化力量、享受文化快乐、接受文化教育。

二 新疆互动化社会科学普及工作存在的问题

(一)主客体互动流于形式,参与互动的动力不强

互动化要求改变社会科学普及的"灌输式"模式,强调社会科学普及客体对于普及过程的参与和融入。一方面,部分社会科学普及对象的国家通用语言水平不高,在接受社会科学知识时,往往仅凭自己的猜测和臆想,无法深入了解社会科学知识的真正内涵,且由于受到地理和历史条件的限制,尽管目前大多数群众受教育程度有所提高,但仍有少部分群众的思想和道德素质有待进一步增强,他们对社会科学知识不感兴趣,不愿意主动学习,这往往增加了社会科学普及的难度;另外,在开展社会科学普及工作过程中,尽管大都采用专家授课、制作宣传片、开展大讲堂的形式,但这些方式主要以"灌输式"普及为主,生搬硬套,普及主体与受众客体之间缺少互动,使群众无法真正理解哲学社会科学的内涵。另一方面,社会科学普及存在主客体之间参与式互动的动力机制不足的情况。一是社会科学普及客体延续着被动接受教育的课堂模式,参与的积极性不高,往往抱着功利化的心态,而社会科学普及主体关注的是普及后的投入产出比和使用效能。高效的社会科学普及互动意味着普及工作者在工作之余还要在社会科学普及方式的设计上花费大量的时间和精力,尽管社会科学普及主体针对不同的群众采取了不同的宣讲方式,取得了可喜的成绩,但同时也面临着巨大的业绩和效能压力,这使得各地州市社会科学界联合会普遍存在仅在社会科学普及周普及工作热情高涨而在其他时间实际行动成效不明显

的局面。二是在互动过程中，社会科学普及主客体之间存在互动热情不高、互动方式单一等现象。上述两方面因素大大限制了社会科学普及的互动性。

（二）"双线"普及资源匮乏，参与度和互动性不足

通过对社会科学普及"线上线下"普及资源、互动形式和内容的调查发现，当前新疆社会科学普及的资源相对匮乏，无论是在质量上还是在数量上都存在一定的不足，以乌鲁木齐市烈士陵园推出的"线上展览""红色故事汇"为例，其在推出过程中存在红色资源挖掘不充分、部分内容视频更新不及时、陈展元素和内容较为单一、与互动客体现实需要契合度不高、普及对象中青少年的参与度与融合度也不高等问题。究其原因，主要体现在以下两个方面。首先，在社会科学普及过程中，普及主体缺乏对社会科学普及渠道和活动形式的探索能力，针对不同文化程度的市民、游客，如何进行社会科学知识普及，以及普及哪些内容等研究不够系统深入，吸引力不大。① 尽管在贯彻落实《新疆维吾尔自治区社会科学普及条例》的过程中，上级部门就"普及什么、如何普及、谁来普及"进行了细分，在普及对象、学习载体和内容安排上也进行了明确，但是当前新疆各地的社会科学普及工作在满足受众需求方面稍显不足，主要表现在经费、人员不足以及无法满足各族群众多样化、特色化需求等方面。其次，随着网络媒体的兴起，大众接收信息的方式、习惯、渠道都发生了深刻的变化。在普及过程中，传统的以灌输为主、"我说你听"的布道式传播模式已经很难满足广大群众的需求。例如乌鲁木齐市社科联在推动社会科学普及工作常态化的过程中，线下为各族市民提供300余场讲座；乌鲁木齐米东区委宣传部成立新时代文明实践所15个、实践站152个，并举办演讲比赛、放映公益电影、开展公益活动等。而这些主体在进行社会科学普及过程中对新媒体的运用不够充分，缺乏对新媒体传播特性和传播理论的了解和把握，只是简单地将社会科学知识从纸上复制在新媒体上，缺少与新媒体的融合，运用新媒体开展线上互动的能力有所不足。

---

① 《社科普及"牵手"文明实践，畅通理论走向实践的"新桥梁"》，齐鲁壹点百度百家号，2021年1月31日，https://baijiahao.baidu.com/s?id=1690385143382497041&wfr=spider&for=pc。

(三) 普及载体水平参差不齐，各载体相互独立且数字化水平不高

普及载体是社会科学普及的主体与客体之间的桥梁，普及载体的选择是事关普及成效的关键性因素。就目前调研的情况来看，近年来在对理论的普及特别是在对社会科学知识的普及宣传过程中，各普及载体相互独立，缺少互动和交流，大体上采取的是报告、座谈会、讲师团的形式，这种"上面讲课，下面听讲"的单一宣讲模式，缺少互动性。例如各地州市社科联在开展社会科学普及宣讲时，大多数时候是邀请专家授课讲授理论知识，与群众的交流和互动极少，同时党的各项方针政策、会议精神、法律法规等学习资料数不胜数，但真正适合群众需求、"接地气"又通俗易懂的资料却不多见，无法达到普及的效果。

三 新疆互动化开展社会科学普及工作的对策和建议

(一) 创新主客体互动的形式，优化社会科学普及的动力机制

社会科学普及工作者的素质直接决定了社会科学普及的程度和水平。第一，正确把握社会科学普及客体真实的社会科学知识需要，各地州市社科联要采用物质、精神等手段对社会科学普及主体进行激励，使社会科学普及的动力机制的运行处于最佳状态。第二，保障社会科学普及主客体互动形式与效果还需要从制度、队伍、环境三个维度综合考量。第三，尊重社会科学普及客体是进行社会科学普及主客体互动的关键条件，坚持沟通双方的人格和地位的平等。第四，建立社会科学普及互动的反馈机制。第五，针对社会科学普及主体互动动力不足的现象，在开展社会科学普及工作之前，应当加强对社会科学普及主体的互动素养的培训，加大对社会科学普及主体培训工作的经费投入力度，社会科学普及效果与对社会科学普及主体的考核激励挂钩，确保社会科学普及主客体互动形式的多元化。第六，加大对社会科学普及基地的宣传力度，增强基地影响力与市民游客的互动性，在图书馆、文化馆、社会科学普及馆等场馆开展各式各样的活动，激发群众学习社会科学知识的积极性与主动性。第七，通过画册、折页、新媒体作品等一些直观、易懂的载体开展社会科学普及工作，注重在新媒体中设置社会科学普及客体评论区，加强互动与交流。第八，促进社会科学普及与新时代

文明实践中心建设相结合，全面采用微信等新信息载体，运用"互联网+"的模式，开展社会科学普及工作。

（二）扩大混合式"双线"范围，激发社会科学普及对象的学习热情

提高对象对社会科学普及的参与度，提高社会科学普及的互动化水平，激发社会科学普及对象的参与热情，必须坚持以效果为导向。首先，应当扩大混合式"双线"影响范围，普及社会科学知识，加大对文献资源的收集整理力度，线下编撰和发布内容丰富、形式多样的优质书籍杂志，线上在微信公众号、微博等各平台推送社会科学知识等，提高文献资源使用率，满足社会科学普及对象的阅读要求，同时给读者提供中国知网、万方数据库、维普网等数据库资源；针对传统的灌输式的传播，既可根据不同受众群体的特点和习惯，加强内容生产，用大众化方式提升社会科学普及影响力，如"主题宣讲、政策解答、文艺表演"等，也可根据当前大众轻阅读、浅阅读趋势，着力在立体传播上下功夫、扩大影响力，例如，综合利用地方党报党刊、广播电视等传统传播阵地和以快手、抖音为代表的新媒体传播渠道，全方位、宽领域开展社会科学普及工作，加强对重要思想、重要理论成果的传播。其次，以活动为主体，拓展服务形式。一方面通过文化活动弘扬社会主旋律，例如文化讲坛、社会科学普及视频专场、朗诵会等；另一方面，促进传统普及平台与新媒体的相互融合，以展览为依托，弘扬社会主旋律，利用新媒体，通过线上线下展览的方式，将社会主义发展的主旋律和哲学社会科学知识有机地融合在一起，激发社会科学普及对象的参与热情。[1] 最后，打造能促进社会科学普及的融媒体传播社会化平台，广纳社会各方力量，媒体、高校、企事业单位共同推动融媒体社会科学普及，打造社会科学普及融媒体中心，建设自己的传播阵地[2]，激发社会科学普及对象的参与热情。

（三）搭建社会科学普及的互动平台，在共建共享中形成合力

不断丰富社会科学普及的内容，提高社会科学普及的效果，既要用好

---

[1]《新疆维吾尔自治区社会科学普及条例》，《新疆日报（汉）》2021年4月8日。
[2] 武丹等：《融媒体科学传播的新尝试——陕西融媒体科学传播联盟》，中国科普研究所网站，2021年1月18日，https://www.crsp.org.cn/m/kyjz/YJDT/art/2021/art_a0c69a8abd5c425588b8b157015be346.html。

"大课堂、大报告"式的集中社会科学普及方式,又要采取"覆盖广、灵活机动"的微普及模式,坚持以微媒体为平台、以微节目为载体,增强社会科学普及的针对性和实效性;整合社会科学共享知识,取长补短,改变过去各单位各自为政的状态,使上级普及单位和下属普及单位以及平级普及单位之间在有效沟通的基础上实现资源整合,在提高社会科学普及效率的同时不仅形成资源共享格局,还实现了社会科学普及人才的上下、平行互动,形成内外互动的宣讲局面;拓展社会科学普及形式,一是在党和自治区的方针政策普及上,将普及的内容编辑成快板、流行歌曲、小视频等亲民的形式,寓教于乐。二是促成教学相长,根据群众的实际需求,编辑一些通俗易懂、图文并茂的普及作品;搭建互动平台,实现双进步,因地制宜、不拘形式地普及社会科学知识,关心群众所思所想,切实抓好群众喜闻乐见的文化活动,开展讲文明树新风活动,拓宽社会科学普及的覆盖面,满足人民群众日益增长的物质文化需求;提高基层工作载体的利用率,营造浓厚的社会科学普及气氛。基层工作者是社会科学普及的主体之一,应提高新形势下他们的普及能力和水平,及时掌握党的政策方针,将人民群众关心的问题及时传播开来,使党的理论"飞入寻常百姓家"。搭建社会科学普及的互动平台,不仅要在硬件设施上下功夫,还要在软件设备上下功夫,要打造一支专业性强、水平高的普及队伍;提高普及工作的整体水平,必须在人力资源配置效能提升上下大力气,加强对人员的培养管理,建设人才团、智库和志愿者队伍等,加大对社会科学普及基地的建设力度,广泛动员,在共建共享中形成合力。

第五节　新疆社会科学普及现状调查研究——基于829份调查问卷的分析

社会科学是人们认识世界和改造世界的重要手段,也是推动人与社会全面发展的重要力量。习近平总书记在2016年哲学社会科学工作座谈会上指出:"一个没有发达的自然科学的国家不可能走在世界前列,一个没有繁荣的哲学社会科学的国家也不可能走在世界前列。"[1] 2017年中共中央印发

---

[1] 习近平:《在哲学社会科学工作座谈会上的讲话》,人民出版社,2016,第2页。

的《关于加快构建中国特色哲学社会科学的意见》强调,坚持和发展中国特色社会主义,必须加快构建中国特色哲学社会科学。2021年出台的《新疆维吾尔自治区社会科学普及条例》是新疆社会科学领域第一部地方性法规,也是自治区社会科学工作进入法治化道路的重要标志。发展社会科学普及事业在弘扬中华民族悠久的历史文化、繁荣社会科学、提升人民群众的科学文化素质以及促进社会进步等方面具有积极作用。

一 问卷编制及样本情况

(一)问卷编制

本书在前期研究的基础上,经过实地调研、专家咨询和问卷初测,构建"社会科学普及情况"调查问卷。问卷内容主要包括被调查者的基本信息、社会科学普及活动开展的情况(含对象化、分众化、互动化开展社会科学普及工作)、社会科学普及中存在的问题和影响因素等。本次问卷发放采取随机原则,被调查者线上填写问卷内容,发放时间为2022年1月28日至3月15日,回收有效问卷829份。在问卷调查的项目编制上,本书注意体现社会科学普及工作在民族地区的普及载体、形式、社会科学普及内容以及社会科学普及主客体互动关系。

(二)样本情况

本书调查对象的民族主要有汉族、维吾尔族、哈萨克族、满族、柯尔克孜族、塔吉克族、锡伯族、蒙古族等;调查对象中男性占比39.57%,女性占比60.43%;在年龄方面,20岁及以下的被调查者占比为24.85%、21~30岁被调查者占比为43.79%、31~40岁被调查者占比为13.51%、41~50岁被调查者占比为10.49%、51~60岁被调查者占比为6.51%、61岁及以上被调查者占比为0.84%;在文化程度方面,大部分被调查者为本科及以上学历,占比为85.28%,小学及以下学历被调查者占比为0.24%,初中学历被调查者占比为1.33%,中专学历被调查者占比为4.46%,高中学历被调查者占比为3.86%,大专学历被调查者占比为4.83%;在户籍所在地方面,新疆籍被调查者占比为61.64%,非新疆籍被调查者占比为38.36%(见表1-2)。

表 1-2 问卷样本的基本情况

单位:%

类别	样本类别	比重	类别	样本类别	比重
年龄	20岁及以下	24.85	民族	汉族	65.02
	21~30岁	43.79		维吾尔族	12.91
	31~40岁	13.51		哈萨克族	11.10
	41~50岁	10.49		满族	0.24
	51~60岁	6.51		柯尔克孜族	0.97
	61岁及以上	0.84		塔吉克族	0.24
文化程度	小学及以下	0.24		锡伯族	0.24
	初中	1.33		蒙古族	2.65
	中专	4.46		其他	6.63
	高中	3.86	性别	男	39.57
	大专	4.83		女	60.43
	本科及以上	85.28	户籍所在地	新疆	61.64
				非新疆	38.36

二 新疆社会科学普及工作取得的成效

（一）传统社会科学普及方式与互联网的结合提升了社会科学普及效果

互联网的迅速发展和普及改变了人们获取信息的方式。传统的社会科学普及方式以电视、广告及报纸为主，缺乏大众的参与和反馈，因此这种传播方式对群众缺少吸引力。而互联网的发展促进了科学与人文学科的融合。在这种新的趋势下公众不再被动地接受社会科学普及的内容，而是开始思考和理解其价值和对生活产生的影响。如今网络新媒体已成为最活跃的科学传播平台，"互联网+社会科学普及"已变成社会科学普及事业发展的必然趋势，既符合时代的要求，又能满足群众对知识的需求。调查结果显示，69.60%的被调查者通过电视、广播和广告来获取社会科学普及信息；64.29%的被调查者通过报纸、杂志和图书馆等传统方式获取信息；61.28%的被调查者通过新媒体和自媒体获取信息。可见，互联网与传统普及方式的融合激发了群众对获取知识的热情，丰富了群众获取社会科学普及信息的渠道，适应了新形势新变化。一是扩大了社会科学普及覆盖面，满足了群众个性化需求。传统的讲座、读书会等社会科学普及方式只能针对特定的群体展开,而受众群体在阅历和知识需求方面存在较大的差异,因此难以提高社会科学普及的覆盖率。还有社会科学普及周等活动在固定的时间和地点开展,容易受时空的限制,也因此影响了社会科学普及的覆盖面。"互联网+社会科学普及"搭建了信息资源共建共享技术平台,打破了地域和时间的界限,同时为普及对象的个性化需求提供了更多的选择,也降低了社会科学普及的社会成本。① 二是增强了社会科学普及方式的互动性和趣味性。由于传统社会科学普及方式难以将较为复杂的社会科学理论知识以通俗易懂的方式传达给群众,降低了群众参与互动的积极性。而互联网在社会科学知识普及上的应用,借助网络媒体检索、辅助阐释、交流分析等功能,还利用公众号、微博、视频播放软件等信息交互工具,增强了社会科学普及传播的趣味性和互动性。三是使社会科学普及传播主体多样化。传统社会科学传播主体以政府为主。而在互联网和新媒体的背景下,信息和科学知识比以往任何时代传播得都要快,人人都可以成为社会科学知识的传播者。

(二) 丰富多彩的社会科学普及内容提升了群众综合素养

普及社会科学知识,首先是普及重要的、基础性的、民众迫切需要的社会科学知识,特别是应将党的重要理论成果作为社会科学普及内容予以充实。② 社会科学普及内容需要与时俱进,符合时代发展趋势和人们生活需要,只有精心安排主题,从群众实际需求出发,才能不断实现好、发展好最广大人民的利益。调查结果显示,被调查者对于社会科学普及的主要内容的看法基本上一致,即马克思列宁主义、毛泽东思想、邓小平理论、"三个代表"重要思想、科学发展观、习近平新时代中国特色社会主义思想,以及党的路线、方针及政策;社会主义核心价值观、以爱国主义为核心的民族精神和以改革创新为核心的时代精神、胡杨精神、兵团精神;宪法、法律法规基本知识等。85.77%的被调查者认为社会科学普及工作提高了自身文化素养和思想道德水平;80.1%的被调查者表示社会科学普及工作拓宽

---

① 华晓宇:《社会化媒体背景下推进社会科学普及的对策》,《宁波教育学院学报》2016年第6期。
② 《努力实现社会科学普及工作的创新发展》,《实践(党的教育版)》2020年第9期。

了自己的眼界，使自己了解到了更多有用的知识；68.15%的被调查者认为社会科学普及工作对自己平时的工作带来了有益的帮助。除此之外，部分被调查者希望通过社会科学普及提高自己学习工作能力和改进生活方式，分别占79.86%和68.52%。由此可见，社会科学普及工作不仅提高了群众思想道德素养，同时也满足了群众多元化的生活需求。

（三）社会科学普及互动方式趋于多元化

调查结果显示，新疆社会科学普及工作互动化的主要方式有线上线下互动、宣讲主客体互动以及平台载体互动等。社会科学普及主体与对象之间的互动并不是只能通过现场互动的方式来进行。在"互联网+社会科学普及"的背景下，可以采取线上线下相结合的互动方式，比如可以进行社会科学普及专家与网民的线上交流和线下深度咨询、社会科学普及理论研究选题的线上征集与线下讨论等。① 这种方式不仅促进了群众对社会科学内容的理解和社会科学普及工作的顺利开展，也体现了坚持以人民为中心，多层次推动社会科学普及工作高质量发展的理念。可以看出，随着互联网的发展和普及，社会科学普及工作的互动方式趋于多元化，满足了人民群众各方面的需要，增强了普及内容的针对性和实效性。而且，多元化的互动方式有利于提升科普平台的价值，培养群众积极参与社会科学普及活动的良好习惯，也有助于社会科学普及平台品牌化建设。

（四）社会科学普及宣讲形式呈现分众化的趋势

分众化宣讲是提高社会科学普及率和到达率的重要手段。分众化宣讲是指理论宣传主体根据不同群体的差异性、选择性、多样性的理论需求，面向特定的受众群体某种特定的需求，分别提供不同的理论宣讲的方式。② 分众化宣讲是实现马克思主义大众化的重要形式，也是我们党坚持以人民为中心宣传思想工作的优良传统。习近平总书记指出："要适应分众化、差

---

① 潘琳、周兵：《"互联网+"背景下社会科学普及的传播机制与创新路径研究》，《新媒体研究》2018年第22期。
② 《推进分众化对象化互动化网络宣讲》，中安在线，2020年11月10日，http://ah.anhuinews.com/szxw/202011/t20201110_4949967.html。

异化传播趋势,加快构建舆论引导新格局。"① 调查结果显示,新疆社会科学普及的宣讲方式具有宣讲主体分众、宣讲语言分众以及宣讲客体分众等特点。比如,在宣讲主体方面,有49.6%的被调查者表示他们所在的地区会针对不同人群安排不同的宣讲主体,如政府、社会组织、高校、企业、人大代表以及道德模范等,并认为这种宣讲方式产生的效果很好。在社会科学普及主体的选择上,根据受众群体的需求优化配置人员,将宣讲员的职业、知识储备、擅长领域、个人风格等作为分配依据,有利于提高社会科学宣讲效率,增强宣讲内容的针对性。在宣讲客体方面,52.23%的被调查者表示其所在的地区针对特定群体进行针对性的社会科学普及。根据不同受众的特点和需求进行宣讲,选择群众能够普遍接受的社会科学普及主题,有利于促进宣讲内容和宣讲客体之间的契合,以实现宣讲效果最大化。在宣讲语言方面,有27.7%和23.7%的被调查者分别表示普及主体应采用"国家通用语言+少数民族语言"和"国家通用语言+方言"的形式展开宣讲。用好用活社会科学普及的宣讲语言是使社会科学内容通俗化的主要途径。社会科学普及主体应选择受众群体熟悉的话语进行宣讲,适当地采用当地的方言,结合他们的生活习俗开展宣讲工作,有助于拉近与群众的距离,减少宣讲过程中的障碍,从而增强亲切感,以便达到宣讲目的,提高社会科学普及工作实效。

三 新疆社会科学普及工作存在的问题

(一) 社会科学普及资金投入机制不完善,基础设施落后

社会科学普及人才的培养、普及载体的应用、基础设备的完善、社会科学普及节目的制作以及普及平台建设都离不开稳定的资金投入。由于新疆社会科学普及事业起步不久,社会科学普及工作需要投入更多的资源。尤其是在广大农村地区,社会科学普及难度大,需要大量的经费。66.30%的被调查者认为社会科学普及过程主要存在的问题是资源投入机制不完善;67.70%的被调查者表示社会科学普及资金投入不够、硬件设施不完善。究其原因,一是社会科学普及经费来源单一。虽然近几年社会捐赠经费逐年

---

① 《习近平谈治国理政》第2卷,外文出版社,2017,第333页。

增长，但政府财政还是主要的经费来源。而在市场经济条件下只靠政府拨款无法满足群众多样化的社会科学知识需求，也会增加财政压力，不利于社会科学普及事业可持续发展。二是经费不足。国家层面已经将社会科学普及经费纳入财政预算，财政预算资金与社会科学普及现实需要还存在一定距离。适当的经济支持可以激发社会科学普及主体参与社会科学普及的积极性。

（二）人才培养机制不完备，社会科学队伍建设滞后

社会科学普及是一项公益事业，人才是社会科学普及事业发展的决定性因素。[①] 完善的社会科学普及人才机制和队伍有助于激发社会科学普及发展潜力及实现社会科学普及的价值。根据调查结果，有72.01%的被调查者认为"社会科学普及人才培养机制不完备、社会科学队伍建设滞后"是制约社会科学普及事业发展的主要因素；67.55%的被调查者表示社会科学普及队伍总量不足。出现这种问题的主要原因，一是社会科学普及人才队伍建设没有纳入政府规划，严重制约了社会科学普及人才队伍建设的发展。据调查，大部分地区专门从事社会科学普及工作的人员少，工作基础薄弱，各级政府对社会科学普及人才专业培训重视程度不够。比如，对社会科学普及人才队伍建设的资金投入机制、发展培养规划、激励鼓励政策缺乏，严重制约了社会科学普及人才队伍的发展壮大。[②] 二是社会科学普及人才队伍建设机制不健全。主要体现在体制不健全和薪资待遇低两个方面。三是社会科学普及人才队伍结构不合理，不能满足社会科学普及工作发展的需要。主要体现在社会科学普及资源的地区分布不均衡、社会科学普及人才队伍年龄结构不合理等方面。上述原因，从某种程度上影响了本地区对人才的吸引力，从而导致了人才资源严重流失。除此之外，新疆区域发展不均衡问题突出，人才资源主要集中在以乌鲁木齐为中心的经济相对发达的地区，而在南疆，尤其在偏远的农村地区人才缺乏。可见，当前社会科学普及人才机制和队伍建设有待完善，以提升社会科学普及效能。

[①] 龙艳：《创新社会科学普及人才机制路径研究》，《湖南科技学院学报》2018年第9期。
[②] 《新时代下推进社会科学普及工作的实践和思考——以常德为例》，常德市社会科学界联合会网站，2020年7月7日，http://skl.changde.gov.cn/ywgz/xsjl/content_339767。

(三) 社会科学普及载体创新力度不够

社会科学普及的载体是指向社会科学普及对象进行社会科学知识普及的介质或工具。① 随着社会的进步及群众需求的增加，社会科学普及载体的创新成为发展社会普及事业的关键因素，直接关系到社会科学普及工作的效果。本次调查发现，当前，新疆在社会科学普及载体方面存在一些问题（见表1-3）：有71.41%的被调查者认为社会科学普及工作者对载体创新意愿不强。其原因有以下几点。一是新媒体利用率不足。新媒体在社会科学普及方面具有传播速度快、受众群体广泛、时效性强等优势。但容易受到设施、场地、经费等因素的制约，加上相关工作人员不能及时适应媒体新形势，难以充分发挥其作用。二是大部分社会科学普及工作者为兼职，缺乏专业训练，而且激励机制不明显，抑制了工作人员的创新意愿。三是对人工智能的应用有限。将人工智能技术引入社会科学普及工作的全过程，有助于社会科学普及向信息化、智能化转变，深刻改变社会科学知识传播形态和群众的信息接收方式。但由于目前新疆社会科学普及载体创新发展建设相对滞后，相关的技术专业人才不足，未能将语言处理、机器学习等新技术应用到社会科学普及工作的全过程。因此，创新社会科学普及载体已成为促进社会科学普及目标实现的必然要求。

表1-3 社会科学普及载体等方面存在的问题及比重

单位：%

普及载体等方面存在的问题	比重
社会科学普及工作者对载体创新意愿不强	71.41
社会科学普及方式缺少多元化	66.1
社会科学普及渠道有待优化	66.22
传统载体普及效果不佳	59.95
新媒体利用率低	56.57
人工智能技术应用有限	41.38

---

① 郭瑞等：《乡村振兴背景下农村社区社科知识普及载体创新研究》，《邢台学院学报》2021年第4期。

(四) 群众对社会科学普及内容了解不多

公众的了解和支持是发展社会科学普及事业的重要动力。本次调查中，大部分被调查者认为社会科学普及工作有利于提高自身的社会科学文化素养和思想道德水平，有助于了解更多有用的知识。其中，认为十分有必要和有必要开展社会科学普及工作的被调查者分别占50.06%和46.8%。然而在"对社会科学普及具体内容的了解程度"方面，对社会科学普及具体内容十分了解的人却不多，占被调查者的17.6%，对社会科学普及的内容有所耳闻的人比较多，占被调查者的75.6%，完全不知道的人占被调查者的6.8%。在被调查者中，只有30.5%人知道新疆维吾尔自治区社会科学普及周的具体日期。在社会科学普及内容群众理解程度方面，有38.7%的被调查者表示"完全能听懂"，"能听懂部分"的占57.9%。有46.9%的被调查者表示不知道开展社会科学普及的相关主体。对于"您所在地区是否开展过社会科学普及活动"的问题，有49.3%的被调查者选择肯定的答案，而30.9%的被调查者表示不清楚，还有19.8%人的表示未开展过相关活动。究其原因有以下几方面。一是群众对社会科学知识的重视度不够。社会科学普及对象在阅历、职业、认知等方面各不相同，并且存在认知错位，对社会科学普及、社会科学知识学习不重视。二是对象化、互动化、分众化开展社会科学普及工作不到位。根据不同受众群体，安排不同的社会科学知识内容和传播主体，可以推动社会科学普及工作走深走心走实。调查发现，有59.35%的被调查者认为对象化分众化互动化开展社会科学普及活动不到位。群众的这种看法跟社会科学普及主体对受众群体的了解不足、传播方式僵化等因素有关。除此之外，社会科学普及工作不能很好地满足受众需求（见表1-4），也是群众对社会科学普及内容了解不多的主要原因。

表1-4 社会科学普及工作满足群众需求状况

单位：%

社会科学普及工作内容与形式存在的问题	比重
传播形式呆板，缺乏趣味性	71.77
内容宽泛，缺乏权威性	56.69
普及语言单一，效果不佳	31.72

续表

社会科学普及工作内容与形式存在的问题	比重
普及内容无法满足个人需求	45.36
掺杂谣言，难辨真伪	34.74
普及内容缺乏针对性，未能满足百姓需求	47.41

四 促进新疆社会科学普及工作开展的对策建议

（一）加大资金投入力度，完善基础设施

经费是社会科学普及的重要物质保障。没有足够的资金，一切都是空谈。目前，新疆社会科学普及经费不足，不能很好地满足人民群众日益增长的科学文化知识需求。因此，为健全社会科学普及的激励机制及加快社会科普事业的发展，需要大量资金支持。首先，要发挥政府在资金支持方面的主体作用。增加政府财政在发展社会科学普及事业上的支出，保障社会科学普及工作的有序开展。同时，政府应引导金融和税务部门针对多元主体参与社会科学普及工作出台相关的优惠政策，降低社会科学普及的成本，拓宽社会科学普及渠道。其次，要整合社会各方面的资源，采用多种途径吸引社会力量投入。鼓励并扶持企业、民间组织及社会团体开展社会科学普及活动，鼓励高校参与社会科学普及重点项目，并提供一定的经费保障，以提高社会科学普及的效果、质量及原创性，鼓励有关主体对社会科学普及工作进行社会捐赠。最后，要完善基础设施，促进社会科学普及阵地建设。政府部门应加大对科技馆、图书馆、博物馆等公益性科普教育机构的基础设施建设投资力度，不断增加推动全民科学素质培养工作的专项经费。

（二）完善人才培养机制，加快社会科学普及队伍建设

搞好社会科学普及事业，人才是关键。社会科学普及机制的良好运行离不开社会科学普及工作者的作用发挥。他们的思想政治素质、业务能力和水平直接关系到社会科学普及的效率。因此，建立一支可靠的社会科学普及人才队伍是社会科学普及工作有效开展的关键。应把加强社会科学普及人才队伍建设摆在更加突出的位置。一是完善激励机制。提高社会科学

普及人员待遇，表彰和奖励在社会科学普及工作中表现突出的个人和集体，将社会科学普及成果纳入专业技术职称评定范围、改善工作环境，以增强社会科学人才参与社会科学普及活动的积极性。二是加强社会科学普及专业人才队伍建设。建立科学公正的社会科学普及人才选拔体系，根据新疆区域特点在高校设置与社会科学普及相关的专业，培养一批理论水平高、研究能力强的专家学者，开展社会科学普及人才培训工作，并且鼓励建立社会科学普及志愿者组织，为社会科学普及的可持续发展提供人才保障。三是提高社会科学普及工作者的创新能力。社会科学普及工作者要顺应时代潮流，实现社会科学普及的主题创新、话语创新和方法创新，把社会科学知识和党的理论政策与大众化的表达方式结合起来[①]，以满足人民群众的文化需求。

（三）创新社会科学普及载体，强化新媒体应用

普及载体的形式直接影响到社会科学普及工作的效果，载体越丰富，越能满足社会不同群体的需求。新疆有很多可利用的社会科学普及载体平台，一方面，政府及社会各普及主体要通过资源整合，利用一些载体平台，如剧院、报刊、广播电视、广场等，充分发挥传统载体的作用。另一方面，要将社会科学普及和互联网相结合，提高普及内容的传播效率。"互联网+社会科学普及"是社会科学普及事业发展的必然趋势，因此，需要不断利用微信、微博、网站等主要新兴普及载体，以支持优秀人才投身社会科学普及事业，促进社会科学事业的良性发展。与此同时，社会科学普及工作者应增强载体创新意识和创新能力，掌握必要的新媒体传播技能，才能充分发挥新媒体的优势。比如，通过短视频等形式开发多样化的新媒体产品、建立满足群众个性化需求的知识普及平台，以满足不同年龄、不同文化程度、不同兴趣爱好人群的需求，增强社会科学普及活动的针对性。但利用新媒体进行社会科学普及并不意味着放弃传统的社会科学普及方式，它有其独特的优势。比如在讲座、咨询及展览中普及主体和群众可以面对面交流，当场能够让群众感受到社会科学知识的魅力。这一经验是新媒体无法

---

① 周良发、陈元晴：《新时代加强社科普及人才队伍建设的若干思考》，《河南工程学院学报》（社会科学版）2019年第4期。

复制的,而大众化内容发布过程带来的信息权威性也暂时无法被新媒体取代。因此,推动传统传播方式与新媒体的融合十分必要。各种线上线下的互动可以打破时空的界限,增强社会科学普及的针对性,使社会科学普及更加贴近群众的需要,更加方便。

(四) 深化群众对社会科学普及重要性的认识

调查结果表明,群众对社会科学知识及社会科学普及重要性的认知度不高。因此,需要不断深化群众对社会科学普及工作重要性的认识。推进社会科学普及工作是全社会的共同责任。做好社会科学普及工作,一方面要增强群众对社会科学普及重要作用和意义的认知。尤其是政府部门以及与社会科学领域密切相关的部门和机构,要承担推动社会科学普及工作的责任,加强对社会科学普及工作重要性的宣传,通过各种手段和方法,让全社会成员充分认识到社会科学普及在社会的繁荣发展和人们的日常生活中的作用。这样才能使社会科学普及工作的作用和地位得到更加充分的体现。另一方面,通过让群众易于理解和接受的手段传播普及内容,体现区域特色。在调查中,82.9%的被调查者表示普及内容应该体现对象化,即普及主体应针对不同的宣讲对象,用通俗易懂的语言来表达和解读普及内容,才能使群众听得进、听得懂。因此,需要推进普及内容的对象化、互动化、分众化,以增强其针对性。同时,要考虑受众体的需求,接受群众对社会科学普及工作提出的建设性建议,并通过多样的方式传播普及的内容,增强其吸引力。

(五) 发挥多元主体作用,参与社会科学普及工作

社会科学普及必须以政府、社会组织、广大社会科学工作者、社会大众等,特别是各级社科联为主体,加强对社会科学普及工作的宣传,加大对社会科学普及工作的支持力度,充分发挥宣传设施的功效,以提高社会各界参与度。新疆社科联必须将新疆社会科学普及基地建设从"一部分人的工程"变成"所有人都参与、关心的工程"。开展社会科学普及工作,仅靠社科联机关在编人员是不现实的,必须发挥"联"的作用,整合各方力量,建设一支稳定的社会科学普及队伍。坚持以党建为引领,整合多方资源,利用社会各方力量,坚持政府推动、社会支持、全民参与、资源共享、

服务大众，加强社会科学普及基地的建设，形成"+N模式"的社会科学普及基地建设体系，辐射新疆全域，使所有参与社会科学普及的主体都有更多的获得感，真正做到全民共建、全民共享，真正使社会科学普及工作融入人民群众生活，形成人人参与、人人尽力、人人享有的社会科学普及格局。

（六）建立社会科学普及工作的长效机制

建立社会科学普及工作的长效机制是促进社会科学普及工作的必要手段。首先，建立科学的评估体系至关重要。这一体系应涵盖社会科学普及工作的各个方面，包括普及内容的质量、传播渠道的覆盖范围、受众的反馈和满意度等。通过定期收集和分析相关数据，我们可以对社会科学普及工作的效果进行客观评估，从而发现问题和不足。其次，定期进行评估和反馈是确保工作不断改进的关键。我们应该定期组织专家、学者和公众代表对社会科学普及工作进行评估，听取他们的意见和建议。同时，也要及时将评估结果反馈给相关部门和人员，让他们了解自己的工作表现，明确改进方向。在发现问题和不足后，我们需要采取有效措施加以改进。这可能涉及调整普及内容、优化传播渠道、加强队伍建设等方面。关键是要针对具体问题制定切实可行的改进方案，并确保这些方案能够得到有效执行。此外，加强对社会科学普及工作的监督和管理也是必不可少的。政府和社会组织应加强对社会科学普及工作的日常监督，确保其按照既定计划和要求推进。同时，也要建立健全管理制度，规范工作流程，防止工作中的违规行为和不良现象。

第二章　新疆社会科学普及基地认定与评估研究

第一节　新疆社会科学普及基地建设的现实图景

一　新疆社会科学普及基地建设的基本情况

（一）新疆社会科学普及基地的发展情况

1. 新疆社会科学普及基地的探索阶段（1984~2012年）

在改革开放之初，社会科学普及还包含在科普内容之中，1987年辽宁省社科联举办的各学会秘书长会议是全国社会科学普及系列会议的开端。新疆维吾尔自治区跟随中央的决策在1984年12月成立新疆维吾尔自治区哲学社会科学学会联合会，后改名为新疆社会科学界联合会。2002年自治区群众团体机构改革后，自治区社科联机关设有学会部、科普部、评奖办、办公室4个职能科室和《新疆社科论坛》杂志社、社科信息中心，以及机关党委。

2006年全国第九次社会科学普及理论研讨与经验交流会在新疆召开。会议提出，自2002年社会科学普及工作在各省区市开展以来，社会科学普及工作在学习自然科学普及方法的基础上已经有了比较丰富的实践经验。现在需要进行理论总结和概括并提出能够反映社会科学普及工作规律和指导社会科学普及工作不断发展的理论和思想，为新疆社会科学普及指明方向，自此社会科学普及事业更加受到新疆维吾尔自治区政府的关注。

这一阶段，我国的社会科学普及工作还未彻底从科学普及中剥离，新疆的社会科学普及工作初见成效，社会科学普及基地建设处在探索之中。

2. 新疆社会科学普及基地建设的起步阶段（2012~2021年）

党的十八大以来，为加强和规范社会科学普及工作，培育和践行社会主义核心价值观，提高公民的社会科学文化素养和思想道德素质，促进人的全面发展和社会全面进步，新疆维吾尔自治区各地州市积极探索社会科学普及基地建设，深入学习并贯彻习近平总书记在哲学社会科学工作座谈会上的重要讲话精神。

2016年5月新疆维吾尔自治区授牌了第一批"新疆维吾尔自治区社会科学普及基地"。此后连续多年共计向130余家单位授牌"新疆维吾尔自治区社会科学普及基地"。新疆维吾尔自治区社会科学普及基地辐射面广、各具特色、形式多样，包括教育研发类科普基地、民族乡村文化类科普基地、文化场馆类科普基地、媒体传播类科普基地、其他类基地等，为促进社会科学普及事业发展、推动社会科学普及工作深入群众发挥了重要作用。

2018年新疆社会科学普及周活动在全疆各地同步展开，此次活动旨在协助社会科学普及基地深入贯彻落实习近平新时代中国特色社会主义思想和党的十九大精神，贯彻落实以习近平同志为核心的党中央治疆方略特别是社会稳定和长治久安总目标，在"弘扬科学精神、普及科学知识、传播科学思想、倡导科学方法"中积极开展群众性、社会性、经常性的社会科学普及活动，为繁荣发展自治区哲学社会科学事业作出积极贡献。

2019年新疆维吾尔自治区开展了自治区社会科学普及基地讲解大赛、新疆社会科学界青年学者论坛和新疆维吾尔自治区科普工作联席会议等相关活动。涌现出《因树结缘 因林成邻——柯柯牙"核桃兄弟"情》等优秀讲解作品和展示习近平新时代中国特色社会主义思想在新疆大地的生动实践的短视频作品，在宣传社会科学知识的同时，让更多人认识社会科学普及、走进社会科学普及，体验美好生活，进一步扩大了新疆社会科学普及基地的知名度。

这一阶段，新疆社会科学普及工作搭上了疆外地区典型经验的快车，以各地优秀社会科学普及基地为榜样，新疆社会科学普及基地发展迅速。

3. 新疆社会科学普及基地发展阶段（2021年至今）

2021年3月25日新疆维吾尔自治区第十三届人民代表大会常务委员会第二十四次会议通过了《新疆维吾尔自治区社会科学普及条例》，自7月1日开始施行，《新疆维吾尔自治区社会科学普及条例》是新疆哲学社会科学领域第一部地方性法规。2022年2月，新疆维吾尔自治区人民政府办公厅印发《自治区全民科学素质行动规划纲要实施方案（2021—2025年）》，该方案提出要加强科普基础设施建设，推进自治区科普教育基地发展，根据《自治区科普教育基地创建与认定管理办法》，自治区科协联合自治区党委宣传部、教育厅、科技厅、工业和信息化厅、自然资源厅、农业农村厅、文化和旅游厅，于2023年继续开展自治区科普教育基地认定工作。

这一阶段，新疆社会科学普及工作实现了大的飞跃，社会科学普及基地的发展日益走上正轨，一系列社会科学普及活动开展得如火如荼。

（二）新疆社会科学普及基地的分布（批次）情况

自2016年以来，新疆维吾尔自治区连续多年向共计130余家单位授牌"新疆维吾尔自治区社会科学普及基地"。其中自治区层面有6家，乌鲁木齐市有14家，阿勒泰地区有10家，塔城地区有6家，伊犁哈萨克州有14家，博尔塔拉蒙古自治州有4家，克拉玛依市有8家，昌吉回族自治州有8家，吐鲁番市有5家，哈密市有8家，巴音郭楞蒙古自治州有9家，阿克苏地区有12家，喀什地区有10家，和田地区有7家，克孜勒苏柯尔克孜自治州有2家，高校有9家。文化场馆类科普基地有96家，教育研发类科普基地有4家，媒体传播类科普基地有13家，民族乡村文化类科普基地有5家，其他类基地有14家。[①] 初步形成了具有鲜明特色、形式多样、辐射范围广的新疆社会科学普及基地网络体系，为促进社会科学普及事业发展、推动社会科学普及工作深入群众发挥了重要作用。

新疆社会科学普及基地始终坚持"贴近实际、贴近生活、贴近群众"的原则，采取公众易于认知、理解、接受、参与的方式和途径，积极推进社会科学普及工作。新疆社会科学普及基地不仅建立了包括阿勒泰地区可可托海干部学院、中共和田地委党校、新疆艺术学院万桐书木卡姆文献馆在内的具有优质社会科学普及人才和学科（学术）资源，具备开展社会科学普及理论研究和产品研发能力，能够形成社会科学普及工作引领力的机构或部门的教

[①] 《关于对第五批"新疆维吾尔自治区社会科学普及基地"命名授牌的决定》，新疆文化发展研究中心网站，2020年6月10日，https://whfz.xju.edu.cn/info/1052/1221.htm；《喀什两家！第八批新疆社会科学普及基地名单公布》，腾讯网，2023年5月16日，https://news.qq.com/rain/a/20230516A04AK400。

育研发类科普基地，还有着专门面向社会和公众开展社会科学普及活动、进行先进文化教育与传播的文化场馆类科普基地，例如新疆维吾尔自治区博物馆、新疆钱币博物馆、自治区档案馆等。既有包括新疆1413文化体育产业园、乌鲁木齐文化中心、新疆大学文化发展研究中心等在内的具备策划、制作、传播能力，能够利用媒体传播渠道，提升社会科学普及工作覆盖面和影响力的媒体传播类科普基地，也有具备向公众开展社会科学普及活动的条件和功能，可以弘扬中华优秀传统文化，传播传承展示民族民俗风情、传统技艺、农耕文化的古镇古村、传统村落，或体现乡村产业兴旺、生态宜居、乡风文明、治理有效、生活富裕的民族乡村文化类科普基地，例如乌鲁木齐县永丰镇永盛村遇见艺术庄园、察布查尔锡伯自治县锡伯民俗风情园、霍城县伊犁将军府等。当然，还有有条件向公众开展公益性社会科学普及活动的非营利机构的其他类基地（见表2-1、表2-2）。

表2-1 各批次新疆社会科学普及基地（部分）

批次	文化场馆类	媒体传播类	民族乡村文化类	教育研发类	其他类
第一批	新疆维吾尔自治区博物馆 新疆钱币博物馆 乌鲁木齐市图书馆 乌鲁木齐市烈士陵园 阿勒泰地区博物馆 青河县阿尼帕主题教育馆 塔城地区博物馆 裕民县巴什拜爱国主义教育基地 伊犁哈萨克自治州博物馆 伊犁林则徐纪念馆 克拉玛依市图书馆 克拉玛依市博物馆（展览馆） 吐鲁番博物馆 新疆大学民俗文化研究中心（博物馆） 伊吾县烈士陵园 巴音郭楞蒙古自治州博物馆 尉犁县达西村展览馆 三五九旅屯垦纪念馆 喀什地区博物馆 叶城烈士陵园 和田地区博物馆	—	—	中共和田地委党校	博州察哈尔西迁戍边纪念塔 阿克苏地区柯柯牙三北防护林管理站

续表

批次	文化场馆类	媒体传播类	民族乡村文化类	教育研发类	其他类
第二批	新疆维吾尔自治区档案馆 乌鲁木齐市档案馆 布尔津县博物馆 哈巴河县青少年校外活动中心 额敏县博物馆 乌苏博物馆 博乐市规划展示馆 克拉玛依市白碱滩区档案馆 吐鲁番市高昌区图书馆 巴里坤哈萨克民俗博物馆 红军西路军进疆纪念园 库尔勒民俗文化博物馆 且末县博物馆 阿克苏地区博物馆 库车市林基路烈士纪念馆 疏勒大县张骞纪念馆 刘国忠先进事迹展示馆 和田地区图书馆 于田县库尔班·吐鲁木纪念馆	喀什市老城区	察布查尔锡伯自治县锡伯民俗风情园 霍城县伊犁将军府	—	乌鲁木齐市红山公园 克拉玛依市一号井 奇台县人民公园
第三批	阿勒泰市博物馆 阿勒泰市哈萨克民俗展馆 塔城手风琴文化展馆 伊犁哈萨克自治州图书馆 奎屯市工人文化宫 博尔塔拉蒙古自治州博物馆 克拉玛依市独山子区展览（博物）馆 呼图壁县图书馆 吐鲁番市高昌区民族团结进步创建馆 鄯善县罗布泊历史博物馆 哈密市博物馆 哈密市图书馆 若羌县楼兰博物馆 焉耆回族自治县文化馆 阿克苏地区图书馆 阿克苏地区档案局 喀什地区图书馆 和田地区文化馆 石河子大学博物馆 新疆农业大学图书馆	昌吉市清代粮仓遗址博物馆	—	—	吉木萨尔县北庭故城遗址公园

续表

批次	文化场馆类	媒体传播类	民族乡村文化类	教育研发类	其他类
第四批	新疆大学图书馆 民丰县博物馆 叶城县邓缵先纪念馆 沙雅县博物馆 阿克苏姑墨书院 和静县东归博物馆 哈密市伊州区图书馆 吐鲁番烈士陵园 昌吉恐龙馆 克拉玛依军史馆 阿拉山口市博物馆 伊犁丝绸之路博物馆 特克斯县博物馆 裕民县图书馆 青河县博物馆	麦盖提县刀郎文化产业园 昌吉市文博中心	安宁渠文旅小镇	阿勒泰地区可可托海干部学院	乌鲁木齐市人民公园 克拉玛依采油二厂101窑洞遗址
第五批	八路军驻新疆办事处纪念馆 昭苏县天马文化博物馆 玛纳斯县博物馆 巴音郭楞蒙古自治州图书馆 皮山县文化馆 克州图书馆	新疆大学文化发展研究中心 英吉沙县国学书院 哈密市非物质文化遗产保护中心	阿瓦提刀郎部落	—	—
第六批	昭苏县灯塔知青馆 独库公路博物馆 特克斯县太极坛展览馆	丝绸之路文化展示中心 新疆1413文化体育产业园	—	—	—
第七批	奎屯市图书馆 乌鲁木齐晚报大厦MOCA当代艺术馆	乌鲁木齐文化中心 新和县唐安西都护府文化园 乌什县依麻木镇中华文化大院	乌鲁木齐县永丰镇永盛村遇见艺术庄园	—	—
第八批	新疆美术馆 新疆日报报史馆 奇台县博物馆 哈密市伊州区左公文化苑特色博物馆 和硕县马兰红山军博园 克孜勒苏柯尔克孜自治州博物馆 新疆大学校史馆 新疆农业大学校史馆	阿克苏地区乌什县南孔儒学文化园	—	新疆艺术学院万桐书木卡姆文献馆 喀什大学中华优秀传统文化体验与传承基地	新疆乌伦古湖国家湿地公园 疏附县托扎克镇阿亚格曼干村

表 2-2　新疆各地区（机构）社会科学普及基地（部分）

地区（机构）		文化场馆类	媒体传播类	民族乡村文化类	教育研发类	其他类
南疆	巴音郭楞蒙古自治州	巴音郭楞蒙古自治州博物馆 尉犁县达西村展览馆 库尔勒民俗文化博物馆 且末县博物馆 若羌县楼兰博物馆 焉耆回族自治县文化馆 和静县东归博物馆 新疆巴音郭楞蒙古自治州图书馆 和硕县马兰红山军博园	—	—	—	—
	阿克苏地区	三五九旅屯垦纪念馆 阿克苏地区博物馆 库车市林基路烈士纪念馆 阿克苏地区图书馆 阿克苏地区档案局 阿克苏姑墨书院 沙雅县博物馆	新和县唐安西都护府文化园 乌什县依麻木镇中华文化大院 阿克苏地区乌什县南孔儒学文化园	阿瓦提刀郎部落	—	阿克苏地区柯柯牙三北防护林管理站
	克孜勒苏柯尔克孜自治州	克孜勒苏柯尔克孜州图书馆 克孜勒苏柯尔克孜州博物馆	—	—	—	—
	喀什地区	喀什地区博物馆 叶城烈士陵园 疏勒县张骞纪念馆 刘国忠先进事迹展示馆 喀什地区图书馆 叶城县邓缵先纪念馆	喀什市老城区 麦盖提县刀郎文化产业园 英吉沙县国学书院	—	—	疏附县托克扎克镇阿亚格曼干村
	和田地区	和田地区博物馆 和田地区图书馆 于田县库尔班·吐鲁木纪念馆 和田地区文化馆 民丰县博物馆 皮山县文化馆	—	—	中共和田地委党校	—

续表

地区（机构）		文化场馆类	媒体传播类	民族乡村文化类	教育研发类	其他类
北疆	自治区层面	新疆维吾尔自治区博物馆 新疆钱币博物馆 新疆维吾尔自治区档案馆 新疆美术馆 新疆日报报史馆	—	—	—	—
	乌鲁木齐市	乌鲁木齐市图书馆 乌鲁木齐市烈士陵园 乌鲁木齐市档案馆 八路军驻新疆办事处纪念馆 乌鲁木齐晚报大厦MOCA当代艺术馆	丝绸之路文化展示中心 新疆1413文化体育产业园 乌鲁木齐文化中心	安宁渠文旅小镇 乌鲁木齐县永丰镇永盛村遇见艺术庄园		乌鲁木齐市红山公园 乌鲁木齐市人民公园
	阿勒泰地区	阿勒泰地区博物馆 青河县阿尼帕主题教育馆 布尔津县博物馆 哈巴河县青少年校外活动中心 阿勒泰市博物馆 阿勒泰市哈萨克民俗展馆 青河县博物馆	—	—	阿勒泰地区可可托海干部学院	新疆乌伦古湖国家湿地公园
	塔城地区	塔城地区博物馆 裕民县巴什拜爱国主义教育基地 额敏县博物馆 乌苏博物馆 塔城手风琴文化展馆 裕民县图书馆	—	—	—	—

81

续表

地区（机构）		文化场馆类	媒体传播类	民族乡村文化类	教育研发类	其他类
北疆	伊犁哈萨克自治州	伊犁哈萨克自治州博物馆 伊犁林则徐纪念馆 伊犁哈萨克自治州图书馆 奎屯市工人文化宫 特克斯县博物馆 伊犁丝绸之路博物馆 昭苏县天马文化博物馆 特克斯县太极坛展览馆 昭苏县灯塔知青馆 奎屯市图书馆	—	察布查尔锡伯自治县锡伯民俗风情园 霍城县伊犁将军府	—	—
	博尔塔拉蒙古自治州	博乐市规划展示馆 博尔塔拉蒙古自治州博物馆 阿拉山口市博物馆	—	—	—	博州察哈尔西迁戍边纪念塔
	克拉玛依市	克拉玛依市图书馆 克拉玛依市博物馆（展览馆） 克拉玛依市白碱滩区档案馆 克拉玛依市独山子区展览（博物）馆 克拉玛依军史馆 独库公路博物馆	—	—	—	克拉玛依市一号井 克拉玛依采油二厂101窑洞遗址
	昌吉回族自治州	呼图壁县图书馆 昌吉恐龙馆 玛纳斯县博物馆 奇台县博物馆	昌吉市文博中心 昌吉市清代粮仓遗址博物馆	—	—	奇台县人民公园 吉木萨尔县北庭故城遗址公园
东疆	吐鲁番市	吐鲁番博物馆 吐鲁番市高昌区图书馆 吐鲁番市高昌区民族团结进步创建馆 鄯善县罗布泊历史博物馆 吐鲁番烈士陵园	—	—	—	—
	哈密市	伊吾县烈士陵园 巴里坤哈萨克民俗博物馆 红军西路军进疆纪念园 哈密市博物馆 哈密市图书馆 哈密市伊州区图书馆 哈密市伊州区左公文化苑特色博物馆	—	—	—	—

续表

地区（机构）	文化场馆类	媒体传播类	民族乡村文化类	教育研发类	其他类
高校	石河子大学博物馆 新疆大学民俗文化研究中心（博物馆） 新疆农业大学图书馆 新疆大学图书馆 新疆大学校史馆 新疆农业大学校史馆	新疆大学文化发展研究中心	—	新疆艺术学院万桐书木卡姆文献馆 喀什大学中华优秀传统文化体验与传承基地	—

（三）新疆社会科学普及基地的管理方式

1. 新疆社会科学普及基地的认定方式

新疆社会科学普及基地是依托社会力量建设并对社会科学普及工作具有较强带动和辐射作用的社会科学普及阵地，是开展群众性、社会性、经常性社会科学普及活动的重要载体，是培育和践行社会主义核心价值观，提高公民的社会科学文化素养和思想道德素质，促进人的全面发展和社会全面进步的重要场所。根据《新疆维吾尔自治区社会科学普及条例》和《自治区科普教育基地创建与认定管理办法》的相关规定，新疆社会科学普及基地的认定需满足以下几种。

首先，前提条件。在新疆维吾尔自治区行政区域内的下列单位可申报社会科学普及基地：文化场所，历史、文化景区，教育场所，社会科学研究机构，其他有条件向公众宣传、展示社会科学优秀成果，具备社会科学传播、普及、教育示范功能的部门和机构，如表2-3所示。

表2-3 新疆社会科学普及基地可申报单位类型

类型	具体内容
文化场所	图书馆、博物馆、美术馆、纪念馆、展览馆、文化馆、文艺演出场馆
历史、文化景区	爱国主义教育基地、人文主题公园
教育场所	中小学、中专及职业院校、普通高等院校、军事院校、有关培训基地等

续表

类型	具体内容
社会科学研究机构	社科联等
其他有条件向公众宣传、展示社会科学优秀成果，具备社会科学传播、普及、教育示范功能的部门和机构	城镇社区、街道、农村基层组织、企事业单位、社会组织等

其次，认定条件，在新疆维吾尔自治区行政区域内满足表 2-4 认定条件的单位可申报社会科学普及基地。

表 2-4　新疆社会科学普及基地认定条件

序号	认定条件
1	申报单位重视、关心社会科学普及工作，具有较强的社会科学普及意识，并把社会科学普及工作纳入整体工作规划
2	申报单位有社会科学普及的工作方案、工作计划及制度措施保障，能根据自身特点和优势面向公众有效开展群众性、社会性、经常性的社会科学普及活动，并能在当地社会科学普及活动中发挥示范作用
3	申报单位愿意接受自治区社科联的业务指导，能积极参与社会科学普及活动
4	申报单位有比较完备的社会科学普及工作手段，有相对固定的活动场所、教育传播阵地（网络），有专兼职相结合的社会科学普及工作者、志愿者队伍
5	申报单位有自建能力和实现多渠道筹措社会科学普及活动经费的条件，有必要的资金保障

最后，基地认定，满足前提条件和认定条件的单位可认定为社会科学普及基地。基地认定流程及注意事项如图 2-1 所示。

2. 新疆社会科学普及基地的管理模式

新疆社会科学普及基地实行自建为主、自主运行的开放管理模式，自治区社科联及各地州市社科联按照属地管理原则负责对其进行日常管理和业务指导。社会科学普及基地可按照社会科学普及活动项目申请一定经费的支持。

自治区各地方社科联至少每季度与本地区社会科学普及基地联系一次，掌握其动态信息，督促其建立社会科学普及活动台账及做好相关图文资料的存档，做好年度计划和总结。

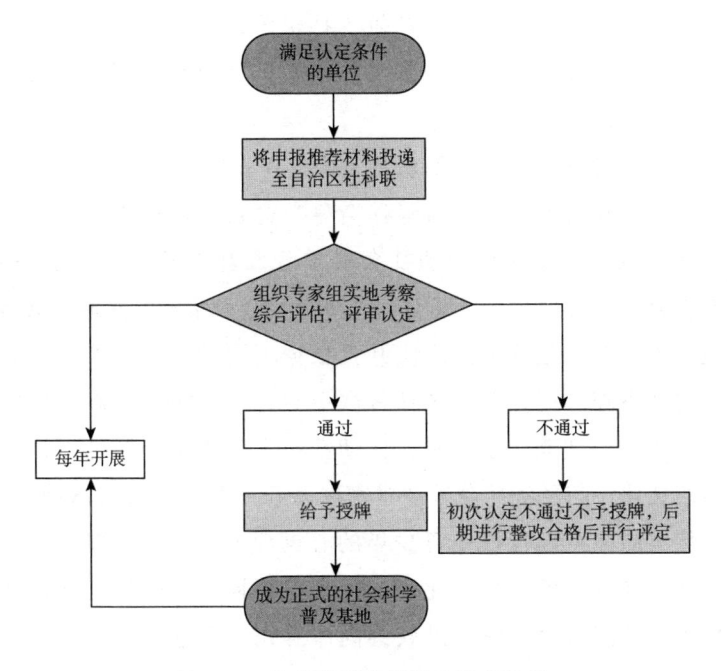

图 2-1　社会科学普及基地认定流程

同时，加强对社会科学普及基地相关工作人员的培训，不断提高其开展社会科学普及活动的能力，使其成为当地社会科学普及工作的重要力量。

自治区社科联可根据需要适时组织有关领导和专家开展专题调研和座谈交流，了解社会科学普及基地建设和工作情况。

社会科学普及基地实行动态管理，每3年进行复评，通过复评的社会科学普及基地保留资格，否则予以摘牌。新疆维吾尔自治区现行文件中并无详细的新疆社会科学普及基地评估与考察方法，后文会对新疆社会科学普及基地的评估与考察方法的制定给出详细建议。

（四）新疆社会科学普及基地建设取得的主要成效

新疆社会科学普及基地是加强新疆地区社会科学普及工作的重要平台。目前，自治区各级社会科学普及基地，深入贯彻习近平总书记听取自治区和兵团汇报工作时重要讲话精神，为推动新疆高质量发展、实现社会稳定和长治久安作出了积极贡献。各级社会科学普及基地，植根人民、服务人民，持续深入推进社会科学知识普及，不断满足人民日益增长的精神文化需求，不断为社会科学事业发展提供支持保障，不断加强各级社会科学普及基地自身建设，提升科普能力和工作水平，努力开创新时代新疆社会科学事业发展新局面。

1. 普及对象覆盖面更广、层次更为丰富

从接待的参观对象来说，新疆社会科学普及工作近年来取得的长足进步令人印象深刻，为新时代新疆社会科学普及基地发展奠定了坚实基础。新疆维吾尔自治区各地州市已建有130多个社会科学普及基地，共接纳来自全国各地的干部群众达千万人次。并且根据不同的参观人群，采取不同的社会科学普及措施。例如自治区社科联引导青少年树立正确的国家观、历史观、民族观、文化观、宗教观，让动漫技术与历史、与时代精神、与中华优秀传统文化、与经济社会发展紧密联系在一起，在参与活动的过程中，让中华民族共同体意识植根于青少年的心灵深处。对于干部群众，则是更多地引导他们参观红色历史文化，加强自身精神文化建设，培育社会主义核心价值观，共同为铸牢中华民族共同体意识、推进民族团结进步事业作出新的更大的贡献，为推动党的创新理论深入人心，作出更大的贡献。

2. 社会科学普及教育载体更为多样，紧跟时代发展变化

新疆维吾尔自治区社会科学普及基地不断创新形式，增添新的宣传载体，加大工作力度，围绕铸牢中华民族共同体意识等重点工作，在"聚联研普"的"普"上下功夫，开展了一系列社会科学普及工作，取得了积极成效。例如，2023年9月，自治区社会科学普及基地讲解员大赛在阿克苏举行，通过大赛进一步提升了社会科学普及基地讲解员的专业技能，加强了社会科学普及工作的交流与互动，普及了社会科学知识，弘扬了社会科学精神。新疆积极建设社会科学普及基地的网络宣传平台，创新互联网新媒体传播形式，拓宽群众汲取社会科学知识的渠道。推进开展社会科学普及宣传周系列活动，集中宣传、普及、展示社会科学知识、技能与成果，扩大社会科学知识传播范围。持续培育和打造"社科讲堂"科普品牌，为各族群众提供社会科学知识讲座，让理论宣传普及阐释更接地气、更有温度、更聚人心。通过种类多元的教育载体，在各族群众中发掘社会科学普及人才，使社会科学普及成为群众自己的活动，构建全社会共同参与社会科学普及的大格局。

3. 制度建设更加合理完善，基地运作更加体系化、制度化

在制度建设方面，新疆社会科学普及基地建立了一套科学、规范的制度体系，确保了普及工作的有序开展。基地制订（定）了详细的工作计划和目标，明确了各项工作的时间节点和责任人，为工作的顺利进行提供了有力保障。同时，基地在制度建设中注重实施绩效考核机制，对基地招聘的人员进行岗位培训，定期进行工作总结和评估，及时调整工作方向和策略，确保工作的持续推进和不断优化。自治区社科联鼓励各基地开展实地走访调研，在了解掌握多方面情况基础上，起草相关暂行管理制度，以期通过政治引领和政治吸纳，鼓励、支持知识分子深入开展社会科学普及活动、积极发挥决策咨询作用。积极探索建立以各级政府部门、社会科学理论研究机构、社会科学类社会组织为架构的社会科学工作联席会议制度，并鼓励其大力研究社会科学普及工作这一重要议题。基地管理层还积极与相关部门沟通协调，争取政策和资源支持，提升基地的综合管理能力，逐步加强制度建设。

4. 人才队伍建设有效有力，人才培养更加可持续

在人才队伍建设方面，新疆社会科学普及基地注重人才引进和培养，形成了一支高素质、专业化的队伍。基地聘请了一批具备丰富经验和专业知识的骨干人员担任各个职务，按照不同的职能设置了各类岗位，确保了工作的科学分工和高效运作。此外，基地还建立了合理的人员薪酬和激励机制，为员工提供良好的发展环境和广阔的发展空间，激发了员工的工作热情和创造力。同时，基地还注重对员工的培训和业务学习，定期组织各类培训和学术交流活动，提升员工的综合素质和专业水平，提高工作效率和质量。

此外，新疆社会科学普及基地在队伍建设中注重团队合作和协同创新，形成了良好的工作氛围和团队精神。基地积极倡导员工之间的沟通和合作，鼓励团队成员之间的知识分享和经验交流，形成集体智慧和集体能量。基地还注重培养队伍的创新意识和发展潜力，鼓励员工积极参与科研项目和学术研讨，提高工作的专业水平和科学性。基地还定期开展员工活动和文化交流，增强团队的凝聚力和向心力。

二 新疆社会科学普及基地建设的现有问题

（一）品牌效应不够显著，自治区级社会科学普及基地相对较少

2016年以来，新疆维吾尔自治区连续多年共计向130余家单位授牌"新疆维吾尔自治区社会科学普及基地"，共形成8个批次的新疆社会科学普及基地，数量稳中有升。这与国家、自治区重视社会科学普及基地建设，不断夯实社会科学普及基地基础有密切关系。自治区级社会科学普及基地是全疆层级最高的社会科学普及基地，承担着为自治区全域提供直接服务的职责。但是，从数量上看，地州市级社会科学普及基地共有126家，地州市各级各类社会科学普及基地占自治区总量的95%左右，被授牌的自治区级社会科学普及基地仅有6家，依次为新疆维吾尔自治区博物馆、新疆钱币博物馆、新疆维吾尔自治区档案馆、新疆美术馆、新疆日报报史馆和王蔚同志纪念馆，自治区本级的社会科学普及基地主要集中在乌鲁木齐市或其他重要城市，其覆盖范围相对较窄，更多地服务于城市或特定区域的公众。这与其他省份有明显差距，对于像伊犁林则徐纪念馆、克拉玛依市一号井、红军西路军进疆纪念园和阿瓦提刀郎部落等历史悠久、具有民族文化特色以及教育科普意义的一些社会科学普及基地只将其定义为地州市级的社会科学普及基地的做法欠妥。并且，现授牌的自治区级社会科学普及基地不仅数量少，而且知名度和品牌价值也不高。

（二）结构不够合理，教育研发类与民族乡村文化类科普基地较少

在类型上，新疆社会科学普及基地结构分布不合理。新疆社会科学普及基地共有130多家，其中文化场馆类科普基地有96家，教育研发类科普基地有4家，分别是中共和田地委党校、阿勒泰地区可可托海干部学院、新疆艺术学院万桐书木卡姆文献馆、喀什大学中华优秀传统文化体验与传承基地。媒体传播类科普基地13家，民族乡村文化类科普基地5家，分别是察布查尔锡伯自治县锡伯民俗风情园、霍城县伊犁将军府、阿瓦提刀郎部落、乌鲁木齐县永丰镇永盛村遇见艺术庄园、安宁渠文旅小镇，其他类基地有14家。虽然文化场馆类科普基地面向社会开展科普教育更具有优势，但这也导致文化场馆类科普基地在新疆各类社会科学普及基地中占比较大，

远高于其他类型社会科学普及基地,其他类型的社会科学普及基地较少,最终使得新疆社会科学普及基地类型结构不太合理(见表2-5)。

表2-5 新疆社会科学普及基地结构

单位:家

类别	文化场馆类科普基地	教育研发类科普基地	媒体传播类科普基地	民族乡村文化类科普基地	其他类基地
数量	96	4	13	5	14

(三)区域分布不够均衡,南疆、北疆、东疆数量差距大

区域分布上,南疆、北疆地区社会科学普及基地数量差距较大。北疆社会科学普及基地共70家,南疆社会科学普及基地共40家,东疆社会科学普及基地共13家(见表2-6)。北疆相对南疆、东疆较多,更具有优势。在文化场馆类科普基地类型中,北疆共48家,南疆共30家,东疆共12家。在媒体传播类科普基地类型中,北疆共5家,南疆共6家,东疆共1家。在民族乡村文化类科普基地类型中,北疆共4家,南疆仅有1家,东疆无此类基地。由此可见,新疆社会科学普及基地区域分布不平衡,北疆多,南疆与东疆较少。由此可以得出,新疆社会科学普及基地区域分布不平衡,南北疆数量差距大。

表2-6 南疆、北疆、东疆社会科学普及基地数量统计(截至2022年)

单位:家

地区	南疆	北疆	东疆
数量	40	70	13

(四)社会科学普及方式不够丰富,社会氛围不够浓郁

社会科学普及基地开展社会科学普及方式单一,新疆社会科学普及基地开展的线下普及活动不深刻,现有形式并没有将社会科学普及和人民群众紧紧联系在一起,社会科学普及需要分众化、对象化、互动化开展。现有社会科学普及模式以"社会科学普及周"为主,缺乏其他多样化的表现形式。另外,新疆的社会科学普及周虽然目的是"提升全民人文素养"但

主要是向全疆各族党员干部普及社会科学知识，社会科学知识向下渗透的力度还有待加大。

此外，新疆社会科学普及基地开展的线上宣传活动不足，信息公开不充分，在网络上搜关键词，并不能搜到多样的线上活动，并且社会科学普及基地的线上宣传平台少，没有融合抖音、小红书、快手等新型大众媒体进行传播，另外网站建设问题较多，多数网站只有预约功能，并无信息公开功能。

（五）运营有待加强，内生动力不足

当前新疆社会科学普及基地在建设运营过程中存在以下问题。第一，工作效率及工作完成质量有待提升，部分工作人员的执行力度不能很好满足工作需要，导致出现社会科学普及工作落实不到位，相关社会科学普及工作任务进度缓慢的被动局面，不利于社会科学普及基地常规工作的推进，更不利于社会科学普及基地的创新性想法及路径的实践，抑制了社会科学普及基地发展的内生动力，并且容易陷入恶性循环，导致社会科学普及基地资源闲置浪费、活力不足、缺乏生气和创新动力等，阻碍了社会科学普及基地的长远发展、可持续发展以及创新性发展。

第二，社会科学普及基地未建立强有力的竞争互促机制，无法有效激发社会科学普及基地的创新动力，社会科学普及基地的文化资源无法被充分地吸收转化利用为社会科学普及的教育素材，单一社会科学普及基地未能与其他社会科学普及基地交流互鉴、分享经验，以达到各个社会科学普及基地相互促进、协同发展的有益局面。未能建立快速的需求反应机制，针对互联网时代的信息变革无法快速捕捉更为时代化的内容，无法抓取群众最喜闻乐见的科普方式，缺乏训练有素的市场推广队伍保证其结合社会热点推出各种主题科普活动，无法在短时间内以较为高效的方式影响更多受众。

第三，社会科学普及基地未建立独立、专业、权威的绩效评估体制和完整适用的奖励机制，在激发员工工作热情、提高员工工作精神饱满度方面有所欠缺，导致社会科学普及基地工作人员自身就缺少对社会科学普及内容的兴趣，在普及宣传时更无法有效地感染普及对象，调动普及对象的好奇心和注意力，加深他们对社会科学知识的印象，宣传效果大打折扣。社会科学普及基地未能充分激发带动工作人员的积极性、能动性，社会科

学普及基地等级化管理缺乏公正性和科学性。

三　新疆社会科学普及基地建设现有问题的原因分析

（一）新疆社会科学普及基地建设起步较晚，发展相对滞后

1. 历史原因

社会科学普及基地认定是我国不断提高社会科学普及基地的科普能力和社会影响力的必然前提，对提升社会科学普及基地管理能力、促进社会发展进步具有重要作用。新时代以来，中央和全国各地政府高度重视社会科学普及基地建设，全国各地建立了各级社会科学普及基地，社会科学普及能力得到极大提升。

新疆作为一个多民族地区，历史上社会科学普及事业的发展相对滞后。而我国其他省份有的早在二十年前就已经对社会科学普及基地的认定与建设工作展开了初步探讨，并积累了丰富的经验。例如，江苏对社会科学普及基地认定及建设工作的探索起步于2000年，而自治区社会科学普及基地的认定工作自2015年才启动，在2021年3月25日新疆维吾尔自治区第十三届人民代表大会常务委员会第二十四次会议上才通过《新疆维吾尔自治区社会科学普及条例》，相比江苏晚21年。因此，新疆维吾尔自治区虽地域辽阔，社会科学普及资源丰富，但目前社会科学普及基地数量较少，尤其是自治区级的社会科学普及基地数量较少。

2. 经济文化原因

经济发展水平也是影响新疆社会科学普及基地建设的一个重要因素。在过去，新疆的经济发展相对较慢，投入社会科学普及的资金相对较少，这在一定程度上制约了基地的建设和发展。同时，由于新疆地理位置的特殊性，交通不便、信息不畅等问题也影响了社会科学普及工作的开展。此外，文化差异和教育资源分配不均也是导致新疆社会科学普及基地建设起步较晚的原因之一。新疆是一个多民族地区，各民族之间的文化差异较大，这使得相关主体在开展社会科学普及工作时需要考虑到不同民族的文化背景和需求。同时，由于新疆教育资源的分配存在不均现象，一些地区和学校的社会科学普及能力相对较弱，这也制约了基地的发展。

3. 现实原因

关于社会科学普及基地的认定，不具备一定条件的社会科学普及场所无法被认定为社会科学普及基地。例如，场馆场地面积低于 800 平方米，并没有配备可容纳 50~100 人的科普教室或报告厅，每年向公众开放的天数少于 200 天，对青少年实行优惠或免费开放的天数少于 20 天（含法定节假日），没有配备与场馆面积、展品数量、参观人次相适应的科普讲解和管理人员（原则上不少于 5 人），且年接待公众参观人数少于 10000 人次等。若上述条件有一个不符合，将无法被认定为社会科学普及基地。对于新疆维吾尔自治区范围内的社会科学普及基地而言，有些地州市的社会科学普及基地的参观人次远未达到授牌为自治区级社会科学普及基地的标准，更有甚者，相应场馆面积也未达标。因此，现实条件限制其被授牌为自治区级社会科学普及基地。但是，全疆范围内的一些热门旅游地区的社会科学普及基地已经达到被授予自治区级社会科学普及基地的标准，例如，伊犁丝绸之路博物馆，伊犁作为全疆内的热门旅游地区，年接待游客达到 5200 万人次，而伊犁丝绸之路博物馆年接待人次也达 5 万余人次，场馆面积达 47 万平方米，各方面已符合相关授牌标准，但未被授牌为自治区级社会科学普及基地，诸如此类的现象，值得我们继续研究。

（二）新疆整体科研水平相对较低，乡村特色文化挖掘程度不足

第一，教育研发类科普基地数量较少的原因在于新疆整体科研水平较低，公民科学文化素质水平普遍不高，而开展社会科学研究工作需要受众有较高的教育水平和扎实的知识基础，所以公民对教育研发类科普基地需求度和接受度较低；新疆乡村地区的教育水平不高，学生和村民对社会科学研究的兴趣较弱，进而影响教育研发类科普基地的发展；新疆是一个多民族聚居的地区，不同民族有其独特的文化和语言，这为教育普及和社会科学研究带来了一定障碍。语言和文化的差异可能使得科研和社会科学教育的推广变得更为复杂和困难。

第二，民族乡村文化类科普基地数量较少的原因在于民族乡村地区特色文化发掘力度不够；同时民族地区乡村经济发展落后，可能会限制一些教育研发类科普基地和民族乡村文化类科普基地的建设和发展。许多乡村地区的教育研发类科普基地和民族乡村文化类科普基地缺乏专业技术人才

的支持，基地建设难以取得突破和进展。同时，由于人才流失和引进不足，新疆的人才队伍结构也不尽合理，难以满足教育研发类与民族乡村文化类科普基地发展的需要。

（三）新疆南北疆文化发展不平衡，文化积淀差异较大

第一，北疆和南疆的历史文化积淀存在显著的差异，农耕文化在北疆有着深厚的历史积淀，这种独特的历史文化背景为北疆地区的文化发展提供了丰富的内涵和独特的风格。南疆和北疆的教育资源和发展程度也存在差异，这也影响了当地居民的文化素质和文化水平。南北疆地区文化发展水平不同，民众对社会科学普及基地建设的重视程度也不同，北疆相对于南疆更加重视文化教育与社会科学普及基地建设，进而形成南北疆社会科学普及基地分布不均衡的问题。

第二，南北疆经济与文化发展不平衡，经费支持差距大，对社会科学普及基地建设重视程度不同。首先，北疆和南疆的经济发展水平存在一定差距，2022年北疆地区的生产总值为11010.18亿元，南疆地区的生产总值为5335.61亿元[1]，这反映出北疆在经济规模上明显大于南疆，是新疆经济发展的主要区域。由于经济上的差距，南北疆对于社会科学普及基地建设投入的经费差距也大，北疆经费投入多，南疆经费投入少，进而造成南北疆社会科学普及基地分布不均衡。

（四）社会科学普及基地人才队伍素质不高，普及工作缺乏创新

目前，新疆社会科学普及基地开展活动的方式，据基地类型的不同而不同。例如，以新疆维吾尔自治区博物馆为代表的文化场馆类科普基地，以开展馆内讲解活动为主；以阿勒泰地区可可托海干部学院为代表的教育研发类科普基地，以开展教学、研究活动为主；以安宁渠文旅小镇为代表的民族乡村文化类科普基地，以宣传旅游为主。

绝大多数现有的社会科学普及基地，以自身特点为主开展活动，活动

---

[1] 《新疆维吾尔自治区2022年国民经济和社会发展统计公报》，新疆维吾尔自治区统计局网站，2023年3月24日，https://tjj.xinjiang.gov.cn/tjj/tjgn/202303/6fc01f2b37a84efaa38fd34363c0a84e.shtml?eqid=97c7e8b40000e0ee00000005642e3b39。

的设置惯性较强，缺乏创新性，同一主题内容各种方式之间衔接不太流畅，并且各社会科学普及基地缺乏联动合作，缺少多元主体的参与。虽然各社会科学普及基地积极开展各类活动响应每年的普及周的号召，但各类活动并未做到常态化融入各社会科学普及基地的科普活动中。以上问题归根到底是各类新疆社会科学普及基地工作缺乏创新，而各类新疆社会科学普及基地工作缺乏创新的原因如下。第一，新疆社会科学普及基地缺乏高素质的人才队伍。从社会科学普及活动开展的主体来看，各类社会科学普及基地活动的开展，与社会科学普及人员紧密相关。因此，人才队伍的建设对于新疆各类社会科学普及基地而言尤为重要。而目前新疆社会科学普及基地的人才管理水平尚待提升。各基地没有明确的人才培养方案，致使社会科学普及基地人员个人职业发展前景不清晰，与基地发展未能有效捆绑，从而造成人力资源浪费。并且各类人员的个人职业发展及薪酬与社会科学普及活动的开展缺乏紧密的联系，致使社会科学普及人员对创新科普活动的积极性不高。以上种种，均限制各类社会科学普及基地的人才队伍建设，从而导致社会科学普及活动循规蹈矩、难有新意，活动成效不大。第二，新疆社会科学普及活动主体单一。与同类社会科学普及基地联合举办社会科学普及活动，不仅可以减少社会科学普及活动举办的费用，而且可以扩大社会科学普及的影响力，达到事半功倍的效果。第三，新疆社会科学普及工作缺乏良好的社会环境。良好的社会环境是社会科学普及活动开展的基础。

目前新疆各地区社会科学普及氛围不够浓厚主要表现在以下几方面。一是教育系统不够重视：社会科学普及需要从各级教育系统中获得支持，包括学校课程设置、教师培训等方面。如果教育系统对社会科学普及不够重视，社会公众对社会科学的认知和兴趣也不会高。二是媒体报道不够广泛。媒体在社会科学普及中扮演着重要的角色，通过报道和宣传可以提高社会公众对社会科学的认知和兴趣。如果媒体报道社会科学的内容较少，或者报道方式不够吸引人，就会影响社会科学普及的效果。三是社会环境不够支持：社会氛围对于社会科学普及起着重要的作用。如果社会环境中普遍存在对社会科学的轻视或者忽视，缺乏对社会科学研究的尊重和认可，那么开展社会科学普及工作的难度就会增加。四是公众参与度不高。社会科学普及需要广大公众的参与和支持。如果公众对社会科学的参与度不高,对社会科学活动的兴趣不足,就会导致社会科学普及的效果不理想。

(五) 社会科学普及基地运营管理机制存在缺漏

体制机制建设是促进社会科学普及基地规范化管理的重要保证。新疆社会科学普及基地建设在管理机制方面的欠缺易导致一些问题的产生,主要体现在以下几个方面。

第一,社会科学普及基地行政监管体制和社会监督机制不完善。社会科学普及教育是公益性事业,目的在于谋求社会的公共利益,需要参与者有较强的社会责任心,但仅有责任心又是远远不够的,监督机制的健全在一定程度上可以确保责任心的生成和维持,因此要以制度的形式督促社会科学普及基地人员增强责任意识和使命感,以推动社会科学普及事业的发展为己任,内化于心、外显于行。

第二,社会科学普及基地缺乏竞争性运营机制。公益性事业存在的一个普遍问题就是发展动力不足、后劲不够。社会科学普及基地也是如此,推动发展的内生动力不足,导致社会科学普及工作开展后取得的效果一般。现有的社会科学普及队伍缺乏专业、系统的社会热点训练,无法及时与时代发展接轨,导致社会科学普及工作开展过程中缺乏新颖的想法与创新的路径,无形中给社会科学普及工作增加了阻力。此外,不同社会科学普及基地宣传队伍之间缺乏良性沟通,相互之间无法取长补短、互促共进,不利于形成以竞争为方式、以共同发展为目的的良性格局。

第三,社会科学普及基地缺乏考评指标机制和激励淘汰机制。社会科学普及基地考评体系不明晰、标准不明确、奖惩制度不规范,易导致在日常管理工作中出现考评流程模糊不清、员工绩效奖励评定缺乏客观性、现有激励淘汰机制不能完全发挥调动员工积极性等作用,制度、机制方面的欠缺将会带来后续操作实施过程中一系列不合理行为。另外社会科学普及基地未按照规范化、标准化的程序实施相应的奖惩措施,加上部分工作人员本身缺少对社会科学普及工作的热情,致使人员管理松散,能动性、积极性不高,缺乏凝聚力和向心力,缺少责任心和使命感。

第四,社会科学普及基地缺乏信息化的网络工作机制。社会科学普及基地的工作与网络融合较少,缺少与时代发展变化的同频共振,没有较好地抓住信息化时代社会科学普及工作的重点,没有充分利用网络平台宣传社会科学知识,对相关网络技术的掌握与运用存在问题,缺乏与公众的良性沟通,未能将丰富多样的网络新兴宣传手段与魅力无穷的社会科学知识充分融合,弱化了互联网、新媒体在增强宣传内容的趣味性、宣传形式的多样性等方面的作用。

四 应对新疆社会科学普及基地建设现有问题的建议

(一)加快新疆社会科学普及基地建设步伐,推动新疆社会科学普及发展

加快新疆社会科学普及基地建设进程,增加社会科学普及基地数量,是推动新疆社会科学普及工作的重要举措。通过资金投入、完善规划、加强管理、培养人才、加强功能建设、推进产学研结合、加强社会互动与参与、推广先进经验与典型案例等多个方面的努力,加快新疆社会科学普及基地建设进程,市级社会科学普及基地的数量也将得到增加。

第一,加大政府投入力度。新疆社会科学普及基地建设需要政府的支持和推动。政府应加大对社会科学普及基地建设的资金投入力度,专款专用,加大对社会科学普及基地的经费保障力度,以保证基地的正常运营和发展。第二,完善发展规划。加快社会科学普及基地建设进程,需要制定科学的发展规划。相关部门应组织专家进行调研,制定新疆社会科学普及基地建设规划,明确目标、任务和重点领域,合理布局,确保各地社会科学普及基地数量的均衡。第三,加强对基地的监督和评估。相关部门应建立健全社会科学普及基地建设的工作机制,加强对基地建设过程的监督和评估,确保基地建设进程的顺利。第四,加强人才培养与引进。社会科学普及基地建设需要一支高素质、专业化的人才队伍。相关机构应加强人才的培养和引进工作,建立健全人才引进机制,吸引人才来新疆从事社会科学普及工作,提高社会科学普及基地建设的专业性和水平。第五,加强基地功能建设。社会科学普及基地的功能建设是提高基地影响力和实现可持续发展的重要手段。基地应通过开展多种形式的社会科学普及宣传活动,提供学习、研究和交流平台,提高基地的吸引力和影响力。第六,推进产学研相结合。社会科学普及基地的建设与产业、学术和科研密切相关,应

促进产学研结合，推动社会科学普及基地与相关产业和学术机构的合作，共同开展社会科学普及工作。通过合作共建、共同研究等形式，促进社会科学普及工作与实践的结合，提高社会科学普及基地的运转实效性和可持续发展能力。第七，加强社会互动与参与。社会科学普及基地建设是服务社会的重要平台，应促进其与社会各界的互动。基地应广泛开展社会科学普及活动，邀请社会各界专家、学者和公众参与其中，提供多样化的社会科学普及服务，增加社会科学普及基地的影响力和公信力。第八，推广先进经验与典型案例。在加快新疆社会科学普及基地建设进程的同时，还应积极推广先进经验和典型案例。通过总结和宣传成功的社会科学普及基地建设经验，推动新疆社会科学普及基地建设进程不断加速。第九，加强合作与交流。加强与其他地区、其他国家的合作与交流，学习借鉴先进国家和地区的相关经验和做法，促进新疆社会科学普及的国际化发展。

（二）政府应提高社会科学相关主体研究教育水平，深挖新疆乡村特色文化

第一，政府应当出台相关政策，提高本地教育水平，加大社会科学研究普及教育力度，激发学生与村民对于社会科学研究的兴趣，提高社会对于社会科学普及基地的需求度，同时为社会科学普及基地建设提供更有利的政策环境，进而促进教育研发类科普基地的建设。第二，以政府为主导，加强各地科研院所与社会科学普及基地之间的合作，为基地的建设提供科学指导，推进教育研发类科普基地的建设。第三，政府应当提高对民族乡村文化类科普基地建设的重视程度，深挖乡村历史文化底蕴，打造乡村特色文化，进而推进乡村社会科学普及基地建设。第四，社会科学普及基地在建设过程中，要尊重和保护少数民族文化，在普及社会科学知识时，使用多语种并结合当地文化习俗，扩大民族乡村文化类科普基地的受众，推动民族乡村文化类科普基地的建设。第五，社会科学普及基地的建设可以借鉴其他地区或国家在教育研发类科普基地和民族乡村文化类科普基地建设方面的成功经验，并结合新疆本地的实际情况加以应用和创新。

（三）政府应出台相关政策，促进社会科学普及基地均衡化发展

新疆各级政府应出台相关政策，发挥政府的引导作用。第一，政府应

出台政策支持文化发展，整合社会资源，大力推进社会科学普及基地建设，充分发挥社会科学普及基地以文化人、以文培元的作用，进而促进社会科学普及基地均衡化发展。第二，大力支持南疆地区经济发展，调整南疆产业结构，助力南疆文化产业与文化事业发展，加大对南疆地区的投资力度，加强基础设施建设，为南疆的经济和文化发展提供充足的物质基础，进而加大对南疆社会科学普及基地建设的经费投入力度。第三，政府应出台政策，充分发挥区域联动机制作用，加强各地区联系与合作，促进社会科学普及基地建设经验的交流，分享管理经验，推动示范型基地建设。第四，政府应提供良好的政策环境，鼓励社会科学普及基地建设争取社会多方支持，采用游说、动员、宣传的方法从社会团体、企业或个人那里获取资助，调动和吸纳民间资金共同推进社会科学普及基地的建设，从而逐步实现"以民间力量为主体、政府力量为引导"的理想科普发展模式，实现南北疆社会科学普及基地的均衡发展。

（四）创新普及方式，促进知识通俗化趣味化

要扩大新疆社会科学普及基地的影响力，创新基地科普方式，提升其科普活动成效。

第一，建立社会科学普及基地人才培养制度，培养高素质人才队伍。首先，根据社会科学普及基地的不同，促进各类人员提升其自身专业素质。其次，将各类社会科学普及活动开展的成效和基地工作人员薪酬体系挂钩，将个人职业发展和基地发展联系起来，最大限度调动基地工作人员的创新积极性。最后，建立人才队伍绩效考核标准体系，成立人才队伍建设工作组，负责制定和实施考评方案，设立人才培养和引进专项资金，保障方案的顺利实施，定期开展人才队伍建设的绩效评估，及时修正和调整方案。

第二，引导多元主体联合举办社会科学普及教育活动及比赛。同类型基地可以联合举办形式多样的活动，例如，2023年由全国29个省区市社科联联合举办的第二届各省区市社科普及基地讲解员大赛。此次大赛不仅是全国社会科学普及教育基地讲解员的一场职业技能比拼，也是中华优秀传统文化资源的一次集中展示。来自全国29个省区市的参赛选手，以讲解、展示、问答等多种形式，挖掘各地优秀传统文化的思想观念、人文精神、道德规范，以中华优秀传统文化创造性转化、创新性发展，展示中华文明

的影响力、凝聚力、感召力。

第三,加大社会科学普及活动的线上线下宣传力度。一是利用现有的三级社会科学界联合会的广泛影响来积极营造活动氛围,各级社会科学界联合会对自己所关联的地区进行积极宣传,让辖区公民积极参与到社会科学普及工作中来,并意识到社会科学普及工作的重要性;二是充分利用现有的科学技术条件,通过抖音、微博等自媒体进行宣传,各社会科学普及基地可创办官方账号,通过拍摄短视频的方式,转换传统社会科学普及教育方式,在实现社会科学普及效果的同时融入趣味性,增强对公众的吸引力。这样不仅可以实现社会科学普及的基础效果,同时也能使各基地活跃在公众视野中,扩大各基地的知名度,让公民清楚地认识到社会科学普及工作在社会发展中的重要意义。三是社科联带动基地加强宣传,在社会各个角落利用公告展板,红底横幅来普及社会科学知识,让学习社会科学知识在全社会蔚然成风。

(五)加强社会科学普及基地运营管理机制建设,有效增强社会科学普及基地管理运营效能

要想推进社会科学普及基地建设,需要利用现有的科技、教育、文化、旅游等场馆和设施,以社会科学普及工作为着力点,连接跨领域跨专业的社会资源,加强社会科学普及管理机制建设。

第一,建立健全完善的社会科学普及基地监督审查机制,从源头开始,坚持严格审批,按标准申报命名,以质为主,宁缺毋滥,把打造高水平、高质量的社会科学普及基地作为最高目标,致力于建设高标准、可持续、造福人民、服务社会的社会科学普及基地;坚持严格审查,按程序进行精准管理,避免出现进程错乱,减少因制度建设不完善而产生的种种问题,严格要求社会科学普及基地工作人员,把工作做细做实;坚持严格评估,按规定进行评估,不合格者整顿或摘牌,取消基地称号,让各个社会科学普及基地常态化做好自身建设,严格规范做好社会科学普及工作。

第二,建立竞争性管理模式,充分运用竞争规律来推进社会科学普及基地机制建设。通过市场及时了解公众需求,推出适合公众的社会科学普及宣传模式。经济利益是社会发展的主要推动力,这一观点对社会科学普及基地建设同样适用。有条件的社会科学普及基地,应该在内部以及各个社会科学普及基地之间推广竞争的手段，建立科学专业的推广队伍，每支队伍定期开展关于互联网知识的统一培训学习，结合社会科学知识进行实操，增强队伍成员的专业素养。并定期在不同社会科学普及基地的队伍之间开展交流学习活动，举行趣味比赛，在良性竞争中提高每支队伍的专业水平，将社会科学知识推向社会、推向市场，及时灵活适应社会变化，达到更佳的宣传效果。

第三，把社会科学普及基地机制建设纳入考核体系。结合自治区宣传文化建设考核的要求，把社会科学普及基地建设纳入当地文化建设的议事日程，在各项工作中关注社会科学普及基地的发展，将促进社会科学普及基地的发展结合实际情况落实到位。设置科学完善的奖惩机制，对于评估达标的社会科学普及基地，给予相应的奖励，对评估不合格的社会科学普及基地，规定期限加以整改，经限期整改仍不能达到评估审核要求的，实施相应的惩戒措施，通过硬性规定促进社会科学普及基地向上发展，激励社会科学普及基地内部工作人员，实现社会科学普及基地的长远发展。

第四，建设社会科学普及基地信息化网络平台。通过数字化、信息化等现代科学技术手段，推动社会科学普及资源的利用和共享，加强网络技术学习，打破地域和时间限制，广泛学习、借鉴全国各地先进社会科学普及基地的宝贵经验，结合当地实际情况吸收转化，运用到社会科学普及宣传工作中去；与新疆各地社会科学普及基地进行交流合作，借鉴学习优秀的工作模式，各基地相互之间探讨经验；打破单一的宣传模式，开拓思路，多维度、多渠道、多层面与公众进行深入交流，了解公众需求，宣传推广社会科学知识。使社会科学普及基地成为满足公众文化需求的智慧库、建设文明城市的良好平台、社会科学普及工作的创新模式。

第五，优化社会科学普及基地资源配置。根据基地的实际需求，科学、合理地配置人力、物力、财力等资源。定期对资源状况进行评估，了解资源的使用情况和效果。收集公众的反馈意见，及时调整和优化资源配置。建立资源动态调整机制，根据实际需求进行资源的合理配置。通过优化资源配置，提高资源的利用效率，为基地的发展提供有力的物质保障。

第二节　新疆社会科学普及基地认定研究

社会科学普及基地认定是我国不断提高社会科学普及基地的科普能力和社会影响力的必然前提，对提升社会科学普及基地管理能力、促进社会发展进步具有重要作用。新时代以来，中央和全国各地方政府高度重视社会科学普及能力建设，社会科学普及的多重价值功能被更多提及，不少地方实施了党的创新理论新科普工程，出台了相应社会科学普及条例，全国各地建立了各级社会科学普及基地，社会科学普及能力得到极大提升。新疆在2021年也出台了《新疆维吾尔自治区社会科学普及条例》，但整体来看，新疆在社会科学普及基地管理方面还处于初步阶段。

一　新疆现有社会科学普及基地认定情况

（一）认定主体

社会科学普及基地由新疆维吾尔自治区社会科学界联合会认定。新疆维吾尔自治区社会科学界联合会是新疆维吾尔自治区党委领导下的以社会科学研究和宣传普及为主要任务的学术性群众团体，是自治区级社会科学学术社团的联合组织，是党委和政府联系广大社会科学工作者的桥梁和纽带，是自治区党委和政府授权管理全区社会科学学术团体的专职机构。其在党委、政府联系社会科学理论界方面发挥了桥梁纽带作用，在理论研究、学术交流、社会科学普及方面发挥了组织协调作用，也为党政部门和企事业单位提供咨询服务，同时受自治区政府委托负责新疆社会科学优秀成果评奖活动，对全区社会科学学术团体的业务和对地州市社科联的工作进行指导。新疆社科联还设有专门的工作机构，如办公室、学会管理部、科研组织处等，负责处理日常工作事务和组织协调活动。新疆维吾尔自治区社科联科普部是社会科学普及基地的业务指导部门，负责管理辖区内各社会科学普及基地。

（二）认定标准

根据自治区社科联《新疆维吾尔自治区社会科学普及基地管理办法》，

笔者整理出现行8个维度的认定标准，论述如下。

1. 组织机构健全

组织机构健全是指一个组织拥有明确的组织架构、岗位职责、人员配备、规章制度、运行机制、战略规划、执行力、创新能力以及良好的文化氛围等。社会科学普及基地应具备健全的组织机构，保证组织的高效运作和持续发展，提高组织的执行力和创新能力，从而实现社会科学普及基地的战略目标。

2. 社会科学普及工作连续

社会科学普及工作连续是指科学知识、方法、精神、应用等方面的持续传播和推广，旨在培养公众的科学素养，提高其科学素质，促进科学技术的普及，传播科学的价值观和思想，以及激发科学研究的创新精神。社会科学普及基地应具备连续的社会科学普及工作历史和经验，能够持续开展社会科学普及活动，不断丰富和完善社会科学普及内容。这反映了基地对社会科学普及工作的重视程度和投入力度，也是衡量基地工作成效的重要标准。

3. 社会科学普及内容科学

社会科学普及内容科学是指社会科学普及作品在传播科学知识、方法、精神等方面必须准确、严谨、符合科学原理。具体包括科学概念的定义、科学原理的阐释、科学应用案例的介绍、科学方法的讲解、科学精神的传达、科学发展历程的追溯以及科学伦理的教育等方面的内容。基地的社会科学普及内容应具有科学性、准确性和权威性，符合国家法律法规和政策要求。社会科学普及内容应以社会科学为主体，涵盖各个领域，注重科学方法的传播和应用。同时，社会科学普及内容应通俗易懂，适合不同年龄层次、不同知识背景的公众需求。

4. 社会影响广泛

社会影响广泛是指社会科学普及工作在社会中产生广泛而深远的影响，能够促进社会科学的发展和普及，培养社会科学思维和社会科学精神，为经济和社会发展提供强大的支撑和动力。基地的社会科学普及工作应具有良好的社会影响力，能够提高公众的社会科学素质和社会文明水平。基地应注重与社会的互动和合作，通过多种形式的活动，扩大社会科学普及工作的影响范围，进而实现更多社会效益。

5. 社会科学普及资源丰富

社会科学普及资源丰富是指社会科学普及工作拥有多种多样的内容和形式，包括高质量的社会科学研究、教育普及化、广泛的传播渠道、社区参与、政策支持、跨界合作等。基地应具备丰富的社会科学普及资源，包括社会科学普及人才、设施、图书资料等。这些资源可以为基地的社会科学普及工作提供有力的支撑和保障，提高社会科学普及工作的质量和效果。

6. 持续发展能力

持续发展能力是指一个组织在经济、技术、环境、社会、文化和国际合作与交流等方面的持续发展和进步的能力。基地应具备持续发展的能力和潜力，能够适应社会发展和公众需求的变化，不断创新和完善社会科学普及工作。基地应注重人才队伍的培养和建设，提高科研和创新能力，以实现可持续发展。

7. 资金保障有力

资金保障有力是指组织在资金储备、管理、风险评估、调度、监控等方面具备充足的实力和能力，以确保组织的正常运行和发展。基地应具备充足的资金保障，能够满足社会科学普及工作的经费需求。资金来源应稳定可靠，使用和管理应规范合理。同时，基地应注重提高资金使用效益，通过合理的安排，确保社会科学普及工作的顺利开展。

8. 服务能力突出

服务能力突出是指组织在提供服务时具备优秀的专业知识和技能，能够熟练、准确地为客户提供满意的服务。组织的服务人员应具备丰富的专业知识、熟练的服务技能、出色的沟通能力，能够迅速解决客户的问题，并且具有较高的客户满意度。基地应具备高效的服务能力，能够为公众提供优质的社会科学普及服务。服务应注重人性化、专业化和社会化，以满足公众的需求和期望。同时，基地应注重服务质量的持续提升，加强服务品牌的建设和推广。

（三）认定程序

首先，自治区社科联科普部负责根据申报和推荐材料，组织专家组进行实地考察和综合评估，提出评审意见。

其次，自治区社科联负责审批认定"新疆维吾尔自治区社会科学普及基地"，并颁发牌匾。

最后，自治区社会科学普及基地的申报评定工作常年开展。

二 新疆社会科学普及认定体系面临的困境

（一）评价体系尚不成熟

与《福建省社会科学普及基地管理办法》（2023年8月修订）相比，现有的《新疆维吾尔自治区社会科学普及基地管理办法》缺少对社会科学普及基地的考核与整改的具体规定，暂时没有系统的评价体系，考核制度较为简单、具有机械性的特点。例如在对社会科学普及基地认定考核的过程中，福建省的管理办法指出"省委宣传部、省社科联每年不定期对社科普及基地进行督促检查"，而新疆目前只规定了"有关地州市社科联应至少每季度与本地区社科普及基地联系一次，掌握其动态信息"，相较之下时间更为固定、形式更为单一、督察单位更少，社会科学普及基地在考核过程中容易出现临时突击、提前"打招呼"等现象，让社会科学普及基地的认定和考察变成表面功夫。这些情况的出现容易导致社会科学普及基地发展停滞不前、社会科学普及基地认定程序复杂、群众对社会科学普及基地认定知晓度低等问题。在社会科学普及基地的认定中，颁发认定证明对于申请地而言并不是永久性的，只有健全社会科学普及基地认定评价体系才能提升基地认定的效率与质量。

（二）基地认定流程较简单

《全国科普教育基地创建与认定管理办法》规定"申请全国科普教育基地认定的机构可任选第六条规定的三类推荐单位中的一家提交申请，经推荐单位审核推荐后方可参评全国科普教育基地"。而目前新疆社会科学普及基地申请流程主要为"提交申请—专家审核评议—颁发证明"，与国家科普基地认定办法相比较为简单，在提交申请前缺少推荐环节，导致评议组工作量大、申请地层次不一等问题，进而影响评定效率和质量。《全国科普教育基地创建与认定管理办法》还规定"建议名单经公示无异议后，由中国科协予以认定命名'全国科普教育基地'，颁发证书和牌匾"。

而目前《新疆维吾尔自治区社会科学普及基地管理办法》则规定"自治区社科联负责审批认定'新疆维吾尔自治区社会科学普及基地'并颁发牌匾",缺少公示环节。这会影响评定结果的公平性和公开性,可能导致群众对于社会科学普及基地认可度的降低,同时也不利于新设立的社会科学普及基地知名度的提高。总体而言,新疆社会科学普及基地的认定目前仍存在流程较为粗糙、简单的问题,这迫切要求相关部门优化、细化认定程序。

(三) 我国其他省份社会科学普及基地认定案例

我国其他省份有的早在几十年前就已经对社会科学普及的立法与管理工作展开了初步探讨,并积累了丰富的经验。例如,江苏对社会科学普及立法管理工作的探索起步于2000年,并将其成果带到全国社科联协作会议上进行交流,对推动全国各地思考社会科学普及立法产生了一定的影响。[①]江苏省对于社会科学普及基地的认定程序较为全面,包含了认定的基本条件和分类的相应条件,针对不同类型的基地设置不同的认定标准,更能够凸显不同基地的特色。海南的社会科学普及基地的管理办法对各类社会科学普及基地进行统一划分,发挥各类社会科学普及基地社会影响力,推进社会科学普及工作社会化、常态化、制度化。借鉴其他省份的经验和吸收其教训是完善新疆社会科学普及基地相关制度的必然选择。因此,本书选择江苏和海南两省的社会科学普及基地管理办法作为案例,分析其可供参考借鉴之处。

1. 江苏省社会科学普及基地认定办法

江苏省社会科学普及基地分为教育研发类、文化场馆类、媒体传播类三大类别。江苏省根据《江苏省科普教育基地(社会科学普及基地)认定申请条件》对社会科学普及基地进行认定管理。江苏省的基地认定工作由两部分组成。首先是社会科学普及基地的基本条件,其次是在申报单位满足基本条件之后再根据相应条件进行分类管理。

第一部分,8项基本申请条件。第一条,从法律的角度规定了提供社会科学普及服务的单位或部门。第二条,对社会科学普及基地的基本硬件

---

① 吴颖文:《江苏社科普及工作的制度建设》,《江南论坛》2020年第4期。

设施作出规定，相对固定的场所设施是社会科学普及活动能够开展的必要前提。第三条，对人员配备作出要求，包含专职工作人员队伍，以便能开展稳定的社会科学普及活动；专家队伍，以便社会科学普及实践活动具备科学的理论基础；志愿者队伍，以便更好地为公众提供社会科学普及活动的同时，扩大社会科学普及活动的社会影响力。第四条，对社会科学普及资源提出要求，更好开展社会科学"三项"工作。第五条，对社会科学普及基地的制度、工作规划作出要求，使社会科学普及基地具有长远的发展目标，更好提供社会科学普及服务。第六条，社会科学普及基地要响应"社会科学普及宣传周活动"，并接受江苏省社科联管理考察评估。第七条，对申报基地社会科学服务时间与级别作出要求。第八条，对经费支持作出要求（见表2-7）。

综上所述，江苏省社会科学普及基地的基本申报条件在宏观层面对所申报认定的基地作出初步要求。

表2-7 申报成为江苏省社会科学普及基地的基本条件

序号	基本条件
1	提供社会科学普及公共服务的法人单位，或以法人单位为依托的内设（下属）机构或部门 重视社会科学普及工作，具有较强的社会科学普及意识，积极推动社会科学普及工作
2	具备相对固定、能够长期开展社会科学普及活动的场所设施。采取公众易于理解、接受和参与的方式，通过开展传播社会科学知识、倡导科学思想、传承人类文明、弘扬人文精神的社会科学普及活动，提高公民的社会科学素质，促进人的全面发展和社会文明程度的提高
3	具备一支规模适度、结构合理、素质优良的社会科学普及人才队伍，其中包括一支能够开展经常性社会科学普及服务的专职工作人员队伍，一支能够参与社会科学普及活动的专家队伍和一支热心社会科学普及公益服务、素质较高、相对稳定的志愿者队伍
4	具备能够体现申报单位特色的社会科学资源，可持续打造的优质社会科学普及品牌项目，能充分发挥人才、专业、技术等特色优势，做好社会科学"普及活动、普及平台、普及展品"三项工作
5	把社会科学普及纳入承建机构或部门的整体工作规划，有普及基地建设方案、中长期社会科学普及工作计划及制度措施保障，能根据自身特点和优势面向社会和公众有效提供社会科学普及公共服务
6	积极参与各级社科联组织的"社会科学普及宣传周"等活动，接受对社会科学普及示范基地的指导、考察和管理评估等

续表

序号	基本条件
7	原则上已是市级基地，提供社会科学普及服务满四年
8	所属单位对基地开展的社会科学普及工作予以相关经费支持，有自建能力和多渠道筹措经费的条件，将社会科学普及活动经费列入基地承建部门或单位的经费预算并落实到位，保证社会科学普及活动正常开展

资料来源：《江苏省科普教育基地（社会科学普及基地）认定申请条件》，江苏食品药品职业技术学院网站，2020年5月13日，https://spypkjg.jsfpc.edu.cn/2022/0417/c2595a55525/page.htm。

第二部分，相应分类条件。如表2-8所示，江苏省社会科学普及基地的相应条件从设施条件、科普服务、人员保障三个维度来进行要求。

首先，设施条件是江苏省相关基地创建与认定管理办法在基本条件的基础上，针对三种类型的基地提出的相应要求。主要包括有固定的科普场所、有相应提供社会科学普及服务的设施设备，又根据媒体传播类科普基地的特点，增加了"能够常态化开展科普宣传工作"。以此来保证社会科学普及基地有场地场所、设备条件开展社会科学普及工作。

其次，科普服务是指社会科学普及基地需要完成的工作任务，即向社会公众提供科普服务。为确保社会科学普及基地能够充分提供服务，江苏省相关规定针对三种类型的基地作出了相应要求。包括科普基地需要达到规定的开放时长，对科普活动内容、质量的具体要求等。通过开展社会科学普及活动，发挥社会科学普及基地的社会价值，促进其承担社会责任。

最后，人员保障也是江苏省相关基地创建与认定管理办法在基本条件的基础上，针对三种类型的科普教育基地提出的相应要求。其明确规定了进行科普管理的部门；申报单位应具备社会科学普及的专家，确保社会科学普及活动及时拥有理论性指导，具备能够开展社会科学普及工作的志愿者队伍等；同时，相关规定也对人员的培训交流作出了规定，使社会科学普及基地的人力资源得到有效利用。

综上所述，江苏省对于社会科学普及基地认定的相应条件规定中，既做到从三个维度按照大类考核，又做到针对不同类型的社会科学普及基地进行二级指标的认定，使江苏省社会科学普及基地认定符合本省情况。

表 2-8　江苏省社会科学普及基地的相应条件及其分类

相应条件	教育研发类科普教育基地	文化场馆类科普教育基地	媒体传播类科普教育基地
设施条件	(1) 具有社会科学普及研发功能的场所，面积不少于300平方米 (2) 社会科学普及配套设施、设备形式多样，包括展品、展板、说明牌等基本展教设施，以及多媒体、数字化、互动体验类展教设备等，并根据社会科学发展前沿和社会民生热点定期更新扩展内容	(1) 用于社会科学普及活动的室内展厅总面积不少于500平方米。社科馆（中心）用于社会科学普及展教活动的室内展厅总面积不少于1000平方米 (2) 社会科学普及配套设施、设备形式多样，包括展品、展板、说明牌等基本展教设施，以及多媒体、数字化、互动体验类展教设备等，并根据社会科学发展前沿和社会民生热点定期更新扩展内容	(1) 有固定的栏目或版面从事社会科学普及宣传，做到内容及时更新 (2) 具备社会科学普及宣传产品策划、制作、传播的场所和配套软硬件设施 (3) 常态化开展社会科学普及宣传相关工作，业务量不少于本单位业务工作的20%
科普服务	(1) 定期向社会和公众开放本单位社会科学资源，能够提供团队预约社会科学普及服务（包括外出服务），全年开放时间不少于150天，年接待参观人数不少于2000人次 (2) 积极开展社会科学普及理论研究，及时做好社会科学前沿理论成果的转化工作，大力传播科学理论、科学知识、科学理念和科学方法。每年开展3次以上重大社会科学普及活动。每年在市级以上媒体宣传报道社会科学普及工作信息2次以上 (3) 利用本单位特色优质社会科学资源，开发形式多样的高质量科普图文、视频、书籍、课程等原创社会科学普及产品，并利用各种媒体渠道进行传播推广 (4) 以本单位优势学科（学术）资源和专家资源为基础，每年举办或承接社会科学普及论坛、讲座、研学、社会实践等活动不少于10次，并在社会科学普及宣传周活动期间提供相关社会科学普及公共服务	(1) 常年对社会和公众开放，全年开放时间不少于200天，年接待参观人数不少于3万人次 (2) 定期开展进街道、进社区、进校园、进乡村等"走出去"的社会科学普及活动。每年在地市级以上媒体宣传报道社会科学普及工作信息3次以上 (3) 针对年度主题宣讲、社会民生热点问题，每年组织社会科学普及讲坛、讲座、展演等活动不少于8次 (4) 以场馆特色社会科学普及资源为基础，每年举办或承接青少年展览、研学和社会实践等社会科学普及活动不少于5次 (5) 建有专门的科普教育网站，网站内容应做到及时更新，每月更新不低于3~5篇文稿或图片。通过各种媒介持续传播社会科学普及图文、视频、书籍、课程、展教器具等，拥有一批质量高、传播广的优质原创社会科学普及资源，充分利用新技术新手段提供互动讲解或线上虚拟展示等服务	(1) 定期向社会和公众开放本单位社会科学资源，能够提供团队预约社会科学普及服务（包括外出服务），全年开放时间不少于50天，年接待参观人数不少于2000人次 (2) 以本单位优势社会科学普及资源和专业团队为基础，策划、开办优质广播、电视、网络媒体和出版物的社会科学普及专栏，并利用各类媒体渠道进行传播推广 (3) 面向社会和公众积极开展社会科学知识普及，让社会公众崇尚科学精神，提升社会公众的社会科学素质，并在社会科学普及宣传周活动期间提供相关配套服务

续表

相应条件	教育研发类科普教育基地	文化场馆类科普教育基地	媒体传播类科普教育基地
人员保障	(1) 有明确的社会科学普及工作联络人或负责人，具备一支能够参与基地相关社会科学普及活动的专家队伍，其中社会科学专家骨干不少于8人 (2) 具备一支热心社会科学普及公益服务、素质较高、相对稳定的志愿者队伍，人数在50人以上 (3) 每年开展专兼职社会科学普及人员业务交流或培训活动不少于1次	(1) 有明确的社会科学普及工作联络人或负责人，具备一支能够开展经常性社会科学普及服务的专职工作人员队伍。具备一支能够参与基地相关社会科学普及活动的专家队伍，其中社会科学专家骨干不少于8人 (2) 配备不少于5名讲解员，并具备一支热心社会科学普及公益服务、素质较高、相对稳定的志愿者队伍，人数在50人以上 (3) 专职工作者开展社会科学普及业务培训活动每年不少于2次，兼职工作人员业务交流或培训活动不少于1次	(1) 中层以上干部担任基地负责人 (2) 有明确的社会科学普及工作联络人或负责人，具备一支能够参与基地相关社会科学普及活动的专家队伍，其中社会科学专家骨干不少于8人 (3) 有专门从事科普内容策划、制作、编辑等工作的团队，其中工作人员不少于5人 (4) 每季度开展社会科学普及人员活动策划、业务交流活动不少于1次

资料来源：《江苏省科普教育基地创建与认定管理办法》。

2. 海南省社会科学普及基地的认定管理办法

海南省根据实体机构的性质将社会科学普及基地划定为公共文化类、教育科研类、文化产业类、战略产业类、乡村振兴类及其他类6种类型，并对6类社会科学普及基地进行统一的认定管理。

海南省社会科学普及基地认定有5条申报条件。第一条，从法律角度规定，社会科学普及基地需要具有法定代表人资格或受法人正式委托，拥有相应实体性机构。第二条，有社会科学普及基地创立与发展的工作计划及制度保障，使社会科学普及基地能够有效开展社会科学普及活动。第三条，从社会科学普及所需的软硬件条件出发作出规定。硬件条件方面规定了基地所必备的相应场所、载体或者网络平台。软件条件则从人员的角度规定了能够开展科普活动的人员队伍，包含专兼职工作者和志愿者队伍。第四条，具备社会科学普及活动的能力与专项经费。第五条，接受省社科联的工作指导和交办的社会科学普及任务且接受检查考核，规定了社会科学普及基地的领导机构及所接受的监督程序（见表2-9）。

表 2-9　海南省社会科学普及基地的申报条件

序号	申报条件
1	具有法定代表人资格或受法人正式委托，能独立开展社会科学普及教育活动的实体性机构
2	具有较强的社会科学普及意识，有基地建设方案、中长期社会科学普及工作计划及制度措施保障，能根据自身特点和优势面向公众有效开展社会科学普及活动
3	具有能够较好履行社会科学普及职能的活动场所、宣传载体、传播阵地或网络平台，有管理机构和管理制度，有专兼职的社会科学普及工作者和相对稳定的志愿者队伍
4	具有自建能力和经费保障条件，能顺利正常开展社会科学普及活动
5	积极完成省社科联交办的社会科学普及任务，接受省社科联的工作指导、考核监督

资料来源：《关于开展 2022 年"海南省社会科学普及示范基地"申报命名工作的通知》。

3. 其他省份社会科学普及基地认定及其管理办法的启示

（1）发挥大众媒体的优势做好社会科学普及工作，推动传统媒体和新媒体相结合。首先，充分发挥现有的传统媒体的作用，发挥传统媒体在舆论引导方面的作用。同时更要充分利用互联网的优势。利用微信公众号、公众服务平台、短视频公众号等，将与基地发展有关的时事热点、最新的理论、社会科学知识及时传递给公众。充分发挥网络优势传播社会科学信息，增强社会科学内容的趣味性和实用性，扩大社会科学普及活动的社会影响力。例如，江苏省在申报认定社会科学普及基地的相应条件中，强调各单位应利用媒体资源建立相关网站及时更新社会热点，利用互联网发布高质量图文视频及开展相应网上社会科学普及活动等。江苏省自 2017 年开始尝试建立与研发主题知识竞答网络活动平台，并且在 2019 年通过互联网举办了为期半个月的社会科学主题知识竞答活动，参与人数突破了 153 万人次。[①] 四川省"武侯祠博物馆社科普及基地"搭建"互联网+"网络传习平台，在官方微博、微信平台推送廉洁文化历史故事和百科小贴士，与网友深入互动。因此，在新疆社会科学普及基地认定工作中，应明确规定各类基地依托互联网普及社会科学知识，提升公民素养，使社会科学普及基地结合时代特色，更充分地发挥其社会影响力。

[①] 《涟水县全面推进社科主题知识竞答活动》，江苏社科网，2017 年 9 月 26 日，https://www.js-skl.org.cn/city_county_window/7376.html；《中央纪委国家监委宣传部调研组来成都武侯祠博物馆调研 2020029 期》，成都武侯祠全国三国文化研究中心网站，2020 年 11 月 10 日，https://www.wuhouci.net.cn/whcdt-detail/361.htm。

（2）多维度认定社会科学普及基地，实现定性与定量相结合。社会科学普及基地的管理，离不开社会科学普及基地的认定。我国其他省份针对社会科学普及基地的认定工作从多维度入手，以此保证后续社会科学普及工作顺利开展。例如，海南省在社会科学普及基地认定工作中，从多个角度，即从法律角度、制度角度、软硬件条件角度等来分析判定。与此同时，江苏省在社会科学普及基地认定条件方面，用数字的方式在个别条件中作出详细规定。例如，江苏省明确规定申报单位年访问人次应不低于3万、专家配备8人及以上、志愿者应在50人以上等。对社会科学普及基地的认定不仅应做到定性分析，而且要做到定量规定，为后续社会科学普及基地的评估，即社会科学普及基地的绩效认定打下基础。因此，在新疆社会科学普及基地认定工作中，不仅要做到多维度分析判定基地是否具备社会科学普及的工作能力，同时也要实现定性与定量相结合，确保基地能够高效开展工作。

（3）重视对不同类型基地的分类管理，实现一般与特殊相结合。关于社会科学普及基地的认定，各地区在认定的标准方面各具特色。例如，江苏省针对不同类型的社会科学普及基地有其相应的认定标准，这样既能发挥各类社会科学普及基地的优势，又能够使同类型的社会科学普及基地互相学习发展。无独有偶，陕西省与上海市，在认定社会科学普及基地中也认为不同类型的基地应采取不同标准。陕西省按照科技场馆类科普教育基地、教育科研与重大工程类科普教育基地、"三农"类科普教育基地、企业类科普教育基地、自然资源类科普教育基地、其他类科普教育基地6类来提供不同认定条件。上海市按照示范性科普场馆、基础性科普基地、青少年科学创新实践工作站3类对基地进行划分认定。然而，海南则对社会科学普及基地的认定采取统一标准，湖北也是通过统一的标准对社会科学普及基地进行认定。因此，在新疆社会科学普及基地认定工作中，要根据新疆具体情况，制定认定管理办法，一般与特殊相结合，以做到标准制定上的因地制宜。

（四）新疆社会科学普及基地的认定体系的构建

1. 新疆社会科学普及基地认定运行原则

社会科学普及应当坚持中国共产党的领导，坚持政府推动、社会支持、全民参与、资源共享、服务大众的原则。本部分，笔者将根据新疆社会科学普及工作的原则，对开展此工作的主体，即社会科学普及基地进行评估，进而构建新疆社会科学普及基地认定体系。

新疆社会科学普及基地认定体系不仅要客观、公正、科学考核各申报基地现有法律资格、软硬件科普实力、建设水平，更要通过认定指标体系来引导各类社会科学普及基地承担社会责任，敦促各类社会科学普及基地开展形式多样、贴近实际、贴近生活、贴近群众的社会科学普及宣传活动。因此，认定指标的选取应遵循全面性、客观公正性、分类性三个方面的原则。

全面性原则，即认定指标不仅要体现各申报基地是否具备《新疆维吾尔自治区社会科学普及基地条例》所要求的软硬件设施，还要体现各申报基地是否具备承担社会科学普及基地义务的条件。

客观公正性原则，即认定指标的选取要符合新疆社会科学普及基地的实际情况，从现实出发多角度客观公正地认定申报基地资格。

分类性原则，即认定指标体系的设计应该根据不同申报基地的特色及任务，分门别类地设计相应的认定标准，按照不同标准来审核不同类型社会科学普及基地。

2. 新疆社会科学普及基地的认定标准

目前，新疆对于相关认定体系的构建大多集中于与自然科学相关的科学普及工作中，而对于社会科学普及基地认定体系的构建，相关研究还较为少见。本书根据新疆维吾尔自治区社会科学普及基地的特点与现状，认为社会科学普及基地的认定标准应当能够充分体现各类基地的能力与特征。本书从社会科学的特点出发，通过借鉴其他省份的实践经验，查阅文献，选取认定指标，并对认定指标的具体内容进行设计。

本书所构建的新疆社会科学普及基地认定体系包含两部分内容，即所有社会科学普及基地的认定必须符合基本条件、按照不同类别分门别类设计的相应条件。

第一部分，社会科学普及基地认定基本条件。根据表2-10所明确的社会科学普及认定指标体系构建原则可以确定社会科学普及基地认定基本条件，基本条件对法人单位、管理制度、场所设施、活动开展等方面做了初步的要求（见表2-11）。

表 2-10 新疆社会科学普及基地认定原则

条目	认定原则
第1条	从法律角度出发，规定了申报基地的法律性质
第2条	从基地未来发展角度出发，表明了基地的运行宗旨和发展的管理制度
第3条	从基地的硬件配备角度出发，规定了基地为开展形式多样的科普服务所必须具备的室内外场所条件
第4条	从《新疆维吾尔自治区社会科学普及条例》的规定出发，依据条例参加自治区社会科学普及周活动，在主题日举办主题科普活动
第5条	从互联网时代背景出发，要求基地及时公布相关信息，发布社会科学知识，发挥基地的社会传播能力
第6条	从《新疆维吾尔自治区社会科学普及基地条例》的规定出发，依法合理使用社会科学普及经费，并纳入考核范围以保证经费使用效率
第7条	从社会科学普及的志愿活动出发，基地应开展志愿活动，组建志愿者队伍，进一步提升公民的社会科学素养
第8条	从提供社会科学普及服务的时间出发，使得申报基地得以积累社会科学普及基地管理运行经验，更好地承担社会科学普及任务

表 2-11 新疆社会科学普及基地的基本认定条件

序号	基本认定条件
1	提供公共科普服务的法人单位，或以法人单位为依托的内设（下属）机构
2	具有明确的社会科学普及服务宗旨、开放服务和安全管理等制度
3	具备开展社会科学普及公共服务的室内外场所条件，积极开展形式多样的社会科学普及服务，大力培育和践行社会主义核心价值观，提高公民的社会科学文化素养和思想道德素质，促进人的全面发展和社会全面进步
4	参加每年5月自治区社会科学普及周活动，以及在重要主题日期间举办主题科普活动
5	通过网络媒体平台向公众公布开放信息、社会科学普及教育活动信息、展教资源更新情况等
6	有稳定的社会科学普及经费投入或专项社会科学普及经费，专兼职社会科学普及人员社会科学普及教育工作成效纳入本单位个人绩效考评或表彰奖励范围。将因本项目而建设与启用的相关社会科学普及基地以及相关设备等作为人文景观，对群众开放并适当收取相关费用。将收取的相关费用用于社会科学普及基地的建设维护以及设备改造升级，为今后更好地开展社会科学普及活动提供良好的硬件设施

续表

序号	基本认定条件
7	开展社会科学志愿服务活动
8	原则上已持续提供社会科学普及公共服务满三年

第二部分，由于各类社会科学普及基地的功能及开展活动的方式差异性较大，因此认定指标不能一概而论，而应根据不同类型的基地设置不同条件。

本书在构建的认定体系中，总体设计设施条件、社会科学普及服务、人员保障3个一级指标和相应类别的6~10个考察点，针对不同类别的社会科学普及基地采取不同标准，分类加强认定管理。

（1）一级指标。第一，设施条件。根据《新疆维吾尔自治区社会科学普及条例》中第二十四条规定：商场、医院、广场、公园、机场、车站、景区等公共场所经营或者管理单位，应当利用宣传栏、橱窗、电子屏幕等设施宣传社会科学知识。洽谈会、博览会、交易会等大型活动的承办单位应当利用其场馆、设施开展相关的社会科学普及活动。据此可知，社会科学普及基地必须具备可供宣传社会科学知识的设施条件来作为社会科学普及基地基础硬件设施。它是社会科学普及基地赖以生存发展的一般物质条件，因此在此将其作为认定社会科学普及基地的一级指标。第二，科普服务。根据《新疆维吾尔自治区社会科学普及条例》第四章中的要求，应当从多个主体出发，各自开展形式多样的社会科学普及活动。根据社会科学普及基地的定义可知，提供社会科学普及服务是社会科学普及基地的主要任务。因此，社会科学普及基地必须通过开展形式多样的社会科学普及服务来提升公民社会科学素养，营造良好社会氛围，推动社会进步。社会科学服务，是指各社会科学普及基地利用本基地所具备的设施条件开展的多种形式的社会科学普及活动。它是社会科学普及基地持续开展的主要活动，因此可作为认定社会科学普及基地的一级指标。第三，人员保障。根据《新疆维吾尔自治区社会科学普及基地条例》第三十一条规定：各级人民政府应当加强社会科学普及人才队伍和智库建设，培养、储备社会科学普及人才，组建专兼职相结合的社会科学普及队伍，为开展社会科学普及工作提供组织保障和智力支持。据此可知，组建专兼职相结合的社会科学普及队伍，为社会科学普及基地能够顺利开展社会科学普及活动提供了组织保障和智力支持，它为社会科学普及基地的长远发展奠定了基础，因此本书将其也作为认定社会科学普及基地的一级指标。

（2）不同类别基地下的二级指标。在教育研发类科普基地设施条件方面，必须拥有具备科普研发功能的场所（场所的面积大小借鉴江苏省认定体系数值并结合新疆实际情况下浮50%）、能够开展社会科学普及工作的相关配套设施；在社会科学普及服务方面，由于该类基地拥有优秀的社会科学普及研发人员，因此除了规定年开放时间之外，还规定了基地定期开展社会科学普及理论研究应及时做好社会科学前沿理论成果的转化工作、利用本单位特色优质社会科学资源，开发形式多样的高质量的科普产品；在人员保障方面，除了具有社会科学普及专家队伍及相应志愿者队伍之外，还要求各基地人员开展交流培训，促进基地发展。

在文化场馆类科普基地设施条件方面，其需要具备一定大小的社会科学普及展厅（展厅的面积大小借鉴江苏省认定体系数值并结合新疆实际情况下浮50%）来展示社会科学普及内容，以及能够开展社会科学普及工作的相关配套设施；在社会科学普及服务方面，除了最基本的年开放时间之外，还需要结合当前互联网时代背景，利用网络媒体开展社会科学普及活动报道、建有专门的社会科学普及教育网站并及时更新。此外，还需据各基地基本情况开展形式多样的宣传活动、展演演讲等；在人员保障方面，要确保日常馆内运行的专兼职人员队伍包含保障基地发展的专家、志愿者队伍。

在媒体传播类科普基地设施条件方面，由于该类基地自身的传媒性质，要求其应有固定栏目和版面、有相应配合传播的软硬件设施；在科普服务方面，应有最基础的年开放时间、利用自身的资源进行社会科学知识推广，并且按要求在宣传周主动宣传社会科学知识，常态化开展社会科学普及宣传相关工作；在人员保障方面，有基地负责人和相应的基地专家队伍，有专门从事科普内容策划、制作、编辑等工作的团队以便开展传媒工作，并且各基地人员之间应互相交流学习。

在民族乡村文化类科普基地设施条件方面，对其社会科学普及场所和配套设施条件要求较低（场所面积要求仅限于满足基本社会科学普及要求，能够陈放社会科学普及设施开展社会科学普及活动）；在社会科学普及活动方面，仅对其有年开放时间的基本要求；在人员保障方面，应有相应基地负责人及专兼职人员队伍、开展人员交流培训。

其他类基地是指其他有条件向公众开展公益性社会科学普及活动的非营利机构。对于其他类基地的认定要求，在设施条件、科普服务、人员保障方面均有详细说明（见表2-12）。

表2-12 新疆社会科学普及基地认定的相应条件及分类

相应条件	教育研发类科普基地	文化场馆类科普基地	媒体传播类科普基地	民族乡村文化类科普基地	其他类基地
设施条件	（1）具有社会科学普及研发功能的场所，面积不少于150平方米 （2）社会科学普及配套设施、设备形式多样，包括展品、展板、说明牌等基本展教设施，以及多媒体、数字化、互动体验类展教设备等，并根据社会科学发展前沿和社会民生热点定期更新扩展内容	（1）用于社会科学普及活动的室内展厅总面积不少于150平方米。社科馆（中心）用于社会科学普及展教活动的室内展厅总面积不少于500平方米 （2）社会科学普及配套设施、设备形式多样，包括展品、展板、说明牌等基本展教设施，以及多媒体、数字化、互动体验类展教设备等，并根据社会科学发展前沿和社会民生热点定期更新扩展内容	（1）有固定的栏目或版面从事社会科学普及宣传工作，做到内容及时更新 （2）具备社会科学普及宣传产品策划、制作、传播的场所和配套的软硬件设施	（1）用于社会科学普及活动的室内活动室面积不少于100平方米 （2）社会科学普及配套设施、设备形式多样，包括展品、展板、说明牌等基本展教设施，以及多媒体、数字化、互动体验类展教设备等，并根据社会科学发展前沿和社会民生热点定期更新扩展内容	（1）用于社会科学普及活动的室内展厅总面积不少于100平方米。社科馆（中心）用于社会科学普及展教活动的室内展厅总面积不少于400平方米 （2）社会科学普及配套设施、设备形式多样，包括展品、展板、说明牌等基本展教设施，以及多媒体、数字化、互动体验类展教设备等，并根据社会科学发展前沿和社会民生热点定期更新扩展内容

第二章　新疆社会科学普及基地认定与评估研究

续表

相应条件	教育研发类科普基地	文化场馆类科普基地	媒体传播类科普基地	民族乡村文化类科普基地	其他类基地
科普服务	（1）定期向社会和公众开放本单位社会科学资源，能够提供团队预约社会科学普及服务（包括外出服务），全年开放时间不少于200天 （2）积极开展社会科学普及理论研究，及时做好社会科学前沿理论成果的转化工作，大力传播科学理论、科学知识、科学理念和科学方法。每年开展3次以上重大社会科学普及活动。每年在市级以上媒体宣传报道社会科学普及工作信息2次以上 （3）利用本单位特色优质社会科学资源，开发形式多样的高质量科普图文、视频、书籍、课程等原创社会科学普及产品，并利用各种媒体渠道进行传播推广 （4）以本单位优势学科（学术）资源和专家资源为基础，每年举办或承接社会科学普及论坛、讲座、研学、社会实践等活动不少于5次，并在社会科学普及宣传周活动期间提供相关社会科学普及公共服务	（1）常年对社会和公众开放，全年开放时间不少于200天 （2）每年在地市级以上媒体宣传报道社会科学普及工作信息3次以上 （3）针对年度主题宣讲、社会民生热点问题，每年组织社会科学普及讲坛、讲座、展演等活动不少于5次 （4）以场馆特色社会科学普及资源为基础，每年举办或承接青少年展览、研学和社会实践等社会科学普及活动不少于3次 （5）建有专门的社会科学普及教育网站，网站内容应做到及时更新，每月更新2~5篇文稿或图片。通过各种媒介持续传播社会科学普及图文、视频、书籍、课程、展教器具等，拥有一批质量高、传播广的优质原创社会科学普及资源，充分利用新技术新手段提供互动讲解或线上虚拟展示等服务	（1）定期向社会和公众开放本单位社会科学资源，能够提供团队预约社会科学普及服务（包括外出服务），全年开放时间不少于200天 （2）以本单位优势社会科学普及资源和专业团队为基础，策划、开办优质广播、电视、网络媒体和出版物的社科普及专栏，并利用各类媒体渠道进行传播推广 （3）面向社会和公众积极开展社会科学知识普及，培养社会公众科学精神，提升社会公众的社会科学素质，并在社会科学普及宣传周活动期间提供相关配套服务 （4）常态化开展社会科学普及宣传相关工作，业务量不少于本单位业务工作的10%	年开放天数达到200天	（1）常年对社会和公众开放，全年开放时间不少于200天 （2）定期开展进街道、进社区、进校园、进乡村等"走出去"的社会科学普及活动。每年在地市级以上媒体宣传报道社会科学普及工作信息3次以上 （3）针对年度主题宣讲、社会民生热点问题，每年组织社会科学普及讲坛、讲座、展演等活动不少于5次 （4）以场馆特色社会科学普及资源为基础，每年举办或承接青少年展览、研学和社会实践等社会科学普及活动不少于5次 （5）建有专门的社会科学普及教育网站，网站内容应做到及时更新，每月更新2~4篇文稿或图片。通过各种媒介持续传播社会科学普及图文、视频、书籍、课程、展教器具等，拥有一批质量高、传播广的优质原创社会科学普及资源，充分利用新技术新手段提供互动讲解或线上虚拟展示等服务

续表

相应条件	教育研发类科普基地	文化场馆类科普基地	媒体传播类科普基地	民族乡村文化类科普基地	其他类基地
人员保障	(1) 有明确的社会科学普及工作联络人或负责人，具有一支能够参与基地相关社会科学普及活动的专家队伍 (2) 具备一支热心社会科学普及公益服务、素质较高、相对稳定的志愿者队伍 (3) 每年开展专兼职社会科学普及人员业务交流或培训活动不少于1次	(1) 有明确的社会科学普及工作联络人或负责人，具有一支能够开展经常性社会科学普及服务的专职工作人员队伍。具有一支能够参与基地相关社会科学普及活动的专家队伍 (2) 配备稳定讲解员队伍，并具备一支热心社会科学普及公益服务、素质较高、相对稳定的志愿者队伍 (3) 专职工作者开展社会科学普及业务培训每年不少于2次，兼职工作人员业务交流或培训活动不少于1次	(1) 中层以上干部担任基地负责人 (2) 有明确的社会科学普及工作联络人或负责人，具有一支能够参与基地相关社会科学普及活动的专家队伍 (3) 有专门从事科普内容策划、制作、编辑等工作的团队 (4) 每季度开展社会科学普及人员策划、业务交流活动不少于1次	(1) 中层以上干部担任基地负责人 (2) 有专兼职科普人员队伍 (3) 每年开展社会科学普及人员活动策划、业务交流活动不少于3次	(1) 有明确的社会科学普及工作联络人或负责人，具有一支能够开展经常性社会科学普及服务的专职工作人员队伍 (2) 具备一支热心社会科学普及公益服务、素质较高、相对稳定的志愿者队伍 (3) 每季度开展社会科学普及人员策划、业务交流活动不少于1次

3. 新疆社会科学普及基地认定的过程

新疆社会科学普及基地的认定过程首先需要解决"谁来认定""谁被认定""如何认定"三大问题。

"谁来认定"，即认定的主体。根据《新疆维吾尔自治区社会科学普及基地条例》规定，首先，推荐单位或个人应向相关机构或组织提交推荐材料。推荐材料通常包括基地的基本情况、工作业绩、特色优势、人员构成、经费投入等信息。其次，相关机构或组织对提交的推荐材料进行初审，筛选出符合认定条件的基地。初审的主要目的是确保推荐的基地具备开展社会科学普及工作的基础和条件，具有一定的社会影响力和专业性。然后，通过初审的基地将被列入公示名单，向社会公示7个工作日。公示期间，任何单位或个人都可以对公示对象存在的问题提出异议。最后，公示期满且无异议的基地,由新疆维吾尔自治区社会科学界联合会正式命名为"新疆维吾尔自治区社会科学普及基地",并向社会公布。

"谁被认定",即认定的客体。新疆维吾尔自治区社会科学普及基地认定自2015年启动以来,自治区各级文化场所、历史文化景区、教育场所、社会科学研究机构等能开展公益性、群众性社会科学普及活动的重要场所,均可申请认定为自治区社会科学普及基地。

"如何认定",即认定的方法。本书中上文所设计的社会科学普及基地认定标准即为认定的方法,对于提交申请的各基地,首先满足基本条件后,再根据不同类型进行不同标准的认定。各申请单位需要按标准提交相应材料等证明。

综上所述,为贯彻落实《中华人民共和国社会科学普及法》和《新疆维吾尔自治区社会科学普及条例》的要求,新疆社会科学普及基地认定的过程如下。

第一,申报单位根据申报条件和要求,详细填写《新疆维吾尔自治区社会科学普及基地申报表》,交给自治区社科联。

第二,自治区社科联将组织专家通过现场考察、随机抽查等方式对申报单位进行评审。评审通过后,给予授牌。

第三节　新疆社会科学普及基地评估研究

社会科学普及工作是提升人民科学素质、建设文明和谐社会的重要基础。社会科学普及基地作为传播社会科学知识的基本渠道之一,其功能就是促使社会科学走向公众,增进公众对社会发展趋势的了解,获得公众对党工作的支持,从而提高其人文素养,为美丽新疆的发展营造良好的社会氛围。作为培养民众科学素养的重要途径,对社会科学普及基地绩效进行全面评价梳理势在必行。新疆自2016年来授牌社会科学普及基地130余家,为提高新疆社会科学普及工作效率,提高社会科学普及活动质量,现制定新疆社会科学普及基地评估体系。

一　新疆社会科学普及基地评估基本概况

新疆社会科学普及基地实行自建为主、自主运行的开放管理模式,每三年进行一次复评，通过复评的社会科学普及基地取得继续挂牌资格，对于没有通过复评的社会科学普及基地，对其进行摘牌处理。对于新疆社会科学普及基地的评估主要由地州市社科联和自治区社科联负责。有关地州市社科联应至少每季度与本地区社会科学普及基地联系一次，掌握其动态信息，督促其建立社会科学普及活动台账及相关图文资料的档案，做好年度计划和总结。自治区社科联可根据需要适时组织有关领导和专家开展专题调研考察和座谈交流，了解社会科学普及基地建设和工作情况。通过地州市社科联和自治区社科联的调研和督促，对新疆各社会科学普及基地进行评估。

　　新疆社会科学普及基地的评估工作尚处于起步阶段，目前来说其发展仍旧面临着一些困境。第一，新疆社会科学普及基地缺乏系统完备的评估机制。新疆社会科学普及基地没有形成系统的评估机制，对于各个基地的各项指标及其评价标准没有作出明确规定，在现有的社会科学普及基地管理办法里只提到了认定合格就颁发牌匾，认定不合格就不颁发，以及每三年进行复审的要求，但并未对评估结果做细密的划分，也没有做好相应等级的激励与惩戒措施。大部分情况下基地依赖自我评估，缺乏常态化的监管机制，从而影响社会科学普及基地的可持续发展。第二，自治区社科联对于社会科学普及基地的重视度有待提高。目前，自治区社科联对于社会科学普及基地的认定较为重视，但是在认定完成之后，对于基地的后续发展的重视程度略低，过于强调基地的自主运行，缺乏对基地的常态化管理，容易出现后期发展劲头不足的困境。第三，新疆社会科学普及基地的评估流程有待完善。目前，新疆社会科学普及基地实行的是动态评估模式，每三年对基地进行复评，对于未通过复评的基地予以撤牌处理。然而，这一评估流程缺乏对领导和专家考察时间的明确规定，没有实现基地自评、管理部门评估、专家评估的有机统一，以及实地评估和会议集中评审的有机统一，从而导致评估结果不够科学。

二　我国其他省份社会科学普及基地的评估及管理办法

　　湖北省、海南省和广东省结合自身发展状况和经济条件创建了比较完整的评价标准体系。湖北省与海南省在采用大众化的评价标准的基础上，加入了符合其实际的内容。而广东省与其他省份多采取的横向比较不同，广东省开创纵向比较体系将分类标准分为四个层级，分别为孵化型基地、提升型基地、标准基地和示范基地，对于各基地的评估与褒奖标准也有所区别，这对新疆社会科学普及评价体系的构建极具借鉴价值。

（一）湖北省社会科学普及基地评估及管理办法

湖北省在社会科学普及基地的评估及管理办法方面较为成熟，形成了相对完善的社会科学普及基地综合评估和考核指标体系。湖北省将社会科学普及基地的评估标准划分为三个维度，即组织管理、科普活动、制度建设，并且根据这三个维度分门别类地设计了社会科学普及基地的具体评估标准（见表2-13）。在组织管理这一标准下，湖北省明确要求社会科学普及基地有独立的办公地点、工作专班，具体工作有专人负责；要求具有完善的管理和发展制度，基地工作台账清晰，统计数据完整，清晰反映社会科学普及工作情况；年度社会科学普及工作计划及重点活动方案目标明确、内容具体、措施有力；基地有社会科学普及配套经费。在科普活动这一标准下，湖北省明确要求各基地每年自主开展的社会科学普及活动场次、受众、接待人次、对受众群体的优惠或免费开放时间等内容，要有文化特色，形式新颖，形成独立品牌。在制度建设方面，湖北省要求各基地应建设社会科学普及子阵地，促进基地内外社会科学普及交流，资源共享；基地活动每年要获得市级以上的媒体宣传报道；社会科学普及活动应获得市级以上表彰表扬以及奖项。

表2-13　湖北省社会科学普及基地评估标准

标准	具体评估标准
组织管理	1. 有独立的办公地点、工作专班，具体工作有专人负责；有分管领导；社会科学普及场地面积300~500平方米，社会科学普及设施完善 2. 基地管理和发展制度完善；经费管理、社会科学普及服务、活动组织和应急管理等制度落实到位 3. 基地工作台账清晰，社会科学普及工作有关文字、照片和音像等档案资料，各类新闻媒体报道，领导批示以及所接待公众对象、时间、人数等统计数据完整 4. 年度社会科学普及工作计划及重点活动方案目标明确、内容具体、措施有力；年初向省、所在市州社科联报送本年度工作计划和方案，年底报送本年度社会科学普及工作总结 5. 基地有社会科学普及配套经费，省社科联基地资助经费全部用于社会科学普及工作和基地建设发展 6. 有社会科学普及专兼职人员2~3人，人员稳定；社会科学普及志愿者队伍大于200人；定期组织社会科学普及人员专业培训

续表

标准	具体评估标准
科普活动	1. 每年自主开展的社会科学普及活动 5~10 场，每场活动直接受众大于 200 人 2. 每年对主要受众群体实行优惠或免费开放的时间 > 50 天；全省社会科学普及周期间提前预告时间和内容；每年服务受众人数 > 10000 人次 3. 举办展示地方文化特色，并具有广泛影响力的社会科学普及活动；开展社会科学普及活动的载体、形式、手段新颖，具有多样化；形成独立的社会科学普及活动品牌
制度建设	1. 建设有社会科学普及子阵地，能利用新媒体积极宣传推广基地社会科学普及活动；基地内外社会科学普及交流、合作和资源共享度高；基地活动每年获市级以上媒体宣传报道，影响力大 2. 社会科学普及工作品牌、活动获得市级以上表彰、奖励或市级领导表扬批示；当年度获全国社会科学普及经验交流会有关奖项的

（二）海南省社会科学普及基地评估及管理办法

海南的相关考核指标主要分为五个方面，分别是组织领导、阵地建设、科普活动、管理制度和社会效益。组织领导主要包括有明确的领导分工、有相对固定的专（兼）职人员组成的工作队伍和专项经费。阵地建设主要包括有配套设施器材，有固定的、向社会公众开放的，且面积不小于 200 平方米的社会科学普及活动场所，有丰富的社会科学普及资料等。科普活动主要包括要有形式新颖、内容丰富的社会科学普及活动，要积极参加省、市社科联组织的会议和社会科学普及活动等，要发行读物及宣传手册，要建立社会科学普及工作档案和积极发展与培训社会科学普及志愿者队伍。管理制度主要包括要有完善的激励机制、良好的内生机制和活动具体内容与时间、优惠政策等。社会效益主要包括社会科学普及活动获本级以上有关部门的奖励、得到本级以上新闻媒体报道、具有推广与示范价值，以及有促进人的素质素养提高提升的典型案例（见表 2-14）。

表 2-14 海南社会科学普及基地评估标准

标准	具体评估标准
组织领导	1. 有明确的领导分工，有专门机构和人员，有年度社会科学普及工作计划和工作总结 2. 每年设立或筹措专项经费用于社会科学普及活动 3. 拥有一支由相对固定的专（兼）职人员（社会科学普及志愿者、社会科学普及工作积极分子等）组成的社会科学普及工作队伍

续表

标准	具体评估标准
阵地建设	1. 有固定的、向社会公众开放的，且面积不小于200平方米的社会科学普及活动场所，并配备相应的教学设施和器材；有一定数量的社会科学普及刊物和图书资料等 2. 开办社会科学普及学校（学堂、讲坛、讲座、网站等） 3. 编发社会科学普及类报刊或广电节目（包括在报刊内开设社会科学普及专栏，在综合网站开设社会科学普及栏目），或开辟社会科学普及宣传橱窗、展板、黑板报，或提供便于公众阅读和索取的文字、图片资料、小册子等 4. 积极利用新媒体、自媒体开展社会科学普及工作
科普活动	1. 经常开展形式新颖、内容丰富的社会科学普及活动（包括报告、讲座、咨询、培训、展览、知识竞赛、社会科学下基层等） 2. 积极参加省、市社科联组织的会议和社会科学普及活动（如社会科学普及月等） 3. 编有社会科学普及类读物或宣传手册、挂图、录音录像等文字、影像资料，且内容更新及时；并建立社会科学普及工作档案（每次社会科学普及活动有文字记载和照片或录影资料） 4. 有计划地开展专、兼职社会科学普及工作人员业务培训，积极发展社会科学普及志愿者队伍
管理制度	1. 有社会科学普及基地管理制度或办法 2. 有比较完善的激励机制，将社会科学普及工作纳入单位的考核、评比范围 3. 有良好的内生机制（如借助外力、社会科学普及产品。有经济收入能形成良性循环等） 4. 定期向社会公布活动时间和活动内容；重大活动、节假日期间实行门票优惠或免费（每年开放天数不少于60天，年接待人数不少于3000人次）
社会效益	1. 社会科学普及活动获本级以上有关部门的奖励（省级以上5分；市级3分；县级2分） 2. 社会科学普及活动得到本级以上新闻媒体报道 3. 社会科学普及工作富有特色、成绩显著，其经验有示范和推广作用 4. 有促进人的素质素养提高的典型案例

资料来源：《关于开展2022年"海南省社会科学普及示范基地"申报命名工作的通知》。

（三）广东省社会科学普及基地评估及管理办法

不同于湖北、海南的评估办法，广东考核指标体系采用的是新颖的层级考核体系，主要根据基地的法律资格、工作计划、管理制度、工作方案、场所配置、经费预算、人员要求以及一些其他标准将社会科学普及基地级别由低到高分为孵化型基地、提升型基地、标准基地和示范基地，以逐级递进的方式严格规定各个等级社会科学普及基地的评估标准。这种体系可以帮助评估方更好地了解每个基地的工作情况和表现，从而将资源分配到最需要的地方。同时，它也可以帮助基地更好地发掘和利用人员的潜力和能力，从而提高整个基地的运转效率（见表2-15）。

表 2-15 广东各类型社会科学普及基地评估标准

孵化型基地	提升型基地	标准基地	示范基地
1. 法律资格：申报单位或机构具有法人资格，或者虽不具有法人资格，但是可以自己的名义进行民事活动的单位或机构，重视社会科学普及工作，能自主开展社会科学普及活动。 2. 工作计划、管理制度、工作方案：有社会科学普及工作计划、有健全的社会科学普及工作管理制度和年度工作方案。 3. 场所配置：社会科学普及活动场所总面积 100 平方米以上，其中用于开展社会科学普及活动的场所面积不少于 50 平方米，参与社会科学普及活动的电脑、投影等社会科学普及设备设施 1 套以上，相关社会科学普及资料等 100 册（件）以上。 4. 经费预算：列入本单位或机构的专项经费预算，用于社会科学普及专项经费不少于 1 万元/年。 5. 人员要求：有 1 名以上相对固定的负责社会科学普及的专职或兼职工作人员。 6. 上级领导：接受社科联、县社科联和各级社科联配合各级社科联开展社会科学普及工作指导，积极配合各级社科联开展社会科学普及工作。 7. 成为孵化型基地建设与管理条件。	1. 法律资格：申报单位或机构具有法人资格，或者虽不具有法人资格，但是可以自己的名义进行民事活动的单位或机构，重视社会科学普及工作，能自主开展社会科学普及活动。 2. 有长远的社会科学普及规划，将社会科学普及工作列入年度工作计划方案。 3. 开展社会科学普及工作 1 年以上，每年面向公众开展社会科学普及活动（不含博物馆、纪念馆等的常规展陈）不少于 6 场，在当地具有一定的影响力。 4. 社会科学普及活动场所总面积 200 平方米以上，其中用于开展社会科学普及讲座、交流、体验等的场所面积不少于 100 平方米，配备用于社会科学普及活动设施 1 套以上，相关社会科学普及资料等 300 册（件）以上。 5. 列入本单位或机构的专项经费预算，用于社会科学普及专项经费不少于 3 万元/年。 6. 有 1 名以上相对固定的负责社会科学普及的工作人员，有 3 名以上专家，不少于 3 人的专业人才。 7. 有一支相对稳定、不少于 5 人的社会科学志愿服务队伍。 8. 接受省社科联、各级社科联配合各级社科联开展社会科学普及工作指导，积极配合各级社科联开展社会科学普及工作。 9. 成为提升型基地建设与管理条件。	1. 法律资格：申报单位或机构具有法人资格，或者虽不具有法人资格，但是可以自己的名义进行民事活动的单位或机构，重视社会科学普及工作，能自主开展社会科学普及活动。 2. 有长远的社会科学普及规划，将社会科学普及工作列入年度工作计划方案。 3. 开展社会科学普及工作 3 年以上，每年面向公众开展社会科学普及活动（不含博物馆、纪念馆等的常规展陈）不少于 12 场，具有较强品牌影响力。 4. 社会科学普及活动场所总面积 300 平方米以上，其中用于开展社会科学普及讲座、交流、体验公众参与的场所面积不少于 100 平方米，配备用于社会科学普及活动设施 2 套以上，相关社会科学普及资料等 500 册（件）以上。 5. 列入本单位或机构的专项经费预算，用于社会科学普及专项经费不少于人民币 5 万元/年。 6. 有 1 名以上相对固定的负责社会科学普及的人员，有 5 名以上相对稳定的专家或兼职社会科学专家，不少于 5 人的社会科学普及专家（专业人才）。 7. 有一支相对稳定、不少于 5 人的社会科学志愿服务队伍。 8. 接受省社科联、积极配合各级社科联开展业务工作指导，积极配合各级社科联开展社会科学普及工作。 9. 成为标准基地的其他条件。	1. 法律资格：申报单位或机构具有法人资格，或者虽不具有法人资格，但是可以自己的名义进行民事活动的单位或机构，重视社会科学普及工作，能自主开展社会科学普及活动，已较地级以上市社科联认定为社会科学普及基地。 2. 有健全的社会科学普及规划和年度工作管理制度方案。 3. 开展社会科学普及工作 5 年以上，每年面向公众开展社会科学普及活动（不含博物馆、纪念馆等的常规展陈）不少于 24 场，具有显著的品牌影响力。 4. 社会科学普及活动场所总面积 500 平方米以上，其中用于开展社会科学普及讲座、交流、体验馆等公众参与的场所面积不少于 150 平方米，配备用于社会科学普及活动设施 3 套以上的电脑、投影等设备设施 3 套以上，相关社会科学普及资料等 1000 册以上。 5. 列入本单位或机构年度专项经费预算且每年用于社会科学普及专项经费不少于人民币 10 万元/年。 6. 设立于行政村的基地有 1 名、其他基地有 2 名以上相对固定的业务工作人员，有 10 名以上相对稳定的专职或兼职社会科学普及人员，有 10 名以上相对稳定的专职或兼职社会科学普及专家（专业人才）。 7. 有一支工作志愿、不少于 10 人的社会科学普及志愿服务队伍。 8. 接受省社科联指导，积极配合各级社科联开展社会科学普及工作。 9. 成为示范基地的其他条件。

资料来源：《广东省社会科学普及基地建设与管理办法》。

三 对新疆社会科学普及基地评估及管理办法的启示

(一)提高对新疆社会科学普及基地的全局性认识,重视评估基础支撑条件

社会科学普及基地作为政府与公众沟通交流的重要平台,是社会科学普及的重要展现形式。如果把社会科学普及基地评估的中间流程假设为难以测评的"黑箱",那么可以从易于量化的"结果"着手进行考核,并将此项考核视为整个流程运转的绩效。我国在评估社会科学普及基地时,往往在实施过程中强调对社会科学普及基地建设的全局性和"政务"的实质性把握,例如天津市在评估中重视评估指标对社会科学普及基地考察的全局性,设置硬件设施和软件设施两项评估指标。基础设施的技术指标是社会科学普及基地建设的保障和后台支撑,硬件与软件相结合的综合指标体系能够弥补单维度考察的片面性,比较全面地展示社会科学普及基地各方面的状况。

当然也不能将基础设施建设的好坏简单等同于社会科学普及基地建设水平的高低,应该建立一个全方位、综合性的社会科学普及基地评估指标体系,多维度来考察社会科学普及基地的建设状况,以此促使新疆社会科学普及基地建设朝着科学、全面、有效的方向发展。

(二)阶段性划分新疆社会科学普及基地发展层次,确保评估指标的稳定性

广东省将社会科学普及基地评估体系划分为孵化型基地、提升型基地、标准基地、示范基地四个维度,通过对社会科学普及基地的发展阶段的划分,把全省不同层次的社会科学普及基地纳入到同一个评估基准之中,既科学合理,又具有前瞻性,同时保证了评估指标的稳定性,不因发展环境的变化而变动。由于新疆各地区经济的发展程度不同,社会科学普及资源类别也有所差异,所以为了确保评估指标的稳定性,对不同层次的社会科学普及基地发展现状应进行统一的科学有效的评估,需要根据新疆实际情况对社会科学普及基地发展水平进行阶段标准划分,以此进行更加科学、全面的社会科学普及基地评估。

（三）坚持以人民为中心，注意对社会科学普及成效以及公众满意度的评估

社会科学普及基地通过易于理解、接受和参与的方式，向社会公众传播社会科学理论知识、倡导科学思想、传承人类文明、弘扬人文精神，是社会主义文化繁荣发展的前沿阵地。近年来，各社会科学普及基地依托自有资源，充分发挥基地在开展社会教育、提供文化服务、传播科学知识等方面的作用，积极探索社会科学普及基地建设和管理工作经验，多形式、多渠道开展具有时代感、群众性的社会科学普及活动，不断提高社会科学普及覆盖面和影响力，为提升广大市民社会科学素养作出了积极的贡献。

面向基层、服务群众，坚持开展以人民为中心的社会科学普及工作。这既是社会科学普及工作的价值导向，也是增进民生幸福、实现人的全面发展的重要手段。新疆维吾尔自治区社会科学普及基地应主动响应、积极回应人民群众日益增长的文化需求，以民生社会科学为主要切入点，以深入基层一线为主要途径，切实扩大社会科学普及公共服务产品的有效供给，举办一些文化惠民志愿宣传活动，不断增强人民群众的获得感，真正把社会科学普及工作做到群众身边、做进群众心里，真正做群众身边的社会科学普及贴心人。

（四）抓住地方文化特色，是新疆社会科学普及基地开展工作的不竭动力

新疆维吾尔自治区历史文化底蕴深厚，文化资源丰富多彩，具有浓重的地方特色。新疆可以通过社会科学普及基地这一重要载体、社会科学普及活动这一重要形式充分发挥地方特色文化的优势，围绕中华优秀传统文化、革命文化、社会主义先进文化，同新疆优秀的地域文化和民族文化相结合，构建具有新疆特色的社会科学普及体系，深入推进"文化润疆"工程，铸牢中华民族共同体意识。新疆各地区的社会科学普及基地在工作过程中，应当深入发掘不同民族的优秀文化，融入不同民族的历史资源文化要素，采用群众喜闻乐见的方式，联合各方教化力量，吸引群众广泛参与，促进各民族和谐共处、相互了解、共同繁荣。

四 新疆社会科学普及基地评估指标体系的设计

（一）新疆社会科学普及基地纵向评估指标的设计

新疆社会科学普及基地纵向评估指标有利于加强社会科学普及基地工作，提升公众科学素质，规范基地管理，促进社会进步。基于新疆社会科学普及基地的基本特征，本书从社会科学知识传播的特点出发，参照自然科学普及绩效指标框架，按照社会科学普及绩效指标体系构建原则，分别从基地建设规划、政策环境建设、人才队伍建设、普及活动开展等方面，设计了二级指标体系进而制定了以下评估指标，并且根据评估指标设计了具体评估内容。

在评估指标设计上，根据新疆社会科学普及基地的不同类型，将其具体划分为教育研发类、文化场馆类、民族乡村文化类、媒体传播类和其他类这五个类型，主要针对这五个类型的社会科学普及基地的基地建设规划、政策环境建设、人才队伍建设、普及活动开展、社会普及成效5个一级指标进行考察（见表2-16）。

1. 一级指标

根据自治区印发的《自治区科普工作绩效考核评价表》，将一级指标划分为政策环境建设、基地建设规划、人才队伍建设、普及活动开展、社会普及成效5个方面。这五个方面既符合现有自治区社会科学普及考核的政策文本，也包含了社会科学普及基地从规划到使用再到作出成效这一全过程，能够较为全面地对社会科学普及基地进行考核评估。其中政策环境建设主要反映新疆维吾尔自治区领导重视与精力投入的情况；基地建设规划主要反映在社会科学普及工作开展的过程中规划与管理的情况；人才队伍建设主要反映的是在财政资金的支持下自治区社会科学普及工作计划任务的完成情况和业务发展情况；普及活动开展主要反映的是自治区社会科学普及工作的成果与业务发展情况；社会普及成效主要反映的是财政资金投入自治区社会科学普及工作所取得的成效。

2. 二级指标

在评估指标具体内容的设计上，基于基地建设规划、政策环境建设、人才队伍建设、普及活动开展和社会普及成效这5个一级指标，在不同类型的社会科学普及基地下又设立了总体规划、科普场馆数量、经费使用效率、激励机制等24个二级指标，进一步完善评估体系，确保新疆社会科学普及基地评估指标体系的合理性和科学性。

在基地建设规划指标下，共设立了总体规划、科普场馆数量、经费使用效率、激励机制、资金投入5个二级指标。总体规划是社会科学普及基地建设发展的核心，每一个社会科学普及基地都需要合适且长远的总体规划，为日后社会科学普及基地的发展与建设树立清晰的方向；科普场馆数量能够较为直观地反映社会科学普及基地的规模，同时也可以扩大社会科学普及基地的受众范围，进一步提高社会科学普及基地的影响力；经费使用效率能够反映自治区社会科学普及基地工作的运转成本，为以后的社会科学普及基地经费使用提供参考；激励机制是促进社会科学普及基地工作开展、提高社会科学普及基地工作效率的重要手段，同时也可作为对于一些工作不到位、态度敷衍的社会科学普及基地的惩罚手段；资金投入可以为自治区社会科学普及基地建设提供基本的生存保障和物质环境。

在政策环境建设这一指标下设立了联席会议制度、领导重视程度、工作计划、管理制度4个二级指标。其中自治区社会科学普及基地联席会议制度能够通过召开联席会议的形式，加强各个部门之间的联系与沟通，相互学习借鉴经验，研究探索新经验、新方法，能够为自治区社会科学普及基地的建设提供良好的政策环境；领导重视程度对自治区社会科学普及基地建设具有重要作用，领导的重视可以很好地提高所属部门的积极性，也可以提高群众对于社会科学普及的重视程度，扩大社会科学普及基地的影响力；工作计划是短期内基地的工作方向，是根据总体规划而制订的阶段性计划，可以根据前一阶段工作结果调整后期工作部署，意义重大；管理制度为自治区社会科学普及基地的建设提供了制度保障，有助于规范自治区社会科学普及基地的运行情况，提高基地建设质量。

在人才队伍建设指标下，共设立了专业人才队伍、志愿者队伍、对外联系、组织机构和人员培训5个二级指标。其中专业人才队伍是指有相对稳定的专职或者兼职社会科学普及专家，可以为社会科学普及基地的建设和发展提供专业指导；志愿者队伍可以扩大社会科学普及基地的人才来源，为社会科学普及活动的开展提供支持，如场地布置、知识讲解、路线引导等志愿工作；对外联系即与相关单位（当地社区、乡村、学校、机关、企事业单位、社会团体、媒体等）保持密切联系，取得它们对社会科学普及工作的积极支持；组织机构的完善使社会科学普及层级更加合理，分工明确，更科学地安排人员工作；人员培训可以提高社会科学普及基地人员的质量和科普素养，提高人才队伍的建设水平，为社会科学普及工作提供更加强大的人才支撑。

在普及活动开展指标下，共设立了活动形式内容、社会科学普及媒体、社会科学普及周活动、接待人数4个二级指标。活动形式内容包括知识培训、讲座报告、竞赛、宣讲及宣传教育等，社会科学普及活动内容是否丰富、活动形式是否新颖，在很大程度上决定了社会科学普及基地工作的成效；社会科学普及媒体既包括传统媒体（电视、广播、报纸、期刊），也包括新媒体、互联网等，传统媒体和新媒体的共同使用能够更好地扩大社会科学普及基地的受众范围，更好地迎合当代人的喜好，有利于提高社会科学普及的效率；社会科学普及周活动是社会科学普及活动开展的重要形式；接待人数是社会科学普及活动的重要组成部分，社会科学普及活动受益人口占本级人口比重能较为直观地反映社会科学普及活动的开展规模。

在社会普及成效这一指标下，共设立了群众满意度、活动数量、科普荣誉、科普资料、开放机制5个二级指标。科普活动成效是评价社会科学普及基地工作成效的重要指标。其中活动数量、科普荣誉、科普资料能够较为直观地反映社会科学普及基地的建设成效；开放机制主要指的是开放方式、开放时长和开放对象，能够反映社会科学普及基地运行的现实成效。社会科学普及基地建设的根本目的就是服务群众，因此群众满意程度是社会科学普及基地成效如何的重要标志（见表2-17）。

表2-16　新疆社会科学普及基地评估指标体系（按指标类别分类）

一级指标	基地建设规划	政策环境建设	人才队伍建设	普及活动开展	社会普及成效
二级指标	总体规划 科普场馆数量 经费使用效率 激励机制 资金投入	联席会议制度 领导重视程度 工作计划 管理制度	专业人才队伍 志愿者队伍 对外联系 组织机构 人员培训	活动形式内容 社会科学普及媒体 社会科学普及周活动 接待人数	群众满意度 活动数量 科普荣誉 科普资料 开放机制

表 2-17 新疆社会科学普及基地评估指标体系（按不同基地类别划分不同指标）

类别标准	教育研发类	文化场馆类	民族乡村文化类	媒体传播类	其他类
基地建设规划	1. 社会科学普及总体规划工作计划 2. 社会科学普及场馆（场所）数量 3. 社会科学普及经费使用效率 4. 完善的激励机制，将社会科学普及工作纳入单位的考核、评比范围 5. 结合社会科学普及实际工作进行理论研讨与探讨	1. 社会科学普及总体规划工作计划 2. 社会科学普及场馆（场所）数量 3. 社会科学普及经费使用效率 4. 完善社会科学普及内容营销策略 5. 完善的激励机制，将社会科学普及工作纳入单位的考核、评比范围 6. 结合社会科学普及实际工作进行理论研讨与探讨	1. 社会科学普及总体规划工作计划 2. 社会科学普及场馆（场所）数量 3. 社会科学普及经费使用效率 4. 社会科学普及内容营销策略 5. 完善的激励机制，将社会科学普及工作纳入单位的考核、评比范围 6. 结合社会科学普及实际工作进行理论研讨与探讨	1. 社会科学普及总体规划工作计划 2. 社会科学普及场馆（场所）数量 3. 社会科学普及经费使用效率 4. 完善的激励机制，将社会科学普及工作纳入单位的考核、评比范围 5. 结合社会科学普及实际工作进行理论研讨与探讨	1. 社会科学普及总体规划工作计划 2. 社会科学普及场馆（场所）数量 3. 社会科学普及经费使用效率 4. 社会科学普及内容营销策略 5. 完善的激励机制，将社会科学普及工作纳入单位的考核、评比范围 6. 结合社会科学普及实际工作进行理论研讨与探讨
政策环境建设	1. 建立本级社会科学普及工作联席会议制度并发挥作用 2. 单位所在地的市县分管领导每年听取汇报和研究部署社会科学普及工作，积极支持和参与各类社会科学普及活动 3. 单位重视社会科学普及工作，有社会科学普及工作分工，明确领导工作计划，把社会科学普及工作纳入单位工作的总体规划，统一部署 4. 社会科学普及经费情况（列入本单位或机构年度经费预算，用于社会科学普及的专项经费不少于3万元/年） 5. 专项社会科学普及年度计划及工作计划 6. 社会科学普及相关管理办法和工作制度	1. 建立本级社会科学普及工作联席会议制度并发挥作用 2. 单位所在地的市县分管领导每年听取汇报和研究部署社会科学普及工作，积极支持和参与各类社会科学普及活动 3. 单位重视社会科学普及工作，有社会科学普及工作分工，明确领导工作计划，把社会科学普及工作纳入单位工作的总体规划，统一部署 4. 社会科学普及经费情况（列入本单位或机构年度经费预算，用于社会科学普及的专项经费不少于3万元/年） 5. 专项社会科学普及年度计划及工作计划 6. 社会科学普及相关管理办法和工作制度	1. 建立本级社会科学普及工作联席会议制度并发挥作用 2. 单位所在地的市县分管领导每年听取汇报和研究部署社会科学普及工作，积极支持和参与各类社会科学普及活动 3. 单位重视社会科学普及工作，有社会科学普及工作分工，明确领导工作计划，把社会科学普及工作纳入单位工作的总体规划，统一部署 4. 社会科学普及经费情况（列入本单位或机构年度经费预算，用于社会科学普及的专项经费不少于1万元/年） 5. 专项社会科学普及年度计划及工作计划 6. 社会科学普及相关管理办法和工作制度	1. 建立本级社会科学普及工作联席会议制度并发挥作用 2. 单位所在地的市县分管领导每年听取汇报和研究部署社会科学普及工作，积极支持和参与各类社会科学普及活动 3. 单位重视社会科学普及工作，有社会科学普及工作分工，明确领导工作计划，把社会科学普及工作纳入单位工作的总体规划，统一部署 4. 社会科学普及经费情况（列入本单位或机构年度经费预算，用于社会科学普及的专项经费不少于3万元/年） 5. 专项社会科学普及年度计划及工作计划 6. 社会科学普及相关管理办法和工作制度	1. 建立本级社会科学普及工作联席会议制度并发挥作用 2. 单位所在地的市县分管领导每年听取汇报和研究部署社会科学普及工作，积极支持和参与各类社会科学普及活动 3. 单位重视社会科学普及工作，有社会科学普及工作分工，明确领导工作计划，把社会科学普及工作纳入单位工作的总体规划，统一部署 4. 社会科学普及经费情况（列入本单位或机构年度经费预算，用于社会科学普及的专项经费不少于3万元/年） 5. 专项社会科学普及年度计划及工作计划 6. 社会科学普及相关管理办法和工作制度

续表

类别标准	教育研发类	文化场馆类	民族乡村文化类	媒体传播类	其他类
人才队伍建设	1. 专业社会科学普及工作队伍（设立于行政村的基地有1名，其他基地有2名以上相对固定的工作人员，有10名以上相对稳定的专职或兼职社会科学普及专家）。2. 与相关单位（当地社区、乡村、学校、社会团体、媒体等）单位、机关、企事业保持密切联系，取得它们对社会科学普及工作的积极支持。3. 相关志愿者服务队伍（有一支相对稳定、不少于10人的社会科学普及工作志愿服务队伍）。4. 社会科普工作组织机构情况（各组织领导成员不得超过3人。组织机构完善，层级合理，分工明确）。5. 社会科普基地人才队伍建设，对科普基地管理人员培训等（培训活动每年不低于2次）。	1. 专业社会科学普及工作队伍（设立于行政村的基地有1名，其他基地有2名以上相对固定的工作人员，有10名以上相对稳定的专职或兼职社会科学普及专家）。2. 与相关单位（当地社区、乡村、学校、社会团体、媒体等）单位、机关、企事业保持密切联系，取得它们对社会科学普及工作的积极支持。3. 相关志愿者服务队伍（有一支相对稳定、不少于10人的社会科学普及工作志愿服务队伍）。4. 社会科普工作组织机构情况（各组织领导成员不得超过3人。组织机构完善，层级合理，分工明确）。5. 社会科普基地人才队伍建设，对科普基地管理人员培训等（培训活动每年不低于2次）。	1. 专业社会科学普及工作队伍（有1名以上相对固定的工作人员或2名兼职负责社会科学普及工作的人员，有10名以上相对稳定的专职或兼职社会科学普及专家）。2. 与相关单位（当地社区、乡村、学校、社会团体、媒体等）单位、机关、企事业保持密切联系，取得它们对社会科学普及工作的积极支持。3. 相关志愿者服务队伍（有一支相对稳定、不少于3人的社会科学普及工作志愿服务队伍）。4. 社会科普工作组织机构情况（各组织领导成员不得超过3人。组织机构完善，层级合理，分工明确）。5. 社会科普基地人才队伍建设，对科普基地管理人员培训等（培训活动每年不低于2次）。	1. 专业社会科学普及工作队伍（设立于行政村的基地有1名，其他基地有2名以上相对固定的工作人员，有10名以上相对稳定的专职或兼职社会科学普及专家）。2. 与相关单位（当地社区、乡村、学校、社会团体、媒体等）单位、机关、企事业保持密切联系，取得它们对社会科学普及工作的积极支持。3. 相关志愿者服务队伍（有一支相对稳定、不少于10人的社会科学普及工作志愿服务队伍）。4. 社会科普工作组织机构情况（各组织领导成员不得超过3人。组织机构完善，层级合理，分工明确）。5. 社会科普基地人才队伍建设，对科普基地管理人员培训等（培训活动每年不低于2次）。	1. 专业社会科学普及工作队伍（设立于行政村的基地有1名，其他基地有2名以上相对固定的工作人员，有10名以上相对稳定的专职或兼职社会科学普及专家）。2. 与相关单位（当地社区、乡村、学校、社会团体、媒体等）单位、机关、企事业保持密切联系，取得它们对社会科学普及工作的积极支持。3. 相关志愿者服务队伍（有一支相对稳定、不少于10人的社会科学普及工作志愿服务队伍）。4. 社会科普工作组织机构情况（各组织领导成员不得超过3人。组织机构完善，层级合理，分工明确）。5. 社会科普基地人才队伍建设，对科普基地管理人员培训等（培训活动每年不低于2次）。

续表

类别标准	教育研发类	文化场馆类	民族乡村文化类	媒体传播类	其他类
普及活动开展	1. 举办知识培训、讲座、报告、竞赛及宣传教育等社会科学普及活动，活动形式新颖、内容丰富 2. 建有社会科学普及类网站或栏目 3. 参加每年5月自治区社会科学普及周活动 4. 社会科学普及基地在互联网的运行情况 5. 社会科学普及受众（接待人数）（每年人数不少于2000人）	1. 举办知识培训、讲座、报告、竞赛及宣传教育等社会科学普及活动，活动形式新颖、内容丰富 2. 建有社会科学普及类网站或栏目 3. 参加每年5月自治区社会科学普及周活动 4. 社会科学普及基地在互联网的运行情况 5. 社会科学普及受众（接待人数）（每年人数不少于2000人）	1. 举办知识培训、讲座、报告、竞赛及宣传教育等社会科学普及活动，活动形式新颖、内容丰富 2. 建有社会科学普及类网站或栏目 3. 参加每年5月自治区社会科学普及周活动 4. 社会科学普及基地在互联网的运行情况 5. 社会科学普及受众（接待人数）（每年人数不少于2000人）	1. 举办知识培训、讲座、报告、竞赛及宣传教育等社会科学普及活动，活动形式新颖、内容丰富 2. 建有社会科学普及类网站或栏目 3. 参加每年5月自治区社会科学普及周活动 4. 社会科学普及基地在互联网的运行情况 5. 社会科学普及受众（接待人数）（每年人数不少于2000人）	1. 举办知识培训、讲座、报告、竞赛及宣传教育等社会科学普及活动，活动形式新颖、内容丰富 2. 建有社会科学普及类网站或栏目 3. 参加每年5月自治区社会科学普及周活动 4. 社会科学普及基地在互联网的运行情况 5. 社会科学普及受众（接待人数）（每年人数不少于2000人）
社会普及成效	1. 社会科学普及基地的社会影响力、公众满意度和认可度及其示范作用 2. 开展社会科学普及活动的数量（不含博物馆、纪念馆等的常规展陈）不少于6场 3. 所获社会科学普及荣誉 4. 开放方式、年开放时长和开放对象（年开放天数达到200天） 5. 编发社会科学普及类读物或宣传图文、挂图、音像资料（近三年内）	1. 社会科学普及基地的社会影响力、公众满意度和认可度及其示范作用 2. 开展社会科学普及活动的数量（不含博物馆、纪念馆等的常规展陈）不少于6场 3. 所获社会科学普及荣誉 4. 开放方式、年开放时长和开放对象（年开放天数达到250天）	1. 社会科学普及基地的社会影响力、公众满意度和认可度及其示范作用 2. 开展社会科学普及活动的数量（每年社会面向公开社会科学普及活动，不含博物馆、纪念馆等的常规展陈）不少于4场 3. 编发社会科学普及宣传图文、挂图、音像资料（近三年内） 4. 所获社会科学普及荣誉 5. 开放方式（年开放天数达到200天）	1. 社会科学普及基地的社会影响力、公众满意度和认可度及其示范作用 2. 开展社会科学普及活动的数量（每年社会面向公开社会科学普及活动，不含博物馆、纪念馆等的常规展陈）不少于6场 3. 编发社会科学普及读物或宣传图文、挂图、音像资料（近三年内） 4. 所获社会科学普及荣誉 5. 开放方式、开放时长和开放天数达到200天	1. 社会科学普及基地的社会影响力、公众满意度和认可度及其示范作用 2. 开展社会科学普及活动的数量（不含博物馆、纪念馆等的常规展陈）不少于6场 3. 编发社会科学普及读物或宣传手册、挂图、音像资料（近三年内） 4. 所获社会科学普及荣誉 5. 开放方式、开放时长和开放天数达到200天

（二）新疆社会科学普及基地横向评估指标的设计与选取

由于新疆维吾尔自治区地域辽阔，各地发展水平不均衡不充分，所以本书根据此情况制定出以下横向指标体系。新疆社会科学普及基地横向评估指标根据新疆社会科学普及基地的能力水平（社会科学普及基地在管理组织能力、基地建设规划、人才队伍建设、普及活动开展这4个领域的综合能力水平）由低到高划分为孵化型基地、提升型基地、标准基地、示范基地4个类型。将自治区社会科学普及基地类型根据评价结果划分为这4个类型，是因为这4个类型能够对社会科学普及基地的发展水平进行阶段划分，把不同层次的社会科学普及基地纳入到同一个评估基准之中，既科学合理，又具有前瞻性，也保证了评估指标的稳定性，不会因为发展环境的变化而变动（见表2-18）。

表2-18 新疆社会科学普及基地横向指标

标准	孵化型基地	提升型基地	标准基地	示范基地
管理组织能力	1. 申报单位或机构具有法人资格，或者虽不具有法人资格，但是可以自己的名义进行民事活动的单位或机构，重视社会科学普及工作，能自主开展社会科学普及活动 2. 接受区社科联、地州市社科联和县级社科联的业务工作指导，积极配合各级社科联开展社会科学普及工作	1. 申报单位或机构具有法人资格，或者虽不具有法人资格，但是可以自己的名义进行民事活动的单位或机构，重视社会科学普及工作，能自主开展社会科学普及活动 2. 接受区社科联、地州市社科联和县级社科联的业务工作指导，积极配合各级社科联开展社会科学普及工作	1. 申报单位或机构具有法人资格，或者虽不具有法人资格，但是可以自己的名义进行民事活动的单位或机构，重视社会科学普及工作，能自主开展社会科学普及活动 2. 接受区社科联、地州市社科联和县级社科联的业务工作指导，积极配合各级社科联开展社会科学普及工作	1. 申报单位或机构具有法人资格，或者虽不具有法人资格，但是可以自己的名义进行民事活动的单位或机构，重视社会科学普及工作，能自主开展社会科学普及活动 2. 接受区社科联、地州市社科联和县级社科联的业务工作指导，积极配合各级社科联开展社会科学普及工作

续表

标准	孵化型基地	提升型基地	标准基地	示范基地
基地建设规划	1. 有开展社会科学普及的工作计划，有社会科学普及工作管理制度和年度工作方案 2. 社会科学普及活动场所总面积100平方米以上，其中用于开展讲座、交流、体验等公众参与的场所面积不少于50平方米，配备用于社会科学普及活动的电脑、投影等设备设施1套以上，相关社会科学普及资料等100册（件）以上 3. 列入本单位或机构年度经费预算、用于社会科学普及的专项经费不少于1万元/年	1. 有开展社会科学普及的工作计划，有社会科学普及工作管理制度和年度工作方案 2. 社会科学普及活动场所总面积500平方米以上，其中用于开展讲座、交流、体验等公众参与的场所面积不少于100平方米，配备用于社会科学普及活动的电脑、投影等设备设施1套以上，相关社会科学普及资料等300册（件）以上 3. 列入本单位或机构年度经费预算、用于社会科学普及的专项经费不少于3万元/年	1. 有开展社会科学普及的工作计划，有社会科学普及工作管理制度和年度工作方案 2. 社会科学普及活动场所总面积1000平方米以上，其中用于开展讲座、交流、体验等公众参与的场所面积不少于100平方米，配备用于社会科学普及活动的电脑、投影等设备设施2套以上，相关社会科学普及资料等500册（件）以上 3. 列入本单位或机构年度经费预算、用于社会科学普及的专项经费不少于5万元/年	1. 有开展社会科学普及的工作计划，有社会科学普及工作管理制度和年度工作方案 2. 社会科学普及活动场所总面积2000平方米以上，其中用于开展讲座、交流、体验等公众参与的场所面积不少150平方米，配备用于社会科学普及活动的电脑、投影等设备设施3套以上，相关社会科学普及资料等1000册（件）以上 3. 列入本单位或机构年度经费预算、用于社会科学普及的专项经费不少于10万元/年
人才队伍建设	1. 有专业社会科学普及工作队伍（有1名以上相对稳定的负责社会科学普及的工作人员或2名以上相对稳定的专职或兼职社会科学普及专家） 2. 社会科学普及工作各组织领导人员不得超过3人，组织成员不低于10人。组织机构完善，层级合理，分工明确 3. 对社会科学普及基地管理人员培训活动每年不少于2次	1. 有专业社会科学普及工作队伍（设立于行政村的基地有1名、其他基地有2名以上相对稳定的负责社会科学普及的工作人员，有3名以上相对稳定的专职或兼职社会科学普及专家） 2. 有一支相对稳定、不少于3人的社会科普及工作志愿服务队伍 3. 社会科学普及工作各组织领导人员不得超过3人，组织成员不低于12人。组织机构完善，层级合理，分工明确 4. 对社会科学普及基地管理人员培训活动每年不少于3次	1. 有专业社会科学普及工作队伍（设立于行政村的基地有2名、其他基地有3名以上相对稳定的负责社会科学普及的工作人员，有5名以上相对稳定的专职或兼职社会科学普及专家） 2. 有一支相对稳定、不少于5人的社会科普及工作志愿服务队伍 3. 社会科学普及工作各组织领导人员不得超过3人，组织成员不低于12人。组织机构完善，层级合理，分工明确 4. 对社会科学普及基地管理人员培训活动每年不少于4次	1. 有专业社会科学普及工作队伍（设立于行政村的基地有3名、其他基地有5名以上相对稳定的负责社会科学普及的工作人员，有10名以上相对稳定的专职或兼职社会科学普及专家） 2. 有一支相对稳定、不少于10人的社会科学普及工作志愿服务队伍 3. 社会科学普及工作各组织领导人员不得超过3人，组织成员不低于12人。组织机构完善，层级合理，分工明确 4. 对社会科学普及基地管理人员培训活动每年不少于5次

续表

标准	孵化型基地	提升型基地	标准基地	示范基地
普及活动开展	1. 每年开展社会科学普及活动的数量（不含博物馆、纪念馆等的常规展陈）不少于4场 2. 社会科学普及受众（接待人数）（每年人数不少于3000人） 3. 开放方式、开放时长和开放对象（年开放天数达到200天以上）	1. 开展社会科学普及工作1年以上，开展社会科学普及活动的数量（不含博物馆、纪念馆等的常规展陈）不少于6场 2. 社会科学普及受众（接待人数）（每年人数不少于5000人） 3. 开放方式、开放时长和开放对象（年开放天数达到250天以上）	1. 开展社会科学普及工作3年以上，开展社会科学普及活动的数量（不含博物馆、纪念馆等的常规展陈）不少于9场 2. 社会科学普及受众（接待人数）（每年人数不少于10000人） 3. 开放方式、开放时长和开放对象（年开放天数达到270天以上）	1. 开展社会科学普及工作5年以上，开展社会科学普及活动的数量（不含博物馆、纪念馆等的常规展陈）不少于12场 2. 社会科学普及受众（接待人数）（每年人数不少于30000人） 3. 开放方式、开放时长和开放对象（年开放天数达到300天以上）

自治区社科联每年视情况对各级各类基地进行抽查考核，每三年进行考核评估。考核结果分为"示范""优秀""合格""不合格"四个等次。对年度考核为"示范"的基地给予适当奖励。对年度考核评估为优秀的授予"新疆维吾尔自治区优秀社会科学普及基地"称号；对年度考核为"不合格"的孵化型基地、提升型基地给予通报，并给予减少或取消资助、补助处理，限期一年整改，经整改复查仍不能达标的予以摘牌。对连续三年考核为"不合格"的标准基地和示范基地也给予摘牌处理。

五 对新疆社会科学普及基地评估指标体系的分析

自治区级社会科学普及基地评估及管理体系的设计目的是提供定量与定性相结合的客观合理的指标体系，用于评估及管理一批具有示范作用的社会科学普及基地。

建立自治区级社会科学普及基地评估及管理体系的原则在于科学、客观、全面、准确地对自治区内社会科学普及基地进行评价，依托专家评审，对基地实际运行过程中的基地建设规划、政策环境建设、人才队伍建设、普及活动开展和社会普及成效进行定量与定性相结合的考评。评估结果不应该是简单的"通过"或"不通过"，而是给予"示范""优秀""合格""不合格"分等次的描述，同时对于"不合格"的基地，专家应提出整改建议，助其改进。要坚持分类评估与统一评估相结合，一方面考虑不同区域、不同类别的社会科学普及的差异性，分类评估，设置不同考核标准；另一方面统筹兼顾社会科学普及服务质量与效益目的，促进社会科学普及基地完善发展。

根据新疆维吾尔自治区社会科学普及基地的特点与现状，评估标准应当能够充分体现各类基地的能力与特征，对不同类别的基地，考虑其基地建设规划、政策环境建设、人才队伍建设、普及活动开展和社会普及成效情况，在指标的设计上应当体现其特殊性，突出评估重点。

六 新疆社会科学普及基地评估指标权重的确立与分析

（一）新疆社会科学普及基地评估指标赋分

新疆社会科学普及基地评估指标的赋分标准是根据上文所描述的新疆社会科学普及基地横向评估指标所设立的一级指标和相应的二级指标概况进行具体设计的，在设计评价指标的过程中参考了自治区社会科学普及工作绩效考核评价表和具体社会科学普及基地的数据。在整体设计过程中，以平均赋分为基本原则，选择平均赋分的具体原因如下。第一，由于目前所设计的评分指标数量比较多，平均赋分简便易行，可以减少工作量，方便进一步开展相关的指标权重分析。第二，平均赋分可以鼓励社会科学普及基地全方面发展，使社会科学普及基地的各个方面都不会因为赋分值过低而被忽视。因此，目前可暂时选择以平均赋分的方式对社会科学普及基地的评分标准进行设计。

具体来说，新疆社会科学普及基地评估指标赋分中共有 5 个一级指标，其中基地建设规划下有 5 个二级指标，政策环境建设指标下共有 4 个二级指标，人才队伍建设指标下共有 5 个二级指标，普及活动开展指标下共有 5 个二级指标，社会普及成效下共有 5 个二级指标，根据平均赋分原则，对表 2-16 中的二级指标进行具体描述，基地建设规划应为 20 分，政策环境建设应为 16 分，人才队伍建设应为 20 分，普及活动开展应为 20 分，社会普及成效应为 20 分，此时赋分总分为 96 分，由于普及活动在社会科学普及基地所有工作中占有较大比重，故将普及活动开展的 20 分变为 24 分。各个二级指标的具体赋分情况以及赋分标准如表 2-19 所示。其中新疆社会科学普及基地评估分为示范、优秀、合格、不合格四个等级，其中示范等级的评分范围是 90~100 分，优秀等级的评分范围是 80~90 分，合格等级的评分范围是 60~80 分，不合格等级的评分范围是 60 分以下。

表 2-19　新疆社会科学普及基地评估指标赋分

单位：分

一级指标	二级指标	测评标准	分值
基地建设规划（20）	是否有社会科学普及总体规划，是否按照规划开展相关工作（4）	有且按规划开展相关工作	4
		有，大部分规划未执行	2~3
		没有或者已编制但不完整且未执行	0~1
	科普场馆（场所）数量（4）	0~2 个	0~2
		2 个以上	2~4
	科普经费使用效率（4）	使用效率低	1~2
		使用效率高	3~4
	是否拥有激励机制，将社会科学普及工作纳入单位的考核、评比（4）	是	1~4
		否	0
	资金投入情况（4）	49 万元以上	3~4
		0~49 万元	1~2
政策环境建设（16）	是否建立本级社会科学普及工作联席会议制度并发挥作用（4）	是	1~4
		否	0
	领导重视程度（4）	重视程度高	3~4
		重视程度低	1~2
	是否有专项社会科学普及年度计划及工作计划（4）	是	1~4
		否	0
	社会科学普及相关管理办法和工作制度是否完善（4）	是	1~4
		否	0

续表

一级指标	二级指标	测评标准	分值
人才队伍建设（20）	专业社会科学普及工作队伍建设情况（4）	有稳定的专（兼）职工作人员	3~4
		有专（兼）职工作人员但不稳定	1~2
		没有	0~1
	志愿者队伍（4）	0~10人	0~2
		10人以上	3~4
	与相关单位（当地社区、乡村、学校、机关、企事业单位、社会团体、媒体等）保持密切联系，取得它们对社会科学普及工作的积极支持（4）	联系密切	3~4
		联系较少	1~2
	社会科学普及工作组织机构情况（4）	组织机构完善，分工明确	3~4
		组织机构不完善，分工不够明确	1~2
	社会科学普及人才队伍建设，一年中对社会科学普及基地管理人员培训次数（4）	0次	0
		1~4次	1~2
		4次以上	3~4
普及活动开展（24）	社会科学普及活动形式内容（7）	内容丰富新颖	5~7
		内容一般	1~4
	社会科学普及基地在互联网运行情况（6）	良好	5~6
		一般	3~4
		差	0~2
	是否参加每年5月自治区社会科学普及周活动（5）	是	1~5
		否	0
	接待人数（6）	10000人次/年以上	5~6
		3000~10000人次/年	3~4
		3000人次/年	0~2

续表

一级指标	二级指标	测评标准	分值
社会普及成效（20）	社会科学普及基地的公众满意度（4）	0~100%	0~4
	开展社会科学普及活动的数量（每年面向公众开展社会科学普及活动，不含博物馆、纪念馆等的常规展陈）（4）	0 次	0
		1~4 次	1~2
		4 次以上	3~4
	是否获得社会科学普及荣誉（4）	是	1~4
		否	0
	是否编有社会科学普及类读物或宣传手册、挂图、录音录像等图文、音像资料（近三年内）（4）	是	1~4
		否	0
	每年开放时长（4）	小于 200 天	0~2
		大于 200 天	3~4

（二）新疆社会科学普及基地评估指标权重试点试验

根据上述新疆社会科学普及基地评估指标的具体赋分，将赋分表拿到相关的新疆社会科学普及基地进行小样本的调查，调查对象为新疆社会科学普及基地的相关工作人员和管理人员。选择新疆社会科学普及基地的相关工作人员和管理人员进行试点调查的原因：一是新疆社会科学普及基地相关工作人员和管理人员参与社会科学普及基地工作的程度较高，对基地具体情况较为了解，有利于增强评分的真实性；二是新疆社会科学普及基地相关工作人员和管理人员来源范围比较广，有利于提高数据来源的广泛性和数据的覆盖率。

试点评价对象为第五批、第六批、第七批、第八批申报新疆社会科学普及基地的单位，每批次选取 2 个社会科学普及基地，共计 8 个社会科学普及基地，每个基地选取 3 名工作人员按照评价指标体系对评价对象进行打分。根据打分结果进行初步判断，同时征求相关工作人员的建议和意见，后续进行修改。

(三) 新疆社会科学普及基地评估注意事项

1. 评估对象

自治区已命名的社会科学普及基地。

2. 时间安排

新疆社会科学普及基地在认定一年后应当自觉接受和配合自治区社科联的考核和评估，每年应当对社会科学普及工作情况进行总结，在考核时期将年度社会科学普及工作总结材料报送至自治区社科联。自治区社科联每年视情对各级各类基地进行抽查考核，实行动态管理，每 3 年进行复评。

3. 评估程序

第一步，新疆维吾尔自治区社会科学界联合会负责组织开展研究基地综合评估工作并发布进行社会科学普及基地评估的通知。

第二步，基地自评估。各级各类社会科学普及基地逐条对照综合考评指标体系开展自查自评，形成自评报告，自评报告需在基地单位网站（或新媒体平台）、新疆维吾尔自治区社会科学界联合会官网等向社会公开。

第三步，管理部门评估。各地州市社科联工作人员对各基地提交的评估申报材料进行核查，重点核查有关支撑材料的真实性，并对照考评指标进行评价、计分，将最终结果提交至自治区社科联相关部门。

第四步，专家评估。新疆维吾尔自治区社会科学界联合会通过组织专家组，对各参评基地的评估报告及地州市社科联综合评估意见进行审核，并对部分社会科学普及基地进行现场抽查复核，重点评估基地成果质量、运行能力及发展的可持续性等，形成最终评估意见。

第五步，新疆维吾尔自治区社会科学界联合会公布评估结果。

4. 评估结果

评估结果分为"示范""优秀""合格""不合格"四个等次。

各类社会科学普及基地的功能及开展活动的方式差异较大，因此设计指标和评价标准时不能一概而论。新疆维吾尔自治区社科联在开展社会科学普及基地认定的同时，应当定期对基地进行动态评估，对考核优秀的基地给予政策奖励，对合格的基地提供整改意见，对不合格的基地取消其资格和授牌。此外，还应组织专家对各类社会科学普及基地开展服务，建立自治区级社会科学普及资源共享平台，组织开展社会科学普及工作培训，以鼓励和支持自治区级社会科学普及基地建设，推动新疆维吾尔自治区社会科学普及基地持续稳定发展。

第三章 阐释宣传贯彻《新疆维吾尔自治区社会科学普及条例》研究

《新疆维吾尔自治区社会科学普及条例》于 2021 年 3 月 25 日,由新疆维吾尔自治区第十三届人民代表大会常务委员会第二十四次会议通过。它的颁布,关乎着新疆社会科学普及的发展方向,是凝聚高质量发展的强大精神力量,对新疆的发展具有重要的里程碑意义。《新疆维吾尔自治区社会科学普及条例》的制定和实施是贯彻落实党的十九大及党的十九届历次全会精神和第三次中央新疆工作座谈会精神的产物,是完整准确贯彻新时代党的治疆方略的重要举措,是进一步提升公众社会科学素养的迫切需要。习近平总书记在 2016 年哲学社会科学工作座谈会上指出,"一个没有发达的自然科学的国家不可能走在世界前列,一个没有繁荣的哲学社会科学的国家也不可能走在世界前列""坚持和发展中国特色社会主义,哲学社会科学具有不可替代的重要地位"。[①] 阐释宣传贯彻好《新疆维吾尔自治区社会科学普及条例》对于繁荣新疆哲学社会科学,推动马克思主义中国化大众化,发挥其在深入开展"文化润疆"工程、夯实社会稳定和长治久安思想基础等方面的作用具有重大意义。

第一节 阐释好《新疆维吾尔自治区社会科学普及条例》

一 明确政治导向,坚持正确方向

政治导向是党发展面临的重要问题,事关党的前途命运及国家兴衰。

[①] 《习近平:在哲学社会科学工作座谈会上的讲话》,新华网,2016 年 5 月 18 日,http://www.xinhuanet.com/politics/2016-05/18/c_1118891128_4.htm。

第三章　阐释宣传贯彻《新疆维吾尔自治区社会科学普及条例》研究

如果在政治导向上出现偏离，就会犯严重的错误。开展任何工作一开始都要明确政治导向，避免与现实南辕北辙。首先阐释好《新疆维吾尔自治区社会科学普及条例》要以习近平新时代中国特色社会主义思想为指导，始终围绕服务大局、服务人民开展社会科学普及活动，始终把坚持中国特色社会主义作为主题和主线，构建中国特色哲学社会科学。把中国特色社会主义理论体系作为武装干部、教育群众的基础，促进党的理论扎根领导干部心里并"飞入寻常百姓家"。

其次，要坚持中国共产党的领导，坚持在政府主导、社科联负责、全社会参与的格局下阐释《新疆维吾尔自治区社会科学普及条例》。政府发挥好主导作用，积极主动推进社会科学普及工作的开展，对《新疆维吾尔自治区社会科学普及条例》进行深刻解读，发挥好引领作用，带头学习《新疆维吾尔自治区社会科学普及条例》内容。社科联发挥"联"的优势，既要为社会科学工作者服务，又要自觉融入党委、政府的中心工作，不做表面文章，实实在在地配合中心工作，服务大局，落实好政府制定的方针政策，准确对《新疆维吾尔自治区社会科学普及条例》进行阐释，提高全社会的参与热情。

最后，把握社会科学普及意识形态属性强的特点，始终坚持正确的政治方向。要把阐释宣传贯彻习近平法治思想作为新疆社会科学普及工作的头等大事，主动捍卫宪法权威，敢于同一切违反法律的行为做斗争。实现法律社会科学普及与铸牢中华民族共同体意识的深度结合。在关键问题上要坚定政治立场，科学决策，依法维护中央的权威。

二　强化服务意识，坚持"三贴近"原则

习近平总书记指出："坚持一切从实际出发，是我们想问题、作决策、办事情的出发点和落脚点。"[①] 对《新疆维吾尔自治区社会科学普及条例》的贯彻更是如此，从实际出发，坚持以"贴近实际、贴近生活、贴近群众"为原则，始终树立以人为本、面向群众、讲求实际效果、服务至上的观念，是做好社会科学普及工作的关键。要善于运用浅显易懂的语言阐释好《新疆维吾尔自治区社会科学普及条例》，带着人文情怀到基层做好《新疆维吾尔自治区社会科学普及条例》普及工作，让各族人民群众理解、掌握和运

---

① 《习近平谈治国理政》第4卷，外文出版社，2022，第526页。

用《新疆维吾尔自治区社会科学普及条例》。说群众听得懂的话，说群众愿意听的话。用白话讲道理，用故事传情怀。贴近实际，根据新疆的地域特点、风土人情、民族习惯等，用实际可行的方法去阐释好《新疆维吾尔自治区社会科学普及条例》，不好高骛远。既要考虑到当地的民族风俗，又要考虑到新疆群众的理解以及接受程度。树立通俗化、生活化、应用化的基本理念。贴近生活，了解群众的需求，了解群众生活的方方面面，立足群众需求，从小事入手，用真情打动群众，成为群众的贴心人。贴近群众，抓住群众最关心的问题。讲群众关心的问题，与民众同甘共苦，忧民之所忧，乐民之所乐，走进百姓头脑，与群众交朋友。用当地的语言与民众进行交流，跟群众交心、唠家常，避免刻板僵化、不接地气，在无形中形成一种亲切感，拉近双方距离，更好地阐释《新疆维吾尔自治区社会科学普及条例》。

三 鼓励专家进基层，开展普及活动

专家学者在社会中的影响力不容小觑。在大多数群众心中有一种根深蒂固的观念，即专家的话是有权威性的，专家所说的话大多数人都愿意去听。而且，在日常的生活当中，群众接触到专家的机会其实是非常少的，对于这种难得的机会，群众自然会珍惜。每年可以根据基层需求，面向各个地州市开展普及活动。利用社会科学普及周等关键节点，前往各地的学校、田间地头开展启智惠民座谈会、专题讲座，把学术语言转化为群众语言，将"大道理"变为"小故事"，坚持专题辅导与政策解读相结合、你问我答与解疑释惑相结合、科普宣传与现场互动相结合，向公众具体阐释《新疆维吾尔自治区社会科学普及条例》的内容和意义，让民众对《新疆维吾尔自治区社会科学普及条例》的内容有一个更深层的认识。

四 将《新疆维吾尔自治区社会科学普及条例》与历史学习相结合，开创社会科学新局面

2022年7月13日，习近平总书记来到新疆维吾尔自治区博物馆，参观了《新疆历史文物展》，观看民族史诗《玛纳斯》说唱展示后指出，"要加强中华民族共同体历史、中华民族多元一体格局的研究"。[①] 每个地方都有

[①] 《〈玛纳斯〉：千年史诗 生生不息》，《学习时报》2024年5月31日。

第三章　阐释宣传贯彻《新疆维吾尔自治区社会科学普及条例》研究

属于自己的历史文化，每个民族也有自己独特的风俗习惯。要深度挖掘当地的历史故事，发扬从历史上传承下来的优良美德、优秀传统文化，提升文明素养。通过讲述新疆历史，实地体验新疆的古迹遗址，如克孜尔石窟、楼兰故城，深度挖掘遗址的悠久故事，并融入社会科学元素，铸牢中华民族共同体意识。用与历史相结合的方法阐释《新疆维吾尔自治区社会科学普及条例》的内容，让阐释的过程具有趣味性，吸引广大民众的注意力，形成良好的学习氛围，使社会科学普及事业更上一层楼。

第二节　宣传好《新疆维吾尔自治区社会科学普及条例》

《新疆维吾尔自治区社会科学普及条例》在阐释好后，需要广泛宣传，才能为广大民众所知。宣传是一种承上启下的工作，只有把《新疆维吾尔自治区社会科学普及条例》的内容和意义宣传好，民众才会自觉去贯彻。多措并举，做好宣传工作，对社会科学普及工作来说具有重要意义。

一　多角度多形式宣传《新疆维吾尔自治区社会科学普及条例》

（一）创新传播媒介，丰富宣传形式

《新疆维吾尔自治区社会科学普及条例》的宣传离不开形式的多样化，枯燥、乏味的宣传形式往往会适得其反。只有不断创新和丰富宣传形式，才能够更好地促进广大群众的自觉学习。在宣传的过程中，要制作社会科学普及公益广告并利用公共场所的电子显示屏展播，在宣传栏张贴《新疆维吾尔自治区社会科学普及条例》宣传材料。运用抖音、快手、短视频等平台，设置有奖竞猜环节，创作情景小短剧，在广播影视中采用动漫的形式插入一小段具有趣味性的广告。

（二）利用基础设施建设，开展"零距离"宣传

《全民科学素质行动规划纲要（2021—2035年）》专门提到"科学文化软实力显著增强，人的全面发展和社会文明程度达到新高度"的目标。这表明，科学文化是公共文化服务的组成部分和提升公民科学素质的重要维度，民众对科学文化需求的日益增长要求基础设施建设紧跟时代步

伐。博物馆、图书馆、公园等是面向社会的一扇窗，也是承载社会科学知识的重要阵地。应利用场馆、展厅等公共载体，充分挖掘历史人文资源，建立社会科学普及基地，发挥公共文化场馆的社会科学普及作用。公共文化场馆的使用为《新疆维吾尔自治区社会科学普及条例》的宣传提供了较好的硬件设施。要在机场、地铁站、公交车站台等公共场所，以图文的形式，加大对社会科学的宣传力度。在休息椅凳、健身器材上喷绘宣传标语，时刻提醒群众要自觉学习好《新疆维吾尔自治区社会科学普及条例》。

（三）加强活动载体建设，加大社会科学宣传力度

当今，宣传的载体是丰富多样的。创新活动载体，提升宣传质量，会引起群体聚焦。一方面可以实现社会科学"微"普及，抓住时事热点，充分发挥好社会科学类学会、协会、研究会的强大作用，采取"线上+线下"的模式，举办经典诵读、线上画展、广播欣赏、展览、社会服务咨询等活动来宣传《新疆维吾尔自治区社会科学普及条例》，加大活动报道力度，提高覆盖率和影响力。另一方面，加强载体建设，适应科学理论大众化、公众知识需求个性化、传播渠道多样化、大数据思维流行化等时代特色和要求，探索创新《新疆维吾尔自治区社会科学普及条例》的普及载体，打造普及宣传《新疆维吾尔自治区社会科学普及条例》的强大阵地，并依托载体，开展主题鲜明、形式多样的活动，提高群众学习《新疆维吾尔自治区社会科学普及条例》的兴趣。

（四）采用群众喜闻乐见的方式，有效推进社会科学普及工作

《中国共产党章程》提出，"一切为了群众，一切依靠群众，从群众中来，到群众中去"，是党的根本工作路线。在做任何事情的时候都不能脱离群众，以群众为中心，应采用群众喜闻乐见的方式，利用好新疆特有节日、独特的风俗，如通过新疆舞文艺演出、桃花节等群众性文体活动宣传社会科学知识。深入机关、社区、学校、农村牧区、军营等开展《新疆维吾尔自治区社会科学普及条例》宣传普及活动，将《新疆维吾尔自治区社会科学普及条例》内容潜移默化地传递到各族群众心中，使其家喻户晓、深入人心，增强社会认知认同。让民众用自己喜欢的方式去宣传，用好草根宣

第三章　阐释宣传贯彻《新疆维吾尔自治区社会科学普及条例》研究

讲员、先进典型人物，充分发挥"百杏宣讲队""棉城之声宣讲队""马背宣讲队"等特色宣讲队和驻村工作队的作用，利用好当地的社会科学基地、党群服务中心等文化场所，用老百姓乐于参与的方式面对面进行宣讲。

二　融合科技创新，拓宽《新疆维吾尔自治区社会科学普及条例》宣传渠道

党的十八大以来，我国科技创新取得长足进步，很多领域都已实现高质量发展。在社会科学普及宣传过程中，应融合科技创新，建立社会科学知识共享网络，形成全社会共同参与机制，发挥互联网和新媒体优势，扩大《新疆维吾尔自治区社会科学普及条例》宣传的范围并提高其影响力。应创建社会科学网站，打造专业平台，例如利用新疆全国优秀宣讲理论公众号——天山智讯——的平台优势，开放专题、专栏进行宣传，组织专家发表解读文章，组织广大学者进行学习并发表相应的心得体会，加大转发扩散力度，提高公众知晓率，在全地区积极营造学习宣传贯彻《新疆维吾尔自治区社会科学普及条例》的浓厚氛围。构建好三级联动平台，自治区、市、区三级联动，同步开展集中宣传活动。通过召开新闻发布会，并在报刊、网站、新媒体等转载、播放、制作系列宣传品，如 MG 动画、H5 动漫网页等，努力推动《新疆维吾尔自治区社会科学普及条例》广为人知、深入人心。

每年 5 月的第三周是新疆维吾尔自治区社会科学普及周，利用好这一黄金周，邀请自治区各级新媒体采用移动直播的方式，对各地、各单位组织开展的各类社会科学普及宣传活动进行实时集中直播报道，推动社会科学普及范围的扩大。强化数字化技术的应用，引入虚拟现实（VR）、增强混合现实（MR）等新技术手段，与相关新媒体端口实现技术连接，让群众足不出户即可在手机上接收社会科学知识。自治区各级社会科学单位、社会科学普及基地可以开设新媒体账号，例如，可以在石榴云客户端注册石榴号，推动社会科学知识的普及。

三　利用特色景区，吸引公众眼球

近年来，旅游已经成为人们在节假日或者平时放松的一个重要方式，具有地方特色的民族景区，是许多游客的打卡之地。新疆每年都能吸引大

批游客到景区游览,应把握好这个契机,利用地域优势,对这些景区进行重新装饰。如采用投影灯将《新疆维吾尔自治区社会科学普及条例》内容投放出来,设计符合当地特色的文创产品,在一些知名度比较高的美食区、影院外面摆放印有社会科学知识的玩偶。把社会科学普及的内容编写成歌谣、顺口溜、三字诀等,利用新疆的多民族特色,用不同的语言将其演唱出来,并在人流量较多的地方播放,吸引广大民众的注意力,寓教于乐,让群众在欣赏美景的同时,推动社会科学知识深入人心。

第三节 贯彻好《新疆维吾尔自治区社会科学普及条例》

《新疆维吾尔自治区社会科学普及条例》的颁布、解读、宣传是一个长期且持久的过程,《新疆维吾尔自治区社会科学普及条例》在阐释、宣传好后,需要人们自觉去贯彻才能将《新疆维吾尔自治区社会科学普及条例》落到实处。只有将其贯彻好,才能将其作用发挥到最大。

一 落实各方责任,推进《新疆维吾尔自治区社会科学普及条例》的贯彻

责任就是大局,使命就是担当。习近平总书记指出:社会科学工作"要把社会责任放在首位,严肃对待学术研究的社会效果,自觉践行社会主义核心价值观"。[①] 要明确不同机关、不同团体的责任,使其履行自己的义务,不忘自己的使命。社会科学的普及,首先是各级党委政府、社会科学机构的责任。党委要发挥好带头作用,主动学习《新疆维吾尔自治区社会科学普及条例》的相关内容,推动党员干部先学一步,深入一层,将其内容贯彻到自身的言行举止当中。掌握各部门对《新疆维吾尔自治区社会科学普及条例》的学习情况,对社会科学普及基地做好考核评估。确保行政权在法治框架内运行,实行权责一致,杜绝超越职权、滥用权力现象的发生。将严格的责任追究机制和科学的容错纠错机制有机结合。社会科学机构要担起自身的责任,听党指挥,对上级制定的决策要落实好,一级抓一级,杜绝欺上瞒下、做样子的情况发生。其次是各高校的责任。要发挥高

---

① 习近平:《在哲学社会科学工作座谈会上的讲话》,人民出版社,2016,第29页。

校人才队伍优势。新疆大学、石河子大学等疆内高校学科种类多，应利用各自的学科、人才优势，鼓励社会科学工作者开展《新疆维吾尔自治区社会科学普及条例》普及工作并将自己的研究成果推广应用到生活中去，将鲜活的素材与《新疆维吾尔自治区社会科学普及条例》相结合，贴近生活、贴近民众。高校聚集了许多优秀的人才，具有老中青相结合的社会科学研究与普及队伍，应将这些社会科学人才按照不同的专业背景进行分类，建立社会科学普及专家人才库，更好地发挥社会科学专家和人才的作用，使其在贯彻《新疆维吾尔自治区社会科学普及条例》的过程中发挥积极作用。地区教育部门应在全疆成立社会科学名师工作室，在一段时间内举办交流会、成果展示会。在寒暑假引领学生积极参加红领巾小课堂，主动参加"访惠聚"驻村工作队，推动社会科学在青年群体中的普及应用。

二 构建联动指导机制，上下联动层层推进

风成于上，俗化于下。领导干部的作风品德不仅影响着自身，也会影响社会风气的形成和下属的信仰。社会科学的普及不仅是某个领导、某个单位的事，更需要集体参与，建立指导机制，上下共同努力推动社会科学普及工作的开展。应将地区社会科学普及重点工作纳入地区年度意识形态考核细则，将基层社会科学重点工作纳入地区社会科学工作要点，上下联动。把社会科学普及纳入当地国民经济和社会发展规划及年度计划，列入公共文化服务体系和精神文明建设内容，纳入自治区文明城市考评指标体系，将社会科学普及宣传的目标和任务量化为具体的刚性指标，确保社会科学普及工作落到实处。自治区党委全面依法治疆委员会办公室应将《新疆维吾尔自治区社会科学普及条例》纳入"法宣在线"学习平台，作为国家公职人员在线学法考试的必学内容，培养公职人员和专业技术人员主动参与社会科学普及工作的意识。

三 落实奖励机制，提高民众兴趣

奖励机制不仅能够激发工作者的工作热情以及增强争先创优的意识，也可以提高民众的自觉学习意识，提升民众学习的兴趣，其作用不容小觑。在开展社会科学普及工作的过程中，对于表现突出的个人或者团体应给予一定奖励，采用物质奖励与精神奖励并行的措施。对优秀社会科学普及项

目、特色活动给予一定资金补助，充分调动社会科学工作者的积极性和创造性。将社会科学普及成果纳入哲学社会科学优秀成果奖评奖范围内。将社会科学普及经费列入财政预算，保障社会科学工作顺利开展，并依法建立稳定、多渠道的经费投入机制。通过举办表彰大会，对表现突出者给予精神上的肯定。对于参与热情高的民众，发放印有社会科学相关内容的精美礼品。这对于参与热情高的民众是一种激励，促进民众在今后更加积极主动地参与各种活动，从而提高全社会的参与热情，推动社会科学普及工作的开展。

四 扩大对外"朋友圈"，织密对内服务网

对于新疆来说，社会科学人才仍然短缺。习近平总书记曾用"盖有非常之功，必待非常之人"[①]来强调人才的重要性。人才是社会发展的关键因素，采取多种方式整合资源、凝聚人才是一件迫在眉睫的事。首先应该扩大对外"朋友圈"，对于一个地区来说扩大对外"朋友圈"是推动自我发展的重要条件，是引进人才的关键。在新疆的社会科学普及工作中，自治区社科联应主动与自治区党校对接，充分利用优质资源，与其他省份社科联、对口援疆企业等签订合作协议，建立友好互惠机制，提高社会科学普及水平及本地区的普及效果。结合新疆维吾尔自治区实际情况，邀请浙江省社会科学专家围绕党的建设、乡村振兴等热点问题每季度开展一次宣讲，凝聚共识。其次要织密对内服务网，充分调动区内的资源，与教育部门、文旅部门、文联等单位加强联系交流，获取各领域的精英人才信息，打通沟通渠道，为社会科学普及工作的开展提供现实可用的人才。明确社科联、各单位的工作要点，定期召开联席会议，及时反馈在社会科学普及当中出现的问题，实施委员联系社会科学工作计划，紧密联系社会各界工作者，推动社会科学普及事业的发展。

---

① 《十八大以来重要文献选编》（中），中央文献出版社，2016，第26页。

第四章　国内外相关经验及启示研究

第一节　国内社会科学普及的经验做法

一　天津市社会科学普及的经验做法

随着新媒体的发展和进步，天津市社科联结合自身优势，紧抓社会科学普及周，通过以点带面从经验、机制以及宏观体系构建等多个角度深入推动社会科学普及工作。

（一）坚持围绕中心、服务大局，是开展社会科学普及周活动的主要任务和重要方向

天津市社科联开展社会科学普及周活动始终围绕党和国家的方针政策，并结合天津市政府的具体要求，秉承为国家及地方政府服务的初心，开展社会科学普及活动。2020年第18届天津市社会科学普及周活动以"共倡文明新风，决胜全面小康"为主题；2021年第19届社会科学普及周活动则以"百年大党，思想常新"为主题。这充分说明天津市社会科学普及周活动主题始终围绕党和国家的方针政策来设置。

（二）坚持"三贴近"原则，不断推进社会科学普及工作向前发展

"三贴近"即贴近群众、贴近实际和贴近生活。在开展社会科学普及工作时，要始终秉持"三贴近"原则，这是由社会科学普及工作的特质决定的。因此，在开展社会科学普及活动时，要避免曲高和寡而脱离群众，结合社会科学传播的实际需要，使社会科学知识以一种人民群众喜闻乐见的方式展现出来，做到寓教于乐、通俗易懂。因此，天津市的社会科学普及活动在近几年积极求变，不再局限于传统的说教模式，而是积极走向群众，主动"下基层"，参与到群众的日常生活中，了解基层群众的实际需求，进而摸索出更好的社会科学普及活动。比如2015年，天津市共组织200多次"你点我说"社会科学普及活动，得到了群众的肯定，这就是深入群众、了解群众真实需求并进而组织相关活动带来的积极结果，这样才能保持群众参与社会科学普及活动的积极性。

（三）坚持创新工作思路和活动载体，与时俱进地开展社会科学普及周活动

随着时代的发展和科学的进步，大众的需求也不再局限于物质需求，而是逐渐变得多元化，墨守成规、不思创新就无法跟上时代的发展，因此相关主体必须直面发展，在工作上主动求变，在开展活动时融入更多新意，推动社会科学普及工作走上创新之路。近两年天津市在社会科学普及活动上也积极出新，作出了一系列变革。从"走进直播间"和群众"面对面"聊天，到打造重大理论问题系列专题网络访谈；从教授学者现场答疑解惑到刊登发表系列文章等。这一系列的创新活动，使社会科学普及周逐渐成长为包括5大板块23项内容的品牌活动，享有很高的知名度和认可度，其成功的根本原因就在于不忘初心、心系群众、坚持创新，尤其是在互联网发展迅猛的今天，要紧紧把握互联网信息带来的机遇和挑战，借助互联网技术进一步丰富和推动社会科学普及活动。

（四）坚持党的领导，发挥社科联优势，壮大人才队伍，是社会科学普及活动不断开拓新局面的重要保障

近年来天津市社科联主动直面新媒体带来的挑战和社会各界的需要，结合自身优势，积极组织和协调各类社会资源，逐渐打造了以社科联为中心，高校、科研单位、政府机构、文化部门等积极参与的多层次工作模式；天津市社科联还不断加大与各类媒介的协作力度，扩大社会科学普及周的知名度和影响范围，从而加大传播力度，产生更多的社会价值；此外，天津市社科联还积极推动社会精英和学者教授进入专业委员会，为社会科学普及周建言献策。在开展社会科学普及周活动时，社科联党组也发挥了至关重要的作用；其主动组织不同处室开展活动，同时深入活动一线，超前布局，有效地保证了各项活动能够有序开展并真正落地。此外，天津市社科联对人才也十分重视，其下属的各类团体有100余个，会员超过10万名。天津市社科联借助这些人才和资源，打造了一支理论知识过硬的服务队伍，并充分尊重每个人才和团队，给予他们足够的空间和舞台，也因此成就了普及周的品牌美誉度，组织了多场寓教于乐、浅显易懂的普及活动。

二 安徽省社会科学普及的经验做法

在大数据发展如火如荼的今天，社会科学普及的相关单位和个人都要主动适应时代发展带来的机遇和挑战，主动拥抱变化，努力探索一条适合社会科学发展和转型的道路，为社会科学的发展注入新的活力。安徽省社会科学普及的数字化转型工作有很多成功经验值得深入研究和学习。

（一）社会科学普及人员引导模式

在信息技术飞速发展的今天，社会科学普及的工作与大数据紧密相关，这就要求社会科学普及参与者必须重视社会科学普及的数据化，这也是时代发展的需要。之所以要加强大数据在社会科学普及活动中的应用，是由于社会科学普及参与者既要能够向群众宣传社会科学知识，又要收集和更新现有的社会科学知识和资源。我们要给予社会科学普及参与者足够的舞台，让他们能够切实发挥自身的才能和主观能动性，借助大数据制定更为合理的目标、明确更科学的普及方法、迅速锁定所需资源、轻松参与社会科学普及工作，从而保证社会科学普及工作数据化能够真正落地。因此，在社会科学普及数字化转型中，普及人员有着极其重要的作用，为了更好地迎接挑战，参与人员在日常工作中必须做好以下三点。一是前期准备。普及人员要主动学习和掌握大数据相关技术，了解其基础知识和运行逻辑，进而结合省内实际情况、群众社会科学素质以及群众的不同需求，制定一套切实可行的普及方法和目标。二是中期指导。普及工作实现数字化转型后，切莫做"甩手掌柜"，而是要积极管理，高要求、高标准指导普及工作，确保普及工作始终沿着设定目标前进。三是后期总结。社会科学普及实现数字化转型后，切不可沾沾自喜、不思进取，要及时审视普及工作的方方面面，好的方面要总结成可供借鉴的经验传承下去，不好的方面要及时反思和整改，保证数据化转型工作的稳步进行。

（二）社会科学普及对象参与模式

在数字化转型过程中，安徽省在社会科学普及中充分利用高校的价值，推动转型的进程，但同时我们也要明白，高校仅仅是社会科学普及工作中很小的一部分，其所产生的影响是很有限的。因此，在数字社会科学普及工作中，要积极吸引群众主动参与其中，打造"全员参与"的局面，这样才能加快社会科学普及的数字化转型之路。具体而言，应从以下几点来吸引群众参与数字化转型之路。第一，数据收集。大数据的应用，使得数据的收集、传播及获取越来越方便，大众可借助各类电子设备随时获取所需的信息，并将其分享给其他人。大众根据自己的爱好和需要获取社会科学知识并收集数据，这种个性化数据资源针对性更强，能极大地推动社会科学普及数字化进程。第二，过程参与。大众是社会科学普及的主体，社会科学普及的目标是提高大众的科学素质，因此要增强大众参与社会科学普及的积极性，没有大众的参与，普及活动将如无本之木，难以发展，所能产生的社会价值自然有限，如能充分调动大众参与的积极性，社会科学普及活动必然会取得良好的成效。第三，成效评价。要关注主管单位及专家教授的意见，更要重视大众的评价。人民群众才是社会科学普及活动的直接参与者，对普及活动的方案、方法、途径以及普及人员的表达方式、态度等有着最直接的接触和体验，且两者之间无利益关系，给出的评价也更为客观合理和准确。

（三）相关部门协同推进模式

大数据转型条件下，社会科学普及活动不再是传统的主客体互动活动，其所涵盖的领域更为多样，因此主管单位要给予更多的支持，包括财政支持、信息支持、技术支持、人才支持等。第一，主管单位应给予足够的政策支持，加大宣传力度。安徽省社科联十分重视大数据在普及活动中的应用，因此要给予一定的宣传，使普及人员能够积极主动地通过大数据开展各项活动；出台并切实推行相关制度，从政策层面保证社会科学普及数字化转型的实现。第二，主管单位应提供充足的数据资源，确保资源共享。数据资源实时共享，普及人员可及时获取权威、正确的信息，解决他们的后顾之忧。第三，大数据中心应给予技术支持。面对纷繁复杂的社会科学资源，普及人员可通过大数据技术快速分析并挑选出有效数据，并将其加工处理成大众可接受的数据,为开展社会科学普及活动打下基础。由此可见,数字社会科学普及与多个部门紧密相关,各部门必须通力配合、相互协作,确保数字化转型的稳步推进。

第二节 国外科学普及的经验做法

一 国外科普政策的特点之比较

世界各国对科普工作的关注度都比较高,各国均投入了大量的人力、物力、财力,制定了多种不同的政策措施以实现科学知识的普及。各国通过完善相应的法律法规,逐步形成了良好的社会环境,从而推进科普工作不断向前。这也恰恰是国内较为薄弱的方面,通过比较不同国家的科普政策,其突出特点表现在下述几个方面。

(一)科普政策目标存在差异性

众所周知,各国由于国情存在差异,其科普实践也具有差异性。经研究发现,科普政策的不同与各国的社会背景密切相关。因此,各国都能够结合国情,充分融合未来的发展需求,选择相应的科普政策,以不断促进国家的发展与进步。以英国为例,其在推进科普工作的过程中重点构建了特殊的机制,以实现不同利益方的协调,从而确保实现合理化、民主化的科普发展目标,并真正做到服务人民。在英国,其科普政策目标如下:打造良好的公众科学印象,保证科学技术发展促进社会进步;提升人民生活质量,鼓励更多的年轻人从事科技工作,强化民主过程的有效性。[1]

在美国,提高公众尤其是年轻人的科学素养是科普工作的首要目标。美国政府注意到中学教育过程中的科学素养内容存在严重不足,阻碍了国家持续竞争力的提升[2],因此提出要强化学生的科学教育,不断促进学生以及大众群体科学素养的提升。

在理解科普工作的意义上,德国把人文科学以及社会科学也纳入了科

---

[1] 闫慈:《英国社会治理模式的多样化探索》,《中国社会科学报》2020年12月14日。
[2] 佟贺丰、赵立新、朱洪启:《各国科普政策比较:美国注重青少年科学素养》,《科技中国》2006年第2期。

普的范畴,即科普不应当局限于工程技术以及自然科学领域,鼓励公众关注"科学与人文","科学与公众对话"也是德国政府所大力倡导的。[1]

日本政府始终都很关注国民教育,借助科普探索逐步地形成了学习型社会,认为国民一生都离不开科普工作。在实践过程中,其科普宣教工作主要包括三个方面:自然科学知识的普及、现代高新技术的传播、青少年从事科学技术活动的鼓励。除此之外,日本的民间企业、科技界、新闻出版界等都对科普宣传教育活动的开展持倡导态度,并借助多种类型科普宣传教育活动的举办与推广营造了良好的社会氛围,显著提升了青少年的科学素养。[2]

作为近年来发展较快的国家,印度政府在制定科普政策时主要考虑了公众的需求。与西方国家相比,其科学普及工作遵循的目标是"为提高生活质量而传播更好的知识",即鼓励全民掌握最低限度的科学技术知识,要求所有民众均拥有某一类科学知识,从而对科学方法具备实践性的认知。印度政府突出的是公众应对涉及日常生活,关乎家庭、国家的科学技术有正确理解。可以看到,在科学素养的本土化推进上,印度取得了不错的成效,值得其他国家学习。[3]

(二)科学博物馆尽享优惠政策

科学博物馆属于科学普及资源的重要组成部分,其突出优点是能够让参观者获得直观的科技认知,从而提高参观者的科学兴趣。自20世纪80年代开始,世界各国都非常关注科学博物馆的建设,很多西方发达国家纷纷出台了博物馆法,从税收、建设资金、活动经费等方面就科学博物馆的发展进行资源倾斜。基于上述大环境,科学博物馆得到了迅速的发展,目前已转变为学校科普教育的重要组成部分。

1958年,丹麦出台了《博物馆法》,明确要求所有获得丹麦文化部认可与资助的博物馆都应当确定收藏范围,同时要做好对应类别收藏品的登记注册、保存维护、研究开发、收集、安排展览以及向公众开放等一系列

---

[1] 桂潇璐:《德国科普发展情况概述》,《科学教育与博物馆》2024年第1期。
[2] 《典型国家或组织的科普实践及经验(下)》,中国科普研究所网站,2021年1月18日, https://www.crsp.org.cn/kyjz/YJDT/art/2021/art_d6396ed1f8224b3e89e227209fae2700.html。
[3] 史玉民、韩芳:《印度公民科学素养发展概况》,《科普研究》2008年第1期。

的工作。① 1998 年，丹麦的博物馆共获得各类社会资助 7.95 亿克朗，同时从中央政府得到的资助约 4.68 亿克朗。②

在促进科学博物馆事业发展方面，英国主要从立法以及资金保障两个方面开展，18 世纪，《大英博物馆法》正式颁布，明确了科学博物馆公益法人地位。在鼓励科学博物馆建设的同时，英国政府每年投入大量的资金用于博物馆的日常运营。以英国科学博物馆为例，2004 年其总收入达到了 7216 万英镑，其中 3401 万英镑属于国家文化、媒体和体育部的直接拨款，317 万英镑来自彩票拨款。③

日本的《博物馆法》及其附属法律文件，按照展出内容、规模、开放时间、基础设施等，把国内的博物馆划分成三类，即"登录""相当""类似"。其中登录级的博物馆能够得到最高标准额度政府资金资助与税收减免，相当级博物馆次之，类似级博物馆最少。通过这种方式，日本从法律层面明确了对社会公益性突出、规模大、社会影响力大的博物馆的优先支持。除此之外，日本还明确了即便属于非公立博物馆，一旦其内容的公益性符合相应的规定，政府也应当提供相应的政策支持。④

（三）注重科普政策的配套措施

国外尤其重视在配套措施层面确保科普政策的落地，很多国家的税法都明确规定对包括科普在内的各种公益事业的捐赠给予税收优惠。

美国税法要求，非营利组织或完全的公共组织捐赠者，能够享受税收优惠，通过这种方式能够很好地借用政策杠杆促进民间机构对科普的捐赠。此外，政府还提出，工厂的机器在报废前需要经过所在地博物馆的挑选后才可以实施报废。⑤ 以上政策对于其他国家而言均具有很好的参考借鉴价值。

---

① 《国外科普政策的特点》，挂云帆网，2022 年 9 月 30 日，https://www.guayunfan.com/baike/854359.html。
② 《国外科普政策的特点》，挂云帆网，2022 年 9 月 30 日，https://www.guayunfan.com/baike/854359.html。
③ 《国外科普政策的特点》，挂云帆网，2022 年 9 月 30 日，https://www.guayunfan.com/baike/854359.html。
④ 白松强、陈艳：《日本〈博物馆法〉颁布 70 年：立法宗旨、制度特色及问题挑战》，《博物馆管理》2021 年第 4 期。
⑤ 张英、牛丽、张丹：《美国鼓励慈善事业的税收政策》，《中国税务报》2022 年 3 月 2 日。

关于科普经费的筹集措施，除了政府出资、社会介入外，政府还发行了相应的科普彩票。[①] 如为促进科学博物馆的发展，芬兰、英国发行了科技彩票。

二 美国科普实践的典型经验[②]

进入21世纪后，美国剑桥科学节逐渐发展为普及科学知识的重要平台。科学节传播知识的方法多种多样，如科技论坛、科技展览、科学讨论会、直播节目、科学实验等，方式的多样性使得大众能够有更多机会了解科学，也提高了大众学习科学知识的积极性，科学传播工作得到极大发展。通过研究可以发现，我国的科普活动也有多种形式，比如科普频道、科普竞赛、科普研讨等。但我国在科技传播形式和理念上与国外依然存在较大的差距，本部分将重点分析美国"剑桥科学节"的科普形式和做法，从而为我国科普形式的改进和完善提供理论基础。

（一）剑桥科学节的传播理念

2007年，剑桥科学节首次在美国举办，至2022年已成功举办15届，在多年的发展历程中，其参与人数逐渐增多，逐渐成长为科学界极为重要的节日。其创办宗旨为挖掘广大学生以及各类科学爱好者的潜能，打造一个展现创造力的舞台，并借此机会向世界展示美国的大学在数学、科技、信息等多个领域所取得的突出进展，加强科技工作者之间的交流和互动，提高人们对科学的兴趣。科学节每次活动时间在十天左右，举办时间通常在每年的三四月，涉及200多个展览、影片、演讲等活动，活动地点多达30余处。受剑桥科学节的发展和影响，越来越多的城市也加入进来，如旧金山、纽约和休斯敦等地也开始组织科学活动。

（二）剑桥科学节公众科技传播项目的主要类型

剑桥科学节涵盖了与科技相关的方方面面，如航天技术、智能建筑、空间科学、生命科学、环境科学、艺术和宗教等。但其开展科学普及工作

---

① 李希义、郭铁成：《英国彩票基金支持创新的模式值得借鉴》，《全球科技经济瞭望》2014年第7期。
② 周婧：《从剑桥科学节看科学普及的有效形式》，《科技传播》2011年第24期。

的对象有一定的差异，通常可划分为如下四类：①儿童及其所在家庭；②中小学生及青少年；③普通成年人；④科技爱好者。科技普及活动需根据对象的差异展开活动，其表现形式自然也有多种形式，如影视播放、科技展览、电视直播、现场表演等。在下文中，笔者将重点通过活动的形式来详细分析剑桥科学节。

1. 艺术及表演类科普活动

2010年第四届剑桥艺术节如期举办，在本次活动中，为纪念激光技术诞生五十周年所创作的节目使人眼前一亮。此外，本次活动还涌现出很多优秀的节目。如话剧《从兰花到章鱼：一个进化般的爱情故事》通过讲述一个凄美而浪漫的爱情故事，将生物进化论知识传播给了大众。《仰望》则通过一部科技电影讲述了木星发现400周年的历程，致敬其发现者伽利略。卡纳斯剧院则组织了一场充满意境的音乐会，会场背景是一张巨大的幻灯片，幻灯片上播放着美轮美奂的极光和星云，繁星点点充满其间，观众在欣赏美景的同时又学习了天文知识。

2. 互动娱乐类科普活动

为了更好地吸引儿童及其家庭成员的关注，科技节打造了互动娱乐类活动。活动主要有两种形式。一是娱乐性质活动。如使用液氮制作雪糕，儿童和其他家庭成员可亲自动手加入糖和奶油等原料制作自己爱吃的雪糕。在这个过程中，他们不但可以熟悉液氮的冷却现象，还能了解雪糕的原料及制作过程。这种活动形式使孩子们在学习科学知识的同时还能品尝到美味的雪糕，极大提高了他们探索科学的积极性。物理游乐场则以另外一种形式向儿童传播知识，孩子们在跷跷板、滑梯上玩耍时，向他们灌输杠杆、摩擦力等物理知识。二是竞赛活动。该活动难度较大，需要具备一定的科学知识，因此目标人群为在校学生和科技爱好者。竞赛活动主要包括以下几种。第一，K-12项目：该项目的目标人群为在校中小学生，可细分成两个小项。其一科技视频大赛。其二好奇心项目，口号是——"来吧，敢于挑战好奇心"，该活动的目的是给青少年一个充分展示自我的舞台，激发他们探索世界的潜能，让科学的种子在他们内心深处生根发芽。第二，科学小知识挑战赛：在参加活动的过程中，学生们不但能够开阔眼界，学习到更多的知识，而且还能结识更多热爱科学的朋友。该活动最特别的是奖品设置环节，奖品并非一般的物质奖励，而是与诺贝尔奖得主共进晚餐的机会，孩子们能从他们身上学到更多的知识，终身受用。第三，博客竞赛：在竞赛中，参赛者仅需在博客中转发相关消息即可增加一次获奖机会，转发次数越多，中奖概率越高。博客竞赛使更多的人通过博客了解到科学节并参与进来，极大地提高了科学节的知名度和认可度。

3. 院企参观类活动

"科学城"是很多知名企业和研究机构所在地，剑桥科学节与它们始终保持着良好的合作关系，如微软、甲骨文、MRC以及EBI等，参观这些企业和机构对科技爱好者是一项无法抗拒的"诱惑"。"科技之夜"就是为了迎合这一需求而打造的参观类活动。参与该活动不但能够直接参观心仪的院校和机构实验室，还有机会同各行各业的"大牛"探讨交流，了解行业最新动态。如参观者可在创新中心观看互动性产品，体验最新开发的游戏等。参观者还可以进入微软实验室，了解其技术发展现状和趋势。这些参观活动必然使"科技之夜"名副其实，向科技爱好者展示当前最尖端的科技和最新的技术发展情况，给他们留下难以磨灭的印象。

4. 社会群体性的科普活动

社会群体性科普活动主要针对大范围公众，其形式主要包括科技展览、学术讨论、电视直播等。笔者研究发现，最有特色的活动有如下两种。

第一种，"大忙人有大主意"：该活动举办地点为哈佛实验室，参加者为10位知名科学家。在活动过程中，科学家们展开观点交锋，向听众传输自己的思想和见解，对于人们接触较少的前沿科学，科学家讲述完自己观点后会留出一定的讨论时间，参与者如经历了一场头脑风暴。在整场活动中，科学家的发言通过扬声器播放，参与者在两个小时的时间内，能够完全感受他们的表达方式和想法。

第二种，"米德尔塞克斯新星之夜"：该活动在咖啡馆举行，科学家们不是通过演讲和报告向人们传播各种晦涩难懂的专业术语，而是与大众一样品尝美食，在轻松的氛围中讨论问题。这不但消除了大众与科学家之间的距离感，也将极大提高大众对科学的兴趣。

5. 谈话类的科普活动

在科学节相关活动举办的过程中，组委会会在午餐时邀请诺贝尔奖得主到演讲厅共进午餐，在这个过程中，大众可以和科学家在共进午餐的同时探讨科学，这是一种非正式的、轻松的、平等的沟通形式，任何人都能提出自己的见解和想法，与科学家的思想进行碰撞，这是一种全新的普及科学的方法，也更能提高大众参与科学普及的积极性。

6. 电视和广播科普活动

在科学节期间，组委会十分重视电视、广播媒介的宣传作用。不但会邀请主流媒体报告相关进展，组委会还会组织广播媒体宣传科学节。如索尼剑桥广播电台，该电台深受剑桥影响，有着很强的科学氛围。该电台不但会播出科学节的知识类活动，而且还有介绍专家学者的访谈节目，人们在收听广播的同时还能与访谈嘉宾沟通交流。

三 关于国外科普活动的其他形式

除以上科普形式外，科普著作是最常见的科普形式，其可进一步转化为科普影视等形式。科普影视已经发展为科普的最佳形式，如《第九区》、生化危机系列、侏罗纪公园系列等优秀的好莱坞电影都起到了很好的科普作用。美国好莱坞的团队能够将科普著作拍摄成影视作品，进而更好地起到科普作用。随着互联网的发展，网络科普取得了长足的发展，逐渐引起欧美等西方国家的重视，其中奥地利、瑞典等国家已经走在了世界前列。

第三节 国外开展科普活动的经验

一 官方高度重视，相关方积极响应，广大科技人员踊跃参加

通过研究国内外在科普活动上所取得的经验能够发现，政府的作用十分明显。但是除了政府的推动作用，科普更多地依赖各行各业专家学者和科研人员的付出和参与。科研人员积极投身各项科普活动，不但能够向大众传播科学知识，还能够向外界展示其所在的实验室和企业，是一种十分成功的宣传形式。以剑桥科学节为例，无论诺贝尔奖得主还是普通技术人员，都积极主动地参与到科普活动中，与公众面对面聊天和沟通，甚至共进晚餐，这种做法能够很好地消除科学家与公众之间的距离感，起到更好的科普效果，还能提高公众主动参与科普的积极性。

结合国外的科普实践经验可知，不管是建设科学展示场馆还是科普工作的创新，社会上的各类民间力量都发挥着至关重要的作用，如美国的史

密森学会等。然而值得注意的是，国内科技场馆的建设发展、科普工作的开展均以各级政府为主，社会力量、民间力量的参与度不高，尤其是经费来源较为固定。这就在很大程度上阻碍了民间力量介入科普工作，不利于科学文化的传播、科普社会化的推进。

二　倡导政府、学校和企业的联合赞助模式

在剑桥科学节中，政府、高校、实验室和企业参与活动时都要给予一定的赞助。组委会根据赞助资金的多少将赞助机构划分为不同的等级，等级越高，所能收获的效益自然越多。赞助机构在付出资金之后，必然会花费更多的心思来宣传，从而提高科学节的知名度，而科学节知名度的提高，必然会反哺赞助机构，使政府、高校、实验室和企业等得到更好的宣传，从而开创一种新的科普之路。

三　活动形式多样，面向各阶层对象化、全方位开展活动

科普活动要与时俱进，不断发展和创新，从而得到大众的热爱和参与。以剑桥科学节为例，在短短几天的活动中，组委会为不同年龄阶段的社会群体准备了不同的项目，使各个群体都能在科学节中找到适合自己的项目，保持对科学的热情。如针对儿童开展的"制作雪糕"等娱乐性质的活动，能够极大迎合儿童的好奇心，培养他们学习科学的兴趣，此外家庭成员一起参加，还能进一步拉近家庭成员之间的关系；而针对青少年组织的竞赛活动，能够激发他们的好胜心，从而深入学习科学知识，挖掘自己的潜能，也能使高中生为自己进入心仪的大学添砖加瓦；而针对成年人和科技爱好者，则组织参观类活动，为他们创造参观心仪企业和实验室的机会，能够同行业"大牛"面对面交谈，切实提高他们对科学的认知水平。科学节还呼吁公众要保护地球，爱护环境，鼓励公众在参加活动时尽量选择步行和骑单车，做到低碳出行、绿色出行，通过一系列宣传活动，向大众灌输环保理念，在科普的同时宣传环保，也是一种新的科普方式。

四　在传播方式上充分利用互联网大数据平台，拓展科学普及的受众范围

通过研究和分析国内外的科普活动做法并总结其经验可以看出，大数

据在科普活动中的作用越来越不容忽视,其能够显著扩大科普的受众范围。归根结底,科普是为了大众而开展的一系列活动,其目的就是使大众能够掌握更多的科学知识,从而使大众的文化需求得到满足。互联网技术不成熟时,科普主要依赖书籍、讲座、展览等传统形式,科普的范围和灵活性有限,取得的科普效果自然有限。而随着互联网和大数据技术的发展,资源利用率有了显著提高,科普渠道也更为宽广,极大增强了科学普及的灵活性,拓展了科学普及的受众范围。科普人员能够借助大数据技术,在网络中获取海量数据后对各类数据进行分类整理,从而整理出不同群体的具体需求,为不同的群体制定个性化科普方案,"定制化"的科普活动能够进一步提高科普的效率。

五 在传播手段上更侧重线上线下相结合

在国外,美国的史密森学会旗下的科技场馆与多所学校进行了深入合作,并鼓励学生在线学习以及实地考察。通过这种方式,有助于学生将理论知识与实践进行充分结合。在开展科普工作的过程中,青少年是最为关键的受众人群,当前国内在传播科学技术的过程中还存在很多问题,例如新媒体使用不足、线上渠道搭建难等。另外,"哔哩哔哩""两微一抖"等青少年比较容易接受的平台,又存在科普资源不足、内容陈旧等问题。相关机构需要主动介入,积极引导这类平台不断丰富内容,开拓更多科普渠道,促进传播方式的多元化。

六 打造素质优良的志愿者队伍和提供周到的服务

要想更好地开展科普活动,就要充分利用人才资源,尤其是要在高校师生中挑选志愿者,他们有着丰富的科学知识和沟通方法,在活动中能够更好地为大众答疑解惑,宣传科学知识,从而提高科普的质量,人才也能借此机会更好地实现自身价值。上文提到的剑桥科学节,其在细节方面也有很多值得我们学习的地方,科学节涉及200多项活动,分布在30余个不同的场地,组委会提前准备了免费巴士穿梭于不同场馆,使大众能够更为轻松地参与科学节各项活动。不但如此,组委会还组织捐赠活动,参与者在捐赠科技相关物品的同时也能实现个人价值。

第五章　新疆社会科学素养调查研究

社会科学普及是指以人工解说、影视资料放映等多种形式，将有关社会科学的知识内容通俗化，最终面向社会公众广泛传播的活动。其对于提升社会公众整体社会科学素养有着重大意义。党中央对此高度重视，习近平总书记指出："科技创新、科学普及是实现创新发展的两翼，要把科学普及放在与科技创新同等重要的位置。"[①] 习近平总书记开创性地指出科学普及的重要地位，并为新时代科学普及工作的开展指明了方向。社会科学普及作为科学普及的重要组成部分，其重要性不言自明。新疆维吾尔自治区人民代表大会以及政府机关积极响应党中央号召，不断推进社会科学普及工作的发展，2021年通过并施行了《新疆维吾尔自治区社会科学普及条例》，新疆社会科学普及事业迈入法治化轨道，进入新的发展阶段。在新的发展阶段下，新疆社会科学普及事业发展成果如何？未来如何发展？这一系列问题都需要对过往事业发展成果做总结与分析。新疆社会科学普及事业发展情况直接导向新疆公众社会科学素养如何的问题，因此分析新疆公众社会科学素养既是对过去新疆社会科学普及工作的总结，也是对未来社会科学普及工作发展方向的探索。

第一节　新疆公众对社会科学的态度

一　新疆公众对社会科学态度的积极方面

（一）新疆公众对社会科学活动普遍存有关注度与接受度

在有关是否了解社会科学素养或社会科学素养培育的问题中，回答非常了解的人占19.53%，了解一些的占55.72%，反映了大部分新疆公众对

---

① 《习近平谈治国理政》第2卷，外文出版社，2017，第276页。

社会科学有所关注,并且具有一定了解。同时,这也说明了社会科学活动开展得到大部分新疆公众的认可,为新疆公众所接受。其背后原因在于随着新疆公众素质水平的整体提升与新疆社会科学普及工作的不断推进,公众越发认识到社会科学的重要性,并且对社会科学较高的了解程度也展现了新疆公众对社会科学活动具有较好的接受度,能够对社会科学以及相关活动留有印象(见表5-1)。

表5-1　您是否了解社会科学素养或社会科学素养培育？

单位：人,%

选项	人数	比重
A. 非常了解	157	19.53
B. 了解一些	448	55.72
C. 听说过	127	15.80
D. 不了解	72	8.96
共计	804	100.00

(二) 新疆公众对社会科学素养提升持有积极态度

在有关"您认为培育和提升社会科学素养是否重要？"的问题中,有73.26%的人认为非常重要,19.40%的人认为重要,对提升社会科学素养持支持态度的新疆公众占比较高(见表5-2)。

表5-2　您认为培育和提升社会科学素养是否重要？

单位：人,%

选项	人数	比重
A. 非常重要	589	73.26
B. 重要	156	19.40
C. 一般	48	5.97
D. 不重要	8	1.00
E. 非常不重要	3	0.37
共计	804	100.00

另外,在"您认为社会科学素养对于人们的健康成长是否重要"的问题

中，认为非常重要的人占74.63%，认为重要的占19.40%（见表5-3）。该结果与以上两项结果（见表5-2、表5-3）都显示，大部分新疆公众都意识到了社会科学素养对个人的重要性，对提升社会科学素养持积极态度。分析其背后的原因在于社会科学普及工作的积极开展，使得更多新疆公众了解到社会科学在生活中的重要性，增强了新疆公众学习社会科学知识的自主性。

表5-3 您认为社会科学素养对于人们的健康成长是否重要？

单位：人，%

选项	人数	比重
A. 非常重要	600	74.63
B. 重要	156	19.40
C. 一般	41	5.10
D. 不重要	4	0.50
E. 非常不重要	3	0.37
共计	804	100.00

（三）新疆公众对自身社会科学素养有所认知，且积极寻求提升途径

在"您认为自己的社会科学素养怎么样？"的问题中认为非常高的占20.90%，比较高的占31.72%，一般的占43.91%，比较低的占2.86%，各认知层次均有分布，贴合现实状况，说明本调查具有一定客观性，新疆公众对自身社会科学素养有一定认知（见表5-4）。

表5-4 您认为自己的社会科学素养怎么样？

单位：人，%

选项	人数	比重
A. 非常高	168	20.90
B. 比较高	255	31.72
C. 一般	353	43.91
D. 比较低	23	2.86
E. 非常低	5	0.62
共计	804	100.00

同时，在"您是否曾经有过着重提升自己社会科学素养的意识？"中，有53.73%的人有意识提升自己社会科学素养，39.30%的人有想法但不知如何去做（见表5-5）。总体而言，大部分新疆公众都积极自主投入到社会科学素养提升的队列之中。2016年，习近平总书记在哲学社会科学工作座谈会上指出："哲学社会科学是人们认识世界、改造世界的重要工具。"[1] 社会科学对于个人的发展具有重要意义，而随着社会科学普及宣传力度的加大，新疆公众的社会科学素养得到一定提升，在日常生活中新疆公众得以切身体会到社会科学知识带给其生活上的变化，从而提升了自己学习社会科学知识的积极性。

表5-5 您是否曾经有过着重提升自己社会科学素养的意识？

单位：人，%

选项	人数	比重
A. 有意识提升自己社会科学素养	432	53.73
B. 有，但不知道如何去做	316	39.30
C. 没有，也不知道如何去做	43	5.35
D. 无所谓，没感觉	13	1.62
共计	804	100.00

（四）新疆公众参与社会科学普及队伍积极性较高

在"您愿意加入社会科学普及队伍吗？"的问题中，表示比较愿意的公众占61.44%，愿意的占21.39%，公众意愿程度普遍较高，积极性强。说明新疆公众乐于参与到社会科学普及活动中。社会科学普及不仅是政府公共部门的工作，公众也是其中重要的参与主体。新疆公众之所以积极参与社会科学普及队伍，原因在于公众对社会科学重要性认知的提升，使他们意识到自身的主体性，并且加入社会科学普及队伍对于新疆公众提升自身科学素质和社会地位有着更为积极的影响（见表5-6）。

---

[1] 习近平：《在哲学社会科学工作座谈会上的讲话》，人民出版社，2016，第2页。

表 5-6　您愿意加入社会科学普及队伍吗？

单位：人，%

选项	人数	比重
A. 比较愿意	494	61.44
B. 愿意	172	21.39
C. 一般	112	13.93
D. 不愿意	18	2.24
E. 比较不愿意	8	1.0
共计	804	100.00

（五）新疆公众对社会科学的重要性有充分认识

被调查者认为社会科学对社会各方面有非常积极的影响的占 66.58%，认为有积极影响的占 27.90%，表现出公众对社会科学重要性认知较高，能够意识到社会科学对社会的积极影响，而并非仅局限于社会科学对自身素养的提升方面（见表 5-7）。

表 5-7　您认为社会科学对下面这些方面有什么影响？

单位：人，%

题项	有非常积极的影响（人数/比重）	有积极影响（人数/比重）	积极与消极影响差不多（人数/比重）	有消极影响（人数/比重）	有非常消极的影响（人数/比重）
社会稳定	478（68.38）	186（26.61）	26（3.72）	4（0.57）	5（0.72）
经济发展	448（64.09）	210（30.04）	35（5.01）	2（0.29）	4（0.57）
人际关系	451（64.52）	209（29.90）	33（4.72）	2（0.29）	4（0.57）
公众健康	450（64.38）	197（28.18）	43（6.15）	3（0.43）	6（0.86）
文化生活	480（68.67）	183（26.18）	30（4.29）	1（0.14）	5（0.72）
民族团结	481（68.81）	187（26.75）	25（3.58）	2（0.29）	4（0.57）
道德素质	487（69.67）	180（25.75）	27（3.86）	1（0.14）	4（0.57）
世界和平	448（64.09）	208（29.76）	36（5.15）	2（0.29）	5（0.72）
平均比重	66.58	27.90	4.56	0.30	0.66

注：表中数据，括号外表示人数，括号内表示比重，下同。

二 新疆公众对社会科学态度的消极方面

在问卷中列举的部分社会科学机构中，97.14%的人听说过中国社会科学院，但相对而言只有76.25%的人听说过新疆社会科学界联合会，公众对新疆社会科学机构的认知度整体低于全国性的社会科学机构，反映出新疆公众对新疆社会科学机构认知不足（见表5-8）。分析其背后的原因在于两方面。一方面，全国性的社会科学机构自身知名度较高，权威性较强，可利用的宣传资源较多，新疆公众更容易从各类渠道获取其相关信息，从而展现出较高的认知度。另一方面，新疆社会科学机构从地理上与心理上更为贴近新疆公众，但在实际社会科学普及工作中未能发挥优势，反映出新疆社会科学机构的普及力度仍有待加强，普及工作存在一定缺漏；活动开展范围有些狭窄，未能真正进入大众视野。

表5-8 您是否听说过下列机构？

单位：人，%

题项	听说过	没听说过
中国社会科学院	679（97.14）	20（2.86）
新疆社会科学院	616（88.13）	83（11.87）
新疆社会科学界联合会	533（76.25）	166（23.75）
新疆维吾尔自治区工会	642（91.85）	57（8.15）
新疆维吾尔自治区妇女联合会	657（93.99）	42（6.01）
新疆维吾尔自治区残疾人联合会	649（92.85）	50（7.15）
新疆维吾尔自治区文学艺术界联合会	583（83.40）	116（16.60）

三 应对新疆公众社会科学消极态度的对策

（一）充分挖掘新疆公众参与社会科学普及队伍的潜力

疆内社会科学机构之所以知名度不高，是因为相关机构的社会科学普及工作未能充分铺开，活动亲民性不足，新疆公众参与度较低。为增强新疆社会科学普及活动亲民性，提升新疆公众相关活动的参与度，多元社科学普及主体应当充分挖掘新疆公众参与社会科学普及工作的潜力。因为新疆公众对于参与社会科学普及活动展现出高积极性，社会科学普及活动可以充分发动新疆公众力量，以公众志愿者为桥梁，拓宽活动覆盖面，从而提升活动参与度，增强活动亲民性。

（二）以疆内社会科学机构为主体，构建具有新疆风格的哲学社会科学体系

对于疆内社会科学普及活动覆盖率较低、下沉度不足的问题，要立足新疆本土情况，结合新疆特色，在加快构建有中国特色的哲学社会科学话语体系、社会科学平台、联动协作机制上下功夫、有作为。

首先，要立足新疆实际，加快构建哲学社会科学话语体系。推进政治话语学理化，持续推动习近平新时代中国特色社会主义思想体系化研究、学理化阐释，推动新时代党的治疆方略与哲学社会科学各学科概念、范畴、理论有机融通，推进学术话语大众化，加大社会科学普及和传播工作力度，编撰出版社会科学普及读物，加强社会科学普及品牌建设。以问题和需求为导向，积极争取占领大数据时代的学术话语权。

其次，集聚优势资源，在促进学术交流、推动高质量社会科学平台建设上展现新作为。一要持续用好哲学社会科学评价评奖平台。加大对优秀成果和优秀人才的奖励力度，增设社会科学人才奖，将社会科学普及成果纳入哲学社会科学奖评选范畴，引导哲学社会科学工作者在服务自治区党委、政府决策和提升公众社会科学素养上更好发挥作用。多种途径加大宣传推介力度，让更多优秀的哲学社会科学工作者走向"前台"，更多优秀的哲学社会科学成果走向大众。二要构建多元化交互型学术交流平台。持续提升新疆社会科学界学术年会和社会科学界青年学者论坛等高端学术交流平台的引导力和影响力，深度整合各高校、科研院所的学科智慧资源，增强高校、地州市社科联、社会组织承办学术活动的积极性，形成"三级"联动联办学术活动的浓厚氛围。三要持续打造高品质学术期刊平台。坚持理论联系实际，注重加强选题策划，办好精品栏目，加强习近平新时代中国特色社会主义思想的阐释解读，为传播马克思主义、弘扬中华优秀传统文化、繁荣中国特色哲学社会科学作出新贡献。加快推进期刊数字化转型和融合发展，加强编辑人才队伍建设。

最后，要加强联动协作。各级社科联要主动同哲学社会科学界专家学者打交道、交朋友，积极为高校、研究机构以及社会组织等搭建平台，做好服务；要打破学科、部门、区域壁垒，推动哲学社会科学"五路大军"相互学习并开展广泛的交流合作，在破解重大理论和现实问题中凝聚合力，把社科联建设成为更具凝聚力、号召力的哲学社会科学工作者之家。

第二节　新疆公众获得社会科学知识的渠道及相关普及活动分析

一　新疆社会科学普及渠道及活动的成效分析

（一）新疆公众获取社会科学知识的多样化渠道

在"您主要通过下列哪些方式获取社会科学知识？"这一问题中，调查结果显示公众在各种渠道中，上网浏览综合得分高达 8.42 分，远远超过第二名报纸、杂志以及图书的 6.27 分，这也间接反映了新疆公众获取社会科学知识渠道的偏好，除此之外讲座、与他人交谈、参观展览、培训等一系列多样化的知识获取渠道也比较广泛地被群众所选择（见表 5-9）。由此可见，现阶段新疆社会科学普及在互联网、纸媒方面存在较大优势，这体现了当下信息化时代知识获取便捷、高效的特点，在当前互联网时代，随着手机、电脑等媒体设备的升级，上网获取信息已成为一种趋势，其强大的便捷性、精准性吸引一众人目光，更多群众倾向于这种更有效率的信息获取方式。

表 5-9　您主要通过下列哪些方式获取社会科学知识？（请依次选出主要的三项）

单位：分，人，%

题项	综合得分	第 1 位	第 2 位	第 3 位	人数
上网浏览	8.42	295（45.25）	310（47.55）	47（7.21）	652
报纸、杂志以及图书	6.27	354（74.53）	61（12.84）	60（12.63）	475
讲座	4.28	45（12.53）	118（32.87）	196（54.60）	359

续表

题项	综合得分	第1位	第2位	第3位	人数
与他人交谈	2.21	19（10.27）	72（38.92）	94（50.81）	185
参观展览	1.93	18（11.04）	50（30.67）	95（58.28）	163
培训	1.81	21（13.91）	55（36.42）	75（49.67）	151
学校课堂	1.70	22（15.49）	48（33.80）	72（50.70）	142
电视	1.64	16（11.51）	33（23.74）	90（64.75）	139
知识竞赛	1.25	9（8.57）	41（39.05）	55（52.38）	105
广播	0.42	3（8.57）	16（45.71）	16（45.71）	35
其他（请注明）	0.07	2（33.33）	0（0）	4（66.67）	6

（二）新疆公众对地方特色社会科学知识的关注

在"您愿意从以下机构中获取社会科学知识吗？"这一问题中，题项显示新疆公众当前获取社会科学知识的机构变得更加多元化，参与社会科学普及的地方特色机构所占比重较高。调查数据显示，非常愿意选择中国社会科学院、新疆社会科学院的占比均大于60%，其他地方性机构的选择率也超过50%，这表明新疆公众更倾向选择国家级机构进行相关学习，同时，人们对于提供具有地方特色的社会科学知识喜爱程度越来越深，这是地域特色与社会科学知识相结合的优秀成果，能够提升人民群众对社会科学知识的亲近感、认同感（见表5-10）。

表5-10 您愿意从以下机构中获取社会科学知识吗？

单位：人,%

题项	非常愿意	愿意	一般	不愿意	非常不愿意
中国社会科学院	512（63.68）	240（29.85）	47（5.85）	3（0.37）	2（0.25）
新疆社会科学院	492（61.19）	247（30.72）	59（7.34）	2（0.25）	4（0.50）
新疆社会科学界联合会	480（59.70）	247（30.72）	71（8.83）	3（0.37）	3（0.37）
新疆维吾尔自治区工会	469（58.33）	249（30.97）	76（9.45）	5（0.62）	5（0.62）
新疆维吾尔自治区妇女联合会	468（58.21）	246（30.60）	80（9.95）	5（0.62）	5（0.62）

续表

题项	非常愿意	愿意	一般	不愿意	非常不愿意
新疆维吾尔自治区残疾人联合会	465（57.84）	249（30.97）	77（9.58）	7（0.87）	6（0.75）
新疆维吾尔自治区文学艺术界联合会	473（58.83）	253（31.47）	67（8.33）	3（0.37）	8（1.00）

（三）新疆公众对文化活动举办效果的满意度较高

本次调查依据两个标准来判断社会科学知识获取方式的普及情况及需要进一步推广的方面：一是选择该选项的人数最多，二是认为该选项较为重要。在"您认为您周边举办的文化活动效果怎么样？"这个问题中，调查数据显示，选择"比较满意"的人数占比为45.27%，选择"满意"的人数占总人数的27.36%，由此可以得知绝大多数人对于周边开展的文化活动持积极评价，反映出新疆群众对现行文化活动的组织和实施普遍感到满意，社会科学的普及工作取得了显著成效（见表5-11）。

表5-11　您认为您周边举办的文化活动效果怎么样？

单位：人，%

选项	人数	比重
A. 比较满意	364	45.27
B. 满意	220	27.36
C. 一般	192	23.88
D. 不满意	18	2.24
E. 比较不满意	10	1.24
共计	804	100.00

（四）新疆公众对众多社会科学学科的兴趣

在"请依次选择下列您感兴趣的社会科学学科？"和"您希望获取哪些方面的社会科学知识或信息？"这两个问题中，从数据可以看出新疆群众对于哲学、经济学、法学、教育学、文学、历史学、管理学等各类学科都存在极高的兴趣，并愿意深入学习这些领域的知识。特别是哲学、经济学和法学，在新疆群众中尤其受到青睐。这表明新疆群众对多个社会科学学科都抱有相当的兴趣（见表5-12、表5-13）。

表5-12 请依次选择下列您感兴趣的社会科学学科

单位：人，%

题项	综合得分	第1位	第2位	第3位	第4位	第5位	第6位	第7位	人数
哲学	5.16	384(47.76)	64(7.96)	78(9.70)	71(8.83)	61(7.59)	75(9.33)	71(8.83)	804
经济学	4.54	81(10.07)	295(36.69)	82(10.20)	95(11.82)	93(11.57)	86(10.70)	72(8.96)	804
法学	4.45	80(9.95)	113(14.05)	278(34.58)	120(14.93)	95(11.82)	68(8.46)	50(6.22)	804
教育学	3.94	64(7.96)	82(10.20)	106(13.18)	269(33.46)	125(15.55)	90(11.19)	68(8.46)	804
文学	3.63	57(7.09)	91(11.32)	87(10.82)	102(12.69)	259(32.21)	149(18.53)	59(7.34)	804
历史学	3.44	79(9.83)	89(11.07)	95(11.82)	69(8.58)	102(12.69)	254(31.59)	116(14.43)	804
管理学	2.83	59(7.34)	70(8.71)	78(9.70)	78(9.70)	69(8.58)	82(10.20)	368(45.77)	804

表5-13 您希望获取哪些方面的社会科学知识或信息？

单位：人，%

题项	人数	比重
A. 马克思列宁主义、毛泽东思想、邓小平理论、"三个代表"重要思想、科学发展观、习近平新时代中国特色社会主义思想，党的路线、方针、政策	723	89.93
B. 社会主义核心价值观，以爱国主义为核心的民族精神和以改革创新为核心的时代精神，胡杨精神、兵团精神	682	84.83
C. 宪法、法律法规基本知识	648	80.60
D. 中华民族共同体意识、党的民族宗教理论和政策	627	77.99
E. 党史、新中国史、改革开放史、社会主义发展史、新疆地方与祖国关系史	621	77.24
F. 新时代党的治疆方略，新疆工作系列白皮书	559	69.53

续表

题项	人数	比重
G. 中华优秀传统文化、革命文化、中国特色社会主义先进文化	588	73.13
H. 健康、文明的生活理念和生活方式	580	72.14
I. 哲学、政治学、经济学、社会学、民族学、宗教学、法学、教育学、文学、历史学、军事学、管理学、艺术学、心理学、考古学等体现人类社会文明和社会发展规律的社会科学基础理论以及应用知识	615	76.49

二 新疆社会科学普及渠道及活动存在的不足

（一）新疆社会科学知识传播途径的发展不均衡

由数据（见表5-9）可以看出，上网浏览综合得分高达8.42分，显著高于排在第二位的报纸、杂志以及图书的6.27分。这表明在新疆，通过互联网获取社会科学知识的方式占据了主导地位。由此我们能够发现，在新疆社会科学普及途径上，电视、知识竞赛、广播等途径传播影响力较弱，此外，地方性社会科学普及机构热度与知名度仍小于国家级社会科学普及机构。

（二）新疆社会科学普及文化活动的现存缺陷

在"您认为您周边举办的文化活动存在什么问题？"中，有64.55%的受访者认为现阶段新疆社会科学普及文化活动存在"活动少且涉及的领域不多"的问题、60.45%的人认为存在"内涵不深刻，参加后没什么感觉"的问题，还有59.55%的人认为存在"宣传欠佳，影响力不够"的问题，这些反馈揭示了新疆社会科学普及文化活动尚需改进的空间，说明其现状与公众期望之间存在差距。

（三）新疆公众参与线下活动的有限性

调查结果显示，一年中没去过有关社会科学普及场所的公众占37.81%，去过三次及以上的占13.90%，这些数据对比揭示了公众对于线下参与社会科学普及活动的主动性相对较低。有84.70%的人表示工作或学业繁忙是没有去过社会科学普及场所的主要原因，同时生活地区没有相关场所，或是交通不便等一系列因素也影响着群众参与线下社会科学普及活动（见表5-14）。由分析可得，一部分原因在于当前的快节奏生活，大多数人没有足够的空余时间参与耗时较长的线下活动，而且相比线上学习，他们认为前往社会科学普及场所学习社会科学知识的效率较低。同时，基础设施建设不完善也是阻碍公众前往社会科学普及场所学习社会科学知识的一大重要因素。

表5-14 在过去的一年中，您没有去过社会科学普及场所的原因是什么？

单位：人，%

选项	人数	比重
A. 工作或学业繁忙	681	84.70
B. 生活的地区没有相关场所	397	49.38
C. 交通不便	307	38.18
D. 门票太贵	148	18.41
E. 感觉很无聊	124	15.42
F. 不知道有这些地方的存在	117	14.55
G. 其他	119	14.80

三 新疆社会科学普及问题的解决措施

（一）拓宽新疆社会科学普及的渠道

社会科学的普及，需要"飞入寻常百姓家"，从基层入手，面向基层，服务大众。促进新疆社会科学知识的普及，要注重补齐在传播途径上的短板。首先，用现代科技手段，比如互联网和移动媒体，来拓宽新疆社会科学的普及渠道。通过建立专门的社会科学普及网站、微信公众号，定期发布与社会科学相关的文章、视频和音频。其次，要发挥多方主体作用。联合学校、企业、社会组织、公共机构多方主体加强对社会科学的普及。最后，深入挖掘并融合地方特色历史文化，创建具有地方特色的社会科学普及品牌，以扩大受众范围。

（二）提升新疆文化活动的质量与影响力

首先要加大对于新疆社会科学普及活动的宣传力度，减少低质量文化活动的数量，深化活动内涵，确保活动围绕提升公众科学文化素养的目标开展，使社会科学普及效果有效彰显，让群众主动参与。其次要扩大文化活动的覆盖范围，提高群众的参与度和知识储备。再次，运用新理念、新载体、新举措，在品牌创建、平台打造、阵地建设、志愿服务等方面有创新，围绕铸牢中华民族共同体意识主线，在推进"文化润疆"工作走深走实的同时着力提升新疆群众社会科学素养，同时提高活动的质量和知名度。激发群众学习社会科学知识的积极性。最后，加强对社会科学普及活动的监督和激励，做到综合考量、长期开展，保证社会科学普及活动高质量开展的同时，激发民众参与社会科学普及的热情。

（三）畅通新疆公众线下参与活动的渠道

首先，加强在社会科学知识普及方面的基础设施建设，畅通人民群众参与途径，鼓励公众积极参与线下社会科学普及活动，增强其体验感和获得感，从而使其对社会科学知识有更加深刻、生动的认识，进一步提升群众社会科学素养。其次，通过线上平台与线下活动相结合的方式，激发群众参与社会科学普及的积极性与主动性。最后，关注并满足老年人、儿童、残疾人等特殊群体的需求，为他们提供专门的服务区域和定制化服务，确保他们能够平等参与活动。

第三节　新疆公众对社会科学普及工作的评价分析

一　新疆社会科学普及工作成效分析

（一）大部分新疆公众对社会科学普及工作认可度较高

在对本地区社会科学普及工作现状做评价时，对社会科学普及工作满意及比较满意的被调查者占总人数的68.16%，一般的占26.99%，不满意及比较不满意的占4.85%（见表5-15）。说明大部分新疆公众对社会科学普及工作较为满意，反映出公众对当地社会科学普及工作有一定认可度，当地社会科学普及工作开展质量较高。

表 5-15　您对本地区社会科学普及工作的现状满意吗？

单位：人，%

选项	人数	比重
A. 比较满意	285	35.45
B. 满意	263	32.71
C. 一般	217	26.99
D. 不满意	28	3.48
E. 比较不满意	11	1.37
共计	804	100.00

（二）互联网是新疆公众获取社会科学知识的主要渠道

在各类科普渠道中，被调查者认为互联网非常好的占 58.83%，是认可度最高的渠道，反映了新疆公众对强化社会科学互联网普及渠道的方向需求。该现象的出现可能与当今数字经济与信息时代有关，人们的浏览与阅读习惯科技化，对大数据的依赖程度较高。同时社会节奏加快，人们习惯了碎片化获取知识的方式（见表 5-16）。

在公众对各类公共资源的需要程度调查中，满足和比较满足的分别占比 34.08% 和 38.56%，不满足的占极少数。反映了新疆有关社会科学普及的公共文化场馆和媒体资源等公共资源能够较好地满足公众提升社会科学素养的需要（见表 5-17）。

表 5-16　您认为通过以下渠道传播社会科学知识的效果如何？

单位：人，%

题项	非常好	比较好	一般	比较差	非常差
报纸书籍	320（39.8）	205（25.50）	242（30.10）	27（3.36）	10（1.24）
互联网	473（58.83）	229（28.48）	94（11.69）	7（0.87）	1（0.12）
讲座	367（45.65）	243（30.22）	161（20.02）	22（2.74）	11（1.37）
知识竞赛	347（43.16）	231（28.73）	185（23.01）	24（2.99）	17（2.11）
与他人交谈	379（47.14）	270（33.58）	140（17.41）	9（1.12）	6（0.75）
参观展览	407（50.62）	271（33.71）	115（14.30）	5（0.62）	6（0.75）
培训	372（46.27）	233（28.98）	173（21.52）	12（1.49）	14（1.74）
学校课堂	374（46.52）	264（32.84）	147（18.28）	10（1.24）	9（1.12）

续表

题项	非常好	比较好	一般	比较差	非常差
广播	320（39.80）	214（26.62）	216（26.87）	37（4.6）	17（2.11）
电视	341（42.41）	273（33.96）	159（19.78）	21（2.61）	10（1.24）

表5-17 您认为您身边的公共资源能否满足自己提升社会科学素养的需要？

单位：人,%

题项	人数	比重
A. 比较满足	310	38.56
B. 满足	274	34.08
C. 一般	186	23.13
D. 不满足	25	3.11
E. 比较不满足	9	1.12
共计	804	100.00

（三）社会科学普及工作有利于提高新疆公众社会科学素养

有60.70%的公众认为通常所说的"科普工作"的内容是自然科学和社会科学知识的普及，另外只认为"科普工作"是自然科学知识普及或社会科学知识普及的占比差别不大，其中前者的占比高于后者。这既反映出不同的人群对"科普工作"的理解不同，也体现出新疆社会科学普及工作以后的工作方向（见表5-18）。

表5-18 您认为通常我们所说的"科普工作"的内容是什么？

单位：人,%

题项	人数	比重
A. 自然科学知识的普及	174	21.64
B. 社会科学知识的普及	139	17.29
C. 自然科学和社会科学知识的普及	488	60.70
D. 其他	3	0.37
共计	804	100.00

二 新疆社会科学普及工作存在的问题

(一) 新疆公众对社会科学普及工作的认识程度有待进一步提升

调查结果（见表5-19）显示仅有23.26%的调查对象对社会科学普及基地的了解程度较高，对社会科学普及基地"了解一点"的占63.56%，同时仍有13.18%的人完全不了解社会科学普及基地。这反映了大部分新疆公众对社会科学普及基地的认识程度较低，说明新疆社会科学普及基地的建设和运行对群众虽有一定的积极作用，但效果不够明显，未来仍有巨大的发展空间。

表5-19 您了解过您身边的社会科学普及基地吗？

单位：人，%

题项	人数	比重
A. 非常了解	187	23.26
B. 了解一点	511	63.56
C. 完全不了解	106	13.18
共计	804	100.00

(二) 新疆社会科学普及工作存在趣味性低、形式主义等问题

问卷针对新疆公众对周边文艺活动等开展中存在的问题的调查，说明需要对社会科学普及工作进行系统性的整改。这体现了社会科学普及工作开展中存在漏洞，通过分析整合大致表现在活动趣味性低、开展频次少、涉及领域窄、形式主义严重等方面。

在对社会科学普及工作的一些主要措施的看法的调查中，每项都有超过半数的人对其持有"同意"的看法，但仍有少数人认为某项措施的实施情况十分一般，不同意继续实施。这反映了社会科学普及工作仍无法惠及所有公众，对有关社会科学普及资源与渠道的分配利用程度较低。同时也体现了进行社会科学普及工作的社会主体如自治区政府机关、其他社会科学组织的形式主义现象仍然存在。这些主要措施具体体现在社会科学普及工作的各个媒介、主体、机制与要素中。

(三) 新疆社会科学普及工作对提升公众人文素养的成效不佳

在问卷中笔者通过设置情景问题，将调查对象放到具体情境中来，具体设置了帮助他人、电信诈骗等现实生活中常见的情景。在游泳馆情境中有 74.13% 的公众选择快速找到岸边的救生员求助，在电信诈骗的情境中有 56.35% 的公众选择找学校负责人核实该事，以确定短信内容真伪。这反映了新疆公众在面对社会问题时能够运用现有的社会科学知识，同时也体现了仍有一大部分人并未具备有关电信诈骗等现实社会问题的解决能力，个人社会科学素养仍需进一步提高（见表 5-20、表 5-21）。

表 5-20　您作为一个游泳初学者，正在游泳馆里学习游泳，此时您看到一个人在深水区游泳，似乎遇到了麻烦，您应该怎么做？

单位：人，%

题项	人数	比重
A. 进入深水区施救	114	14.18
B. 装作看不见	28	3.48
C. 观望一下看对方是否真的陷入麻烦	66	8.21
D. 快速找到岸边的救生员求助	596	74.13
共计	804	100.00

表 5-21　王先生收到署名为李老师的信息，称自己正在上幼儿园的儿子因摔伤送往医院，李老师让王先生汇钱垫付医药费，爱子心切的王先生此时第一步该怎么做？

单位：人，%

题项	人数	比重
A. 第一时间汇款，以免延误救治时机	122	15.17
B. 找学校负责人核实该事，以确定短信内容真伪	453	56.34
C. 不予理会，现在的骗子太多了，要小心	30	3.73
D. 打回该电话核实情况，和李老师商量如何救治	199	24.75
共计	804	100.00

三　对新疆社会科学普及措施的讨论

（一）创新新疆社会科学普及工作，提升公众接受度

首先要以社会普遍关注的热点问题为重点，扩大普及内容的覆盖面。

要善于抓住当前的社会热点，社会科学普及活动不能简单地与思想政治宣传工作相对比，社会科学普及活动应当具有更加宽广的空间、更加充实的内涵。另外要坚持"贴近实际、贴近群众、贴近生活"的原则，以"弘扬科学精神，普及科学知识，树立科学理念，倡导科学方法"为指导，以"培养正确的世界观、人生观、价值观"为目的，将社会科学领域中持续更新的理论、知识和方法纳入普及的内容。①

其次要建立健全工作机制体制、发挥法治引领和规范作用。要大力推进社会科学普及法治化。通过颁布实施和贯彻落实地方性社会科学普及法律法规，将社会科学普及纳入法治化轨道，为社会科学普及提供有效的法律保障。同时要进一步完善管理体制，建立由宣传、教育、社科联、科技、新闻出版、广播电影电视等部门组成的社会科学普及联席会议。②

最后要建设高质量社会科学普及人才队伍。打造有定力、有作为、有勇气，讲政治、敢担当、能奉献的理论研究队伍、社会科学普及基地人才队伍、社会科学普及宣传队伍、新媒体人才队伍、管理保障队伍和志愿者服务队伍。③ 在此基础上，建立社会科学普及人才库，规范管理和培训，提高社会科学普及工作者的创新意识和专业素质。

此外，还要在社会科学普及中进行内容和形式上的创新。第一，社会科学普及工作必须始终保持鲜明的时代性，始终要紧密结合党委政府的中心工作和人民群众关注的热点难点问题。同时，社会科学普及要紧密结合当地实际，切合人民群众实际需求，积极宣传优秀传统文化和优秀社会科学研究成果。第二，社会科学普及必须推动内容、形式与载体的不断创新。除了讲坛讲座、宣传咨询等传统的社会科学普及活动载体外，还要加大互联网、大数据的应用力度，线上线下双线联动进行社会科学普及工作，使社会科学普及更具针对性、实效性和时代性。④ 第三，建立其他具有地方特色的激励机制、经费保障机制、社会科学普及基地评估考核机制、多元融

---

① 黄仁佳：《以人民为中心视域下社科普及工作高质量发展研究》，《百色学院学报》2022年第5期。
② 龙艳：《新时代推进社会科学普及工作的思考》，《湖南科技学院学报》2018年第6期。
③ 唐先滨：《探索社会科学普及新路子》，《新疆日报》2022年5月19日。
④ 王晶：《新形势下社会科学普及工作存在的问题与对策研究》，《山西科技报》2023年9月28日。

资机制等，推动社会科学普及工作在机制的规范下稳步向前。第四，贯彻落实《新疆维吾尔自治区社会科学普及条例》，开展社会科学普及条例实施情况执法检查，加强社会科学普及工作的组织协调，以联席会议制度推动各级职能部门重视和开展社会科学普及工作。第五，发挥联席会议成员单位作用，共同培育多领域、专业化社会科学普及队伍，创新社会科学普及手段和方式，营造全社会参与社会科学普及活动的浓厚氛围，高质量构建社会科学普及工作大格局。

（二）提升大众对社会科学的重视程度

大众社会科学素养的提高是一个多维度、综合性的任务，涉及教育、政策、文化等多个方面。

第一，要积极推动"科教兴国"战略的实施，既要大力发展自然科学，又要大力发展社会科学。在我国的改革开放和社会主义现代化的过程中，不仅要重视自然科学，更要重视社会科学。在各级教育体系中开设社会科学课程，帮助学生全面了解社会科学体系，从而推动社会科学研究人员、教育工作者、媒体从业者等专业人才的培养工作。

第二，还要加强跨学科合作，鼓励社会科学与其他学科的交叉融合，如与工程技术等领域的合作，共同推动民众社会科学素养的提高。通过加强教育、制定政策、举办活动、利用媒体和网络平台、加强跨学科合作以及培养专业人才等多种措施，我们可以逐步提高公众的社会科学素养，不断满足公众对社会科学普及工作的需求。

参考文献

《把红色基因传承融入社科普及》,《社科纵横》2021年第3期。

《蚌埠学院淮河文化展览馆入选第四批"安徽省社会科学普及基地"》,《蚌埠学院学报》2021年第2期。

《不断提高公民社会科学素养》,《贵州日报》2023年5月17日。

《不负时代召唤勇担社科使命》,《濮阳日报》2024年3月11日。

《奋发进取 锐意创新 为推动甘肃省哲学社会科学事业发展贡献力量》,《社科纵横》2022年第5期。

《湖南省财政厅 湖南省科学技术协会 湖南省社会科学界联合会关于印发〈湖南省科学技术普及专项资金管理办法〉的通知》,《湖南省人民政府公报》2019年第22期。

《挥动科学普及之翼》,《现代制造工程》2020年第11期。

《江苏省哲学社会科学促进条例》,《新华日报》2022年8月4日。

《讲好平凉故事 重塑地域文明——平凉市博物馆社科普及示范基地工作纪实》,《社科纵横》2020年第12期。

《立足公众 注重特色——天水市博物馆科普工作卓有成效》,《社科纵横》2020年第10期。

《南塘老区村入选社科普及基地》,《红土地》2019年第1期。

《普及社会科学提升人文科学素养》,《四平日报》2019年9月19日。

《让哲学社会科学走向大众——〈黑龙江省哲学社会科学普及条例〉解读》,《黑龙江日报》2022年7月31日。

《深化社科普及 全面提升公众社会科学文化素质》,《成都日报》2024年1月6日。

《省社科联副主席谭丽红一行指导我校哲学社会科学普及工作》,《运城学院学报》2022年第3期。

《省社科联主席席义方赴乐山调研社科普及基地》，《四川社科界》2016年第2期。

《省社科联主席杨泉明调研省级社科普及基地——书法艺术普及基地》，《四川社科界》2017年第3期。

《四川省红军强渡大渡河历史文化社科普及基地简介》，《四川社科界》2016年第5期。

《四川省青少年文学艺术社科普及基地简介》，《四川文理学院学报》2015年第4期。

《四川省哲学科会科学普及基地——康巴文化社科普及基地》，《四川民族学院学报》2020年第2期。

《四川省哲学科会科学普及基地——康巴文化社科普及基地》，《四川民族学院学报》2020年第2期。

《四川文化产业社科普及基地》，《四川省干部函授学院学报》2015年第1期。

《台州学院乡村文化保护传播中心获批为"浙江省社科普及基地"》，《台州学院学报》2019年第5期。

《台州学院乡村文化保护传播中心获批为"浙江省社科普及基地"》，《台州学院学报》2019年第5期。

《推动新时代玉林哲学社会科学事业高质量发展》，《玉林日报》2023年12月19日。

《新疆维吾尔自治区社会科学普及条例》，《新疆日报（汉）》2021年4月8日。

《邢台市图书馆社科普及基地》，《社会科学论坛》2017年第2期。

《雅安市召开首批社科普及示范基地授牌暨社科普及基地建设工作会》，《四川社科界》2016年第1期。

《烟台市社会科学普及教育基地管理办法》，《烟台日报》2019年10月10日。

《盐城市档案馆成为"社科普及基地"》，《档案与建设》2011年第7期。

《扬优势补短板强作为 开创赤峰哲学社会科学高质量发展新局面》，《赤峰日报》2024年1月13日。

《用好红色资源 推进社会科学普及工作》，《社科纵横》2021年第4期。

《云南省社会科学普及条例》，《云南日报》2019年10月6日。

《浙江省哲学社会科学工作促进条例》，《浙江日报》2022年8月16日。

《自治区人民政府办公厅关于同意建立自治区社会科学普及工作联席会议制度的函》，《宁夏回族自治区人民政府公报》2020年第18期。

包御琨：《奋力推动哲学社会科学繁荣发展》，《贵州日报》2021年1月13日。

陈宝明：《从"两翼理论"认识新时代科普工作新格局》，《科普研究》2022年第5期。

陈文章、徐淑云、郭胜鑫：《开创社会科学普及工作新格局助力福建"十四五"哲学社会科学高质量发展》，《发展研究》2021年第8期。

崔娟：《大数据驱动社会科学普及模式创新研究》，《中国新通信》2020年第20期。

丁国峰、曹成俊：《安徽省社会科学普及立法的困境及其破解》，《安徽农业大学学报》（社会科学版）2021年第2期。

丁国峰、姜婷：《我国社科普及与科技普及的异同及立法趋向》，《安徽科技》2021年第3期。

丁国峰、蒋淼：《中国社会科学普及立法的规范向度：意蕴、思辨与突破》，《社科纵横》2023年第3期。

段小明、李杰：《安徽省社科知识普及影响因素实证分析》，《宿州学院学报》2021年第1期。

古蔺县社科联：《整合资源打造品牌不断提高社科普及基地影响力》，《四川社科界》2016年第3期。

顾敏佳、刘益东：《改革开放以来中国社会科学普及的发展历程——以全国社会科学普及系列会议为主线》，《河北师范大学学报》（哲学社会科学版）2018年第4期。

郭欣仪：《科学普及中知识可视化平面设计研究》，硕士学位论文，南京师范大学，2021。

郭正武、邱树添、董巧凤、陈芸：《社会科学普及基地空间服务理论及其发展范式探究》，《宁德师范学院学报》（哲学社会科学版）2022年第2期。

韩飞：《社会科学普及推动新时代马克思主义中国化理论传播》，《福建教育学院学报》2019 年第 10 期。

黄仁佳：《广西铸牢中华民族共同体意识示范区创建路径研究——以社会科学宣传普及工作为视角》，《传承》2022 年第 4 期。

蒋建科：《科学普及是一项系统工程》，《科技传播》2020 年第 15 期。

李健民：《科技创新与科学普及融合发展的思考》，《安徽科技》2019 年第 7 期。

李梅：《充分发挥新媒体在金华市科普工作中的作用》，《职业技术》2019 年第 8 期。

李青：《现代性视角下美国非正式科学教育发展研究》，博士学位论文，四川师范大学，2021。

林桂桢：《品味传统文化 学习社会科学》，《厦门日报》2023 年 11 月 6 日。

蔺文爱：《面向大数据的公共图书馆社科普及宣传平台建设研究》，《晋图学刊》2019 年第 3 期。

刘伟、曹爱红、江光华：《创新生态视角下的科学普及》，《科技智囊》2018 年第 7 期。

刘宇：《我国社会科学普及地方立法的动力、样态与趋向》，《重庆交通大学学报》（社会科学版）2019 年第 6 期。

刘仲平：《绵阳市社科联抓社科普及基地建设成效显著》，《四川社科界》2015 年第 2 期。

龙艳：《21 世纪以来我国社会科学普及事业的发展与启示》，《文教资料》2023 年第 5 期。

龙艳：《创新社会科学普及人才机制路径研究》，《湖南科技学院学报》2018 年第 9 期。

龙艳：《浅析信息化语境下社会科学传播普及的内涵与价值》，《湖南大众传媒职业技术学院学报》2018 年第 3 期。

龙艳：《社会科学普及基地发展现状及建议》，《文教资料》2018 年第 19 期。

龙艳：《社会科学普及体制机制的问题与对策研究》，《传播力研究》2018 年第 26 期。

龙艳:《社会科学普及信息化成效评价问题初探》,《科技传播》2023年第7期。

龙艳:《社会科学普及信息化的问题与对策研究》,《湖南社会科学》2018年第4期。

龙艳、李凤琦:《社会科学普及中的信息不对称问题及对策》,《湖南大众传媒职业技术学院学报》2023年第1期。

罗昊雯、李正风:《开放科学条件下的科学普及:趋势、机遇与挑战》,《科普研究》2023年第3期。

钱晨璇:《指向青少年科学素养提升的中美英科学普及比较研究》,硕士学位论文,浙江师范大学,2023。

任雯雯:《新媒体视域下社会科学普及路径创新研究——以石家庄市为例》,硕士学位论文,河北师范大学,2019。

沈怡玥、王广艳:《社科普及资源融入社区教育价值及实现路径研究》,《无锡职业技术学院学报》2023年第4期。

石宪:《内蒙古自治区科学普及问题研究》,硕士学位论文,内蒙古农业大学,2021。

谭笑:《社会科学普及信息化的问题与对策研究》,《办公室业务》2023年第4期。

唐先滨:《探索社会科学普及新路子》,《新疆日报(汉)》2022年5月19日。

唐先滨、吴苏红、海萨尔·吐尔德汗:《推进社会科学普及的现实路径研究》,《大陆桥视野》2022年第5期。

万劲波、杨彩霞:《提升大众媒体科学普及能力的思考》,《科技导报》2020年第8期。

王晶:《新形势下社会科学普及工作存在的问题与对策研究》,《山西科技报》2023年9月28日。

王珂:《科学普及中话语亲和力研究》,《新闻研究导刊》2019年第16期。

王谦虚:《守正创新铸魂补钙 凝心聚力追赶发展》,《定西日报》2022年12月10日。

王诗憬:《新时代社会科学普及与乡村振兴研究》,《农村经济与科技》

2019 年第 10 期。

王硕、李秋甫：《数字伦理：数字化转型中科学普及的新使命与新规范》，《科普研究》2023 年第 3 期。

王伟：《〈科学〉杂志的科学传播研究——基于 1915—1949 年发刊的文本分析》，博士学位论文，上海师范大学，2019。

吴泽林：《概念转换与中国社会科学概念的自主化与普及化》，《国际关系研究》2020 年第 3 期。

欣闻：《繁荣哲学社会科学 助力营口发展振兴——市社科联工作综述》，《营口日报》2023 年 6 月 5 日。

杨亮：《社科普及基地建设的哲学思考——以浙江省为例》，《前沿》2016 年第 4 期。

杨亮、刘静：《运用社科普及基地资源提升"概论"课亲和力——以浙江省为例》，《教书育人（高教论坛）》2020 年第 9 期。

杨雪梅：《社会科学普及研究进展的大数据分析与思考》，《智库时代》2018 年第 28 期。

姚明、郑伟：《社会科学普及地方立法生成路径研究——以安徽省为例》，《长春大学学报》2021 年第 1 期。

余文斌：《立法推进哲学社会科学强省建设》，《浙江人大》2022 年第 9 期。

张斌：《社会科学成果转化之思考》，《广西社会主义学院学报》2019 年第 5 期。

张莉芬、李娟：《让群众在家门口共享社科盛宴——二〇二三年我市哲学社会科学普及周活动综述》，《晋中日报》2023 年 6 月 17 日。

张秋涛：《将社会科学普及工作全面纳入法治轨道——写在〈贵州省社会科学普及条例〉颁布实施之际》，《贵州日报》2022 年 5 月 17 日。

张思光、周建中、肖尤丹：《新时代科学共同体的科普责任——基于科普法治的视角》，《科普研究》2022 年第 2 期。

张燕：《公共图书馆助力社会科学普及》，《当代贵州》2022 年第 41 期。

张越、玄兆辉、杨彩凤：《不确定性的科学普及与科技创新发展关联性分析》，《中国科技资源导刊》2020 年第 1 期。

赵慧敏、何艳丽：《基于"互联网+"背景简析社会科学普及的传播机制与创新策略》，《新闻传播》2021年第2期。

赵娟：《大力加强人文社会科学普及与传播》，《社会主义论坛》2020年第7期。

郑楷隆：《新形势下社会科学普及工作存在的问题与对策》，《教育艺术》2024年第3期。

周继祥：《我国社会科学普及立法现状和发展趋势研究——给安徽省社会科学普及地方立法的建议》，《合肥师范学院学报》2020年第1期。

周洁：《数字化时代地方科协如何做好科学普及？——基于2017—2022年北京"科协频道"项目数据的统计分析》，《今日科苑》2023年第7期。

周良发、陈元晴：《大数据时代安徽社会科学普及数据化转型的模式及路径》，《中共合肥市委党校学报》2018年第5期。

周良发、刘雨洁、唐冰冰：《区块链技术赋能社会科学普及创新：价值、风险与规制策略》，《阿坝师范学院学报》2021年第1期。

周良发、王昕：《改革开放以来社会科学普及研究的现状、问题与展望》，《长春理工大学学报》（社会科学版）2019年第4期。

周萱：《筑牢新时代哲学社会科学的灵魂》，《广元日报》2019年10月20日。

朱婷钰：《马克思主义科技伦理与科学普及的社会潜能——基于辩证的非同一性视角的探索》，《科学技术哲学研究》2023年第2期。

附录 A

社会科学普及情况调查问卷

尊敬的女士/先生：

您好！非常感谢您配合我们的调查。此次调查旨在了解新疆社会科学普及的情况，以便进一步为有关部门提供研究支持和决策依据。本调查均为匿名填写，所获取的数据仅供研究之用，不会对您的个人信息有任何泄露，请您放心填写，谢谢合作！

社会科学普及是指采取公众易于认知、理解、接受、参与的方式和途径，普及社会科学知识和理论成果，传播科学思想，倡导社会文明，传承中华优秀传统文化，弘扬科学精神和人文精神的活动。

课题组

第一部分

1. 您的性别：

A. 男　　　　　　B. 女

2. 您的年龄：

A. 20 岁及以下　　B. 21~30 岁　　　C. 31~40 岁　　　D. 41~50 岁

E. 51~60 岁　　　F. 61 岁及以上

3. 您现在的户籍所在地是：

A. 新疆　　　　　B. 非新疆

4. 您的民族：

A. 汉族　　　　　B. 维吾尔族　　　C. 哈萨克族　　　D. 满族

E. 柯尔克孜族　　F. 塔吉克族　　　G. 锡伯族

H. 蒙古族　　　　I. 其他＿＿＿＿

5. 您的文化程度：

A. 小学及以下　　B. 初中　　　　C. 中专　　　　D. 高中

E. 大专　　　　　F. 本科及以上

6. 您属于以下哪一类群体：

A. 退休人员　　　B. 在职公务员　　C. 企事业单位工作人员

D. 务工人员　　　E. 学生群体　　　F. 私营企业主群体

G. 自由职业群体　H. 农牧渔民群体　I. 个体经商人员及其他

第二部分

7. 您认为社会科学普及的主要内容有哪些（可多选）：

A. 马克思列宁主义、毛泽东思想、邓小平理论、"三个代表"重要思想、科学发展观、习近平新时代中国特色社会主义思想，党的路线、方针、政策

B. 社会主义核心价值观，以爱国主义为核心的民族精神和以改革创新为核心的时代精神，胡杨精神、兵团精神

C. 宪法、法律法规基本知识

D. 中华民族共同体意识、党的民族宗教理论和政策

E. 党史、新中国史、改革开放史、社会主义发展史、新疆地方与祖国关系史

F. 新时代党的治疆方略，新疆工作系列白皮书

G. 中华优秀传统文化、革命文化、中国特色社会主义先进文化

H. 健康、文明的生活理念和生活方式

I. 哲学、政治学、经济学、社会学、民族学、宗教学、法学、教育学、文学、历史学、军事学、管理学、艺术学、心理学、考古学等体现人类社会文明和社会发展规律的社会科学基础理论以及应用知识

8. 您对社会科学普及具体内容的了解程度：

A. 十分了解　　　B. 有所耳闻　　　C. 完全不知道

9. 2021年新疆维吾尔自治区社会科学普及周的具体日期是：

A. 3月16日至3月22日

B. 4月16日至4月22日

C. 5月16日至5月22日

D. 不清楚

10. 您所在地区是否开展过社会科学普及活动：

A. 是　　　　　　B. 否　　　　　　C. 不清楚

11. 您认为社会科学普及是否有必要：

A. 十分有必要　　B. 有必要　　　C. 没必要　　　D. 无所谓

12. 您认为社会科学普及工作对您产生的影响有（可多选）：

A. 对我平时的工作生活带来了有益的帮助

B. 提高了我的社会科学文化素养和思想道德素质

C. 扩宽了我的眼界了解到更多有用的知识

D. 没有产生影响

13. 您最希望通过社会科学普及解决哪些问题（可多选）：

A. 提高自身理论水平　　　　　B. 提高自身道德修养和文化素质

C. 提高自身学习和工作的能力　D. 改变生活方式

E. 优化人际关系　　　　　　　F. 其他

14. 在社会科学普及的过程中，您认为存在哪些问题（多选题）：

A. 社会科学普及资源投入机制尚不完善

B. 社会科学普及工作发展不均衡

C. 社会科学普及方式缺乏多元化

D. 社会科学普及传播渠道、手段有待进一步优化

E. 社会科学普及内容不够吸引人，不够丰富

F. 普及内容缺乏针对性、未能满足百姓需求

G. 普及过程单调乏味，缺乏吸引力

H. 普及语言单一，效果不佳

I. 普及方式单一，普及对象缺乏积极性

15. 您认为以下哪些方法有助于推动社会科学普及工作（多选题）：

A. 鼓励有关社会科学普及工作的社会捐赠

B. 把社会科学普及成果列入专业技术职务资格评审条件

C. 由省级政府组织评选社会科学普及与应用优秀成果

D. 对社会科学普及做出突出贡献的组织和个人予以奖励

E. 政府加大对社会科学普及工作人力物力的支持力度

F. 政府开设社会科学普及网站并研发 App 客户端

G. 设立社会科学普及馆

H. 举办网上名家讲坛

I. 开设数字图书馆

J. 推出社会科学方面的手机报

K. 其他

16. 您认为制约社会科学普及事业发展的主要因素有（多选题）：

A. 政府未发挥其主导作用

B. 社会科学普及人才培养不完备，社会科学队伍建设滞后

C. 社会科学普及资金投入不够，硬件设施不完善

D. 人民群众不重视

E. 对象化、互动化、分众化开展社会科学普及工作不到位

F. 其他

17. 您希望以什么样的形式开展社会科学普及活动（多选题）：

A. 报纸、杂志、图书等　　　　B. 电视、广播、广告

C. 社会科学普及馆　　　　　　D. 网络新媒体、自媒体

E. 宣讲　　　　　　　　　　　F. 其他

18. 在社会科学普及过程中，哪些方式会让您更易于理解和接受（多选题）：

A. 区分对象，在社会科学普及过程中要了解民情民意，把握群众的所思所想，梳理群众各方面的需求，定制普及内容

B. 普及内容对象化，"释"放正确观点。普及主体针对不同宣讲对象，用自己的语言来表达、阐释和解读。将"普通话"和"乡村话"融合起来，使群众能"听得进""听得懂"

C. 普及要讲实，避免"空"。让普及内容贴近实际、贴近生活，服务群众

D. 让人民群众既是社会科学普及的接受者更是宣传者

19. 您是否知道开展社会科学普及的相关主体：

A. 知道　　　　B. 不知道

20. 您认为社会科学普及主体有哪些（多选题）：

A. 政府　　　　B. 企业　　　　C. 社会组织　　　　D. 高校

E. 人大代表　　F. 创业先锋　　G. 道德模范　　H. 致富带头人
I. 其他

21. 您所在地区的社会科学普及主体是否开展了相关社会科学普及活动：

A. 是　　　　　B. 否　　　　　C. 不清楚

22. 您所在地区的社会科学普及主体开展社会科学普及活动的内容有（可多选）：

A. 马克思列宁主义、毛泽东思想、邓小平理论、"三个代表"重要思想、科学发展观、习近平新时代中国特色社会主义思想，党的路线、方针、政策

B. 社会主义核心价值观，以爱国主义为核心的民族精神和以改革创新为核心的时代精神，胡杨精神、兵团精神

C. 宪法、法律法规基本知识

D. 中华民族共同体意识、党的民族宗教理论和政策

E. 党史、新中国史、改革开放史、社会主义发展史、新疆地方与祖国关系史

F. 新时代党的治疆方略，新疆工作系列白皮书

G. 中华优秀传统文化、革命文化、中国特色社会主义先进文化

H. 健康、文明的生活理念和生活方式

I. 哲学、政治学、经济学、社会学、民族学、宗教学、法学、教育学、文学、历史学、军事学、管理学、艺术学、心理学、考古学等体现人类社会文明和社会发展规律的社会科学基础理论以及应用知识

23. 您所在地区的社会科学普及主体开展社会科学普及活动的形式有（多选题）：

A. 报纸、杂志、图书等　　　B. 电视、广播、广告
C. 社会科学普及馆　　　　　D. 网络新媒体、自媒体
E. 宣讲　　　　　　　　　　F. 其他

24. 您对社会科学普及过程中普及内容的理解程度如何：

A. 完全能听懂　　B. 能听懂部分　　C. 听不懂

25. 您所在地区社会科学普及主体采用的语言种类有（可多选）：

A. 国家通用语言　B. 方言　　　　C. 少数民族语言

D. "国家通用语言+方言" E. "国家通用语言+少数民族语言"

26. 您认为社会科学普及主体采用的语言方式如何：

   A. 讲空话、枯燥无味 B. "高大上"、难以理解

   C. 通俗易懂 D. 生动有趣

27. 您对本地区开展的社会科学普及工作是否满意：

   A. 非常满意 B. 满意 C. 比较满意 D. 不满意

   E. 很不满意 F. 不知道

28. 您是否愿意主动参加社会科学普及活动并积极向周围人普及社会科学知识：

   A. 愿意 B. 不愿意 C. 无所谓

29. 开展社会科学知识普及互动化活动，关键是要加强"主客体的互动"，在交流中提高认识，您认为可以采取的措施有哪些（多选题）：

   A. 增强网络宣讲的生动性和感染力

   B. 改变传统的一人讲多人听的"灌输式"宣讲模式，强调理论宣讲过程中的互动、交流和现场反馈

   C. 注重宣讲客体对于宣讲过程的参与和融合

   D. "一把钥匙开一把锁"地开展精准宣讲，提高理论宣讲的针对性和实效性

   E. 围绕广大人民群众各方面的需求，深入了解网民的所思所想所盼，量身定制生产融媒体产品，精准把脉，对症下药

30. 您认为社会科学普及的互动方式有（多选题）：

   A. 宣讲主客体互动 B. 线上线下互动

   C. 平台载体互动 D. 军地互动

31. 您认为"平台载体互动"有哪些方式（多选题）：

   A. 强化目标群体互联网思维，主动适应互联网模式

   B. 构建线上线下同频共振、共同发声的大宣讲格局和平台

   C. 搭建网络理论宣讲的共享数据库，推动网络宣讲从静态到动态、一维到多维的全方位转变

   D. 发挥传统线下平台的作用

32. 您认为目前社会科学普及载体存在的问题有哪些（多选题）：

   A. 社会科学普及工作者对载体创新意愿不强

B. 社会科学普及方式缺少多元化

C. 社会科学普及渠道有待优化

D. 传统载体普及效果不佳

E. 新媒体利用率低

F. 人工智能技术应用有限

33. 为了使社会科学知识入脑入心，在互动或普及过程中，你认为应该如何做（多选题）：

A. 主客体互动，在交流中提高认识

B. 搭建互动平台，在共建共享中增进共识

C. 借助传统新闻媒介，发挥权威性、时效性作用

D. 建立宣讲资源共享渠道，如讲稿库、案例库、视频资源库等

34. 在社会科学普及互动化过程中您认为社会各界应当承担起哪些责任（多选题）：

A. 国家机关、企事业单位和其他社会组织应当结合各自实际开展社会科学知识普及活动

B. 工会、共青团、妇联、科学技术协会、文联、残联等团体应当按照社会科学普及规划和工作规划组织开展社会科学知识普及活动

C. 村委会、居委会应当结合实际，利用当地的教育、科技、文化和旅游资源开展关于民族团结进步、遵纪守法、去极端化、保护环境、文明健康、移风易俗、破除封建迷信等内容的社会科学知识普及活动

D. 各级各类学校应当把普及社会科学基础知识作为素质教育的重要内容，开展以铸牢中华民族共同体意识为重点内容的社会科学知识普及活动

E. 企业应该结合各自文化建设的实际，将社会科学知识作为职工教育培训内容，开展以职业道德、安全生产、绿色低碳为重点的社会科学普及活动

F. 社会科学学会、协会、研究会和民办社会科学研究组织等应当发挥自身优势，创作社会科学普及作品，开展社会科学普及活动

G. 图书馆、美术馆、科技馆、文化馆等公共场馆，应当充分发挥阵地平台的作用，开展社会科学知识普及活动

H. 商圈、医院、广场、公园等公共场所经营或者管理单位，应当利用宣传栏、电子屏幕等设施宣传社会科学知识

35. 您所在的地区是否会针对特定群体开展有针对性的社会科学普及工作：

  A. 会   B. 不会   C. 不清楚

36. 您所在的地区是否会针对不同人群安排不同的宣讲主题：

  A. 会   B. 不会   C. 不清楚

37. 如果有针对不同人群安排不同的宣讲主体的情况，产生的效果如何：

  A. 效果很好 B. 效果较好 C. 效果不理想 D. 不清楚

38. 您认为当前社会科学普及在满足受众需求方面存在的问题有（多选题）：

  A. 传播速度慢，缺乏时效性

  B. 传播形式呆板，缺乏趣味性

  C. 内容宽泛，缺乏权威性

  D. 掺杂谣言，难辨真伪

  E. 内容及形式无法满足个人需求

  F. 其他

39. 您希望社会科学普及工作在哪些方面可以有所创新（多选题）：

  A. 形式   B. 内容   C. 平台

  D. 载体   E. 其他

附录 B

关于公众社会科学素养的现状问卷调查

尊敬的女士/先生：

您好！非常感谢您配合我们的调查。

为了全面了解新疆公众的社会科学素养以及需求状况，推动新疆维吾尔自治区社会科学普及工作更加贴近实际，我们编制了这份调查问卷。请您根据自己的真实感受、如实填写。本次调查严格按照《统计法》的要求进行，不用填写姓名，我们保证对您所填写的内容进行保密，所有的回答将只用于统计分析，答案无对错之分，请您不必有任何顾虑。

希望能够得到您的支持，感谢您的参与！

课题组

第一部分 个人基本情况

1. 你的性别（　　）

A. 男　　　　　B. 女

2. 您的政治面貌是（　　）

A. 中共党员或中共预备党员　　B. 共青团员　　C. 群众

3. 您的年龄是（　　）

A. 20 岁及以下　B. 21~30 岁　　C. 31~40 岁

D. 41~50 岁　　E. 51~60 岁　　F. 61 岁及以上

4. 您的教育程度是（　　）

A. 小学及以下　B. 初中　　　　C. 高中或中专　D. 大专

E. 大学本科　　F. 研究生

5. 您的职业是（　　）

A. 国家机关、党群组织、企事业单位负责人

B. 专业技术人员

C. 行政办事人员

D. 商业、服务业人员

E. 农、林、牧、渔、水利业生产人员

F. 工业生产、运输设备操作人员及辅助人员

G. 家务劳动者

H. 学生

I. 离退休人员

J. 城镇无业、失业、半失业人员

K. 丧失劳动能力者

L. 其他（请注明）

6. 您的民族是（　　）

A. 汉族　　　　　B. 维吾尔族　　　C. 哈萨克族

D. 回族　　　　　E. 柯尔克孜族　　F. 蒙古族

G. 锡伯族　　　　H. 塔吉克族　　　I. 乌孜别克族

J. 满族　　　　　K. 其他（请注明）

7. 您的月平均收入为（　　）

A. 2000元以下　　B. 2001~3500元　　C. 3501~5000元

D. 5001~8000元　E. 8001~10000元　F. 10001元及以上

8. 您的户籍所在地为（　　）

A. 南疆　　　　　B. 北疆　　　　　C. 东疆　　　　　D. 其他省份

9. 您的居住地是（　　）

A. 城市　　　　　B. 农村

10. 您的婚姻状况为（　　）

A. 已婚　　　　　B. 未婚　　　　　C. 离异　　　　　D. 丧偶

E. 其他

第二部分　对社会科学知识的理解

1. 建设中国特色社会主义，关于中国特色社会主义的总布局是（　　）

A. 经济、政治、文化、社会建设"四位一体"

B. 实现社会主义现代化和中华民族伟大复兴

C. 社会主义初级阶段

D. 经济、政治、文化、社会、生态文明建设"五位一体"

2. 以爱国主义为核心的民族精神和以（　　　）为核心的时代精神，是社会主义核心价值观的精髓。

A. 依法治国　　　　　　B. 依法治国

C. 改革创新　　　　　　D. 民族平等

3. 我国的法定结婚年龄是？（　　）

A. 男 23 岁，女 20 岁　　B. 男 22 岁，女 20 岁

C. 男 24 岁，女 22 岁　　D. 男 20 岁，女 18 岁

4. 柯尔克孜族的英雄民族史诗是？（　　）

A.《格萨尔王传》　　　B.《江格尔》

C.《玛纳斯》　　　　　D.《梅葛》

5. _____是中华人民共和国的主要领导人之一，中国社会主义改革开放和现代化建设的总设计师；为中国社会主义制度的建立、巩固和发展，进行了艰辛探索；为成功开辟建设中国特色社会主义的道路，建立了不朽功勋。（　　）

A. 毛泽东　　B. 周恩来　　C. 邓小平　　D. 江泽民

6. 党的十八大以来，以习近平同志为核心的党中央深化对治疆规律的认识和把握，形成了新时代党的治疆方略，明确了"_____、_____、_____、_____、_____"的方针策略（多选）

A. 依法治疆　　B. 团结稳疆　　C. 文化润疆

D. 富民兴疆　　E. 长期建疆

7. "有一个年近 90 岁的老爷爷，家门前有太行、王屋两座大山阻碍出行，他决定移开这两座山。有人讥笑他，老爷爷说'我死了有儿子，儿子死了有孙子，子子孙孙是不会穷尽的，而山不会增加，何愁移不掉。'他的行为感动了天帝，于是派两个神仙把两座山背走了。"

这个神话故事的名字是？

A. 愚公移山　　B. 牛郎织女　　C. 盘古开天辟地　　D. 八仙过海

8. 以下（　　）不得进入高速公路。（多选）

A. 行人

B. 非机动车

C. 拖拉机、轮式专用机械车、铰接式客车、全挂拖斗车

D. 设计最高时速低于70公里的机动车

9. 您认为我国最高权力机关是？（　　）

　　A. 国务院　　　　　　　　　B. 最高人民法院

　　C. 全国人民代表大会　　　　D. 中国人民政治协商会议

10. 每年_____月的第三周为自治区社会科学普及周？

　　A. 三月　　　B. 四月　　　C. 五月　　　D. 六月

第三部分　对社会科学的态度

1. 您是否了解社会科学素养或社会科学素养培育？（　　）

　　A. 非常了解　　B. 了解一些　　C. 听说过　　D. 不了解

2. 您认为培育和提升社会科学素养是否重要？（　　）

　　A. 非常重要　　B. 重要　　C. 一般　　D. 不重要

　　E. 非常不重要

3. 您认为社会科学素养对于人们的健康成长是否重要？（　　）

　　A. 非常重要　　B. 重要　　C. 一般　　D. 不重要

　　E. 非常不重要

4. 您认为自己的社会科学素养怎么样？（　　）

　　A. 非常高　　B. 比较高　　C. 一般　　D. 比较低

　　E. 非常低

5. 您是否曾经有过着重提高自己社会科学素养的意识？（　　）

　　A. 有意识提升自己的社会科学素养

　　B. 有，但不知道如何去做

　　C. 没有，也不知道如何去做

　　D. 无所谓，没感觉

6. 您愿意加入社会科学普及队伍吗？（　　）

　　A. 愿意　　B. 比较愿意　　C. 一般

　　D. 不愿意　　E. 比较不愿意

7. 您认为社会科学对下面这些方面有什么影响？（5-有非常积极的影

响，4-有积极影响，3-积极与消极影响差不多，2-有消极影响，1-有非常消极的影响。在您认可的答案下打√即可)

题项	有非常积极的影响	有积极影响	积极与消极影响差不多	有消极影响	有非常消极的影响
社会稳定					
经济发展					
人际关系					
公众健康					
文化生活					
民族团结					
道德素质					
世界和平					

8. 您是否知道下列这些机构？

题项	听说过	没听说过
中国社会科学院		
新疆社会科学院		
新疆社会科学界联合会		
新疆维吾尔自治区工会		
新疆维吾尔自治区妇女联合会		
新疆维吾尔自治区残疾人联合会		
新疆维吾尔自治区文学艺术界联合会		

第四部分　对社会科学普及工作的兴趣和需求情况

1. 请依次选择下列您感兴趣的社会科学学科（　　　）
   A. 哲学　　　　B. 经济学　　　C. 法学　　　　D. 教育学
   E. 文学　　　　F. 历史　　　　G. 管理学
2. 您希望获取哪些方面的社会科学知识或信息？（多选）（　　　）
   A. 马克思列宁主义、毛泽东思想、邓小平理论、"三个代表"重要思想、科学发展观、习近平新时代中国特色社会主义思想，党的路线、方针、政策

B. 社会主义核心价值观，以爱国主义为核心的民族精神和以改革创新为核心的时代精神，胡杨精神、兵团精神

C. 宪法、法律法规基本知识

D. 中华民族共同体意识、党的民族宗教理论和政策

E. 党史、新中国史、改革开放史、社会主义发展史、新疆地方与祖国关系史

F. 新时代党的治疆方略，新疆工作系列白皮书

G. 中华优秀传统文化、革命文化、中国特色社会主义先进文化

H. 健康、文明的生活理念和生活方式

I. 哲学、政治学、经济学、社会学、民族学、宗教学、法学、教育学、文学、历史学、军事学、管理学、艺术学、心理学、考古学等体现人类社会文明和社会发展规律的社会科学基础理论以及应用知识

3. 您主要通过下列哪些方式获取社会科学知识？请依次选出主要的三项。（　　）

A. 报纸、杂志以及图书　　B. 互联网

C. 讲座　　D. 知识竞赛

E. 与他人交谈　　F. 参观展览

G. 培训　　H. 学校课堂

I. 广播　　J. 电视

K. 其他（请注明）

4. 您平均每天花费在以下方面的时间大约是多少？

题项	0~1小时	2~3小时	4~5小时	6~7小时	8小时以上
观看电视					
上网浏览					
报纸、杂志以及图书					
收听广播					
海报、宣传栏					

5. 在最近的三个月里，您是否有以下行为：

题项	经常	偶尔	没有
观看电视中的社会科学类节目			
浏览网站中的社会科学类板块			
阅读报纸中的社会科学类专栏或阅读社会科学类杂志、图书			
收听广播电视台的社会科学类节目			
浏览海报、宣传栏中的社会科学类板块			
其他			

6. 您认为您周边举办的文化活动效果怎么样？（   ）

  A. 比较满意 B. 满意 C. 一般

  D. 不满意 E. 比较不满意

7. 您认为您周边举办的文化活动存在什么问题？（   ）

  A. 活动少且涉及的领域不多

  B. 内涵不深刻，参加后没什么感觉

  C. 宣传欠佳，影响力不够

  D. 形式主义严重

  E. 其他

8. 在过去的一年中，您没有去过社会科学普及场所的原因是什么？（   ）

  A. 工作或学业繁忙 B. 生活的地区没有相关场所

  C. 交通不便 D. 门票太贵

  E. 感觉很无聊 F. 不知道有这些地方的存在

  G. 其他

9. 您认为通过以下渠道传播社会科学知识的效果如何？

题项	非常好	比较好	一般	比较差	非常差
报纸书籍					
互联网					
讲座					
知识竞赛					
与他人交谈					

续表

题项	非常好	比较好	一般	比较差	非常差
参观展览					
培训					
学校课堂					
广播					
电视					

10. 您了解过您身边的社会科学普及基地吗？（   ）

    A. 非常了解   B. 了解一点   C. 完全不了解

11. 您对本地区社会科学普及工作的现状满意吗？（   ）

    A. 比较满意   B. 满意

    C. 不满意   D. 比较不满意

12. 您认为您身边的公共资源能否满足自己提升社会科学素养的需要？
（   ）

    A. 比较满足   B. 满足   C. 一般   D. 不满足

    E. 比较不满足

13. 您赞成下列各种观点或说法吗？

题项	赞成	不赞成	不知道
开展社会科学普及是必要的			
"文化润疆"是促进新疆发展必不可少的措施			
社会科学只注重理论而不注重实践			
一个人的社会科学素养会通过他的外在行为来体现			
社会科学对社会发展没有促进作用			
社会科学知识可有可无，学好自然科学就行			
社会科学普及基地是开展社会科学普及的重要载体			
实现中华民族的伟大复兴不需要社会科学			
社会科学对民众综合素质的提升是潜移默化的			
在新疆生活的居民社会科学素养很高			

14. 您最希望社会科学知识帮您提高哪方面的能力？（   ）（限选3项）

    A. 理论水平   B. 道德素质   C. 生存技能   D. 文化水平

E. 法律素养　　F. 审美情趣　　G. 辨别事情真相的能力

H. 其他（请注明）

第五部分　社会科学知识的普及

1. 您认为通常我们所说的"科普工作"的内容是什么？

A. 自然科学知识的普及

B. 社会科学知识的普及

C. 自然科学和社会科学知识的普及

D. 其他

2. 您对下列推进社会科学普及工作的一些主要措施有什么看法？（在您认可的答案下打√即可）

题项	非常同意	比较同意	一般	比较不同意	非常不同意
举办社会科学讲座、论坛、研讨会、座谈会、宣讲会、报告会，组织对话、咨询、培训、展览、演出以及各类知识竞赛等					
利用场馆、常设展厅等公共场所和历史人文资源，建立社会科学普及基地					
建设新时代文明实践中心，开展社会科学普及活动					
通过民族团结一家亲与民族团结联谊等活动，普及社会科学知识					
编写、制作、出版社会科学普及图书、音像制品、电子出版物和网络出版物，制作和发布社会科学普及公益广告					
利用各类媒体（如报刊、广播、电视、网站等）普及社会科学知识					
设立自治区社会科学普及周					
国家机关、企事业单位、其他社会组织（如村委会、居委会、各级学校）和企业开展社会科学普及活动					
自治区社会科学规划部门通过社会科学规划基金项目课题立项等措施，鼓励和支持社会科学普及理论研究与应用开发					

第六部分　社会科学知识的运用

1. 您作为一个游泳初学者，正在游泳馆里学习游泳，此时您看到一个人在深水区游泳，似乎遇到了麻烦，您应该怎么做？

　　A. 进入深水区施救

　　B. 装作看不见

　　C. 观察一下看对方是否真的陷入麻烦

　　D. 快速找到岸边的救生员求助

2. 王先生收到署名为李老师的信息，称自己正在上幼儿园的儿子因摔伤送往医院，李老师让王先生汇钱垫付医药费，爱子心切的王先生此时第一步该怎么做？（　　）

　　A. 第一时间汇款，以免延误救治时机

　　B. 找学校负责人核实该事，以确定短信内容真伪

　　C. 不予理会，现在的骗子太多了，要小心

　　D. 打回该电话核实情况，和李老师商量如何救治

3. 当社会各界对某一社会问题（或现象）的看法不一致时，您最相信（　　）

　　A. 有关专家的判断　　　　B. 社会上流传的说法

　　C. 实质调查的结论　　　　D. 书本上的观点

附录 C

访谈提纲

1. 分众化是指社会科学普及主体根据不同群体差异性、选择性、多样性的理论需求，面向特定的受众群体某种特定的需求，分别提供不同的社会科学普及方式。目前相关主体在主体分众、客体分众、内容分众（问题设置分众）方面是如何开展社会科学普及活动的？还存在哪些问题？

2. 对象化是指根据不同社会科学普及对象制定不同社会科学普及方案，定制不同的社会科学普及内容，选择不同的社会科学普及方式，"一把钥匙开一把锁"地开展精准社会科学普及。目前相关主体在内容对象化、语言对象化、主体对象化等方面是如何开展社会科学普及活动的？还存在哪些问题？

3. 互动化是指改变传统一人讲多人听的"灌输式"社会科学普及模式，强调社会科学普及过程中的互动、交流及现场反馈，注重普及客体对于普及过程的参与和融入。目前相关主体在主客体互动、线上线下互动、平台载体互动等方面是如何开展社会科学普及活动的？还存在哪些问题？是否有相关的反馈机制？

4. 社会科学普及工作进行的过程当中，按照对象化、互动化、分众化要求，需要不断地丰富所提供的社会科学普及内容，当前社会科学普及在满足受众需求方面是否存在能力不足的情况，面对这些情况，相关主体采取什么样的方式去解决，以满足人民群众多样化的需求？

5. 在社会科学普及工作的开展过程中，群众对工作的支持度、认可度怎么样？

6. 社会科学普及工作者是社会科学普及工作开展的重要力量，目前社会科学普及的人才队伍建设情况如何？在人才培养方面有哪些举措？

7.《新疆维吾尔自治区社会科学普及条例》已经出台，为社会科学普及工作提供了法律保障，该条例颁布后社会科学普及工作产生了什么样的变化？目前应如何贯彻落实该条例？

8. 新疆目前部分少数民族群众的国家通用语言水平不高，针对这种情况如何推进社会科学普及工作？面临哪些困难？有何优势和不足？你认为要解决农村基层的社会科学普及问题，还需要在哪些方面作出努力？

9. 在社会科学普及品牌打造、拓宽渠道方面（如图书馆、纪念馆、博物馆、美术馆、文化馆、科技馆、社会科学普及馆、新时代文明实践中心等），还存在哪些问题？需要从哪些方面进行解决？在社会科学普及馆建设方面有何规划？

10. 目前在社会科学普及方面都建设了哪些社会科学普及基地？还存在哪些问题？

11. 每年社会科学普及周是如何开展的？效果如何？如何利用好社会科学普及周开展社会科学普及工作？

12. 在互联网时代，尤其是自媒体的不断发展，社会科学普及呈现"碎片化"的特点，信息的真伪也很难分辨，针对这些问题如何解决？

13. 您对于对象化、互动化、分众化开展社会科学普及工作还有什么好的建议？

后 记

党的十八大以来,以习近平同志为核心的党中央高度重视哲学社会科学事业。习近平总书记强调:"科技创新、科学普及"是实现创新发展的两翼,要把科学普及放在与科技创新同等重要的位置。作为人们认识世界、改造世界的重要工具,哲学社会科学是推动历史发展和社会进步的重要力量。社会科学普及是铸牢中华民族共同体意识的重要载体,是实施文化润疆工程的具体实践,是促进社会发展进步的必然选择,是推动现代文明培育的实现路径,是提升公众人文社科素养的有效渠道。作为"天山英才"培养计划哲学社会科学人才和新疆文化名家项目哲学社会科学普及人才的重要成果,《新疆社会科学普及发展研究》一书以习近平总书记关于哲学社会科学的重要论述为理论依据,以整体性的研究视角对新疆社会科学普及的基础性问题进行研究,重点探讨了新疆社会科学普及工作现状,新疆社会科学普及基地认定与评估,阐释宣传贯彻《新疆维吾尔自治区社会科学普及条例》,国内外社会科学普及的经验与启示,新疆公众人文社会科学素养等相关内容,具有重要的理论意义和现实意义。在书稿的创作过程中,我们以严谨的科学态度,对待每一项研究工作,确保数据的准确性与研究的可信度,力求将理论以通俗易懂的方式呈现给读者,通过生动的案例、简洁的语言和清晰的逻辑结构,帮助读者更好地理解社会科学普及。

书稿的创作过程充满了挑战与困难,一方面,书稿涉及新疆社会科学普及发展状况的研究,在资料收集与整理阶段,我们面临着信息繁杂、数据缺失等难题。为此,我们在查阅大量文献和研究报告、全面梳理分析新疆社会科学普及发展情况的基础上,深入新疆各地进行实地调研,以获取第一手的资料和真实的信息。另一方面,为确保书稿的学术性与通俗性,我们对书稿进行了多次讨论和修改,确保书稿既能够满足学术界的需要,又能够为广大读者所接受。回顾整个创作历程,我们深感困难与挑战是不可避免的，但只要我们拥有坚定的信念和不懈的努力，就一定能够克服一切困难，实现目标。

感谢新疆维吾尔自治区社会科学界联合会在课题研究、课题调研方面给予的帮助，感谢新疆大学社会科学处在学术著作出版资助过程中给予的帮助，感谢新疆大学政治与公共管理学院（国家安全学院）领导给予的大力支持，感谢项目团队中谢军伟老师、李红霞老师、周桔老师、谢鸥老师在课题研究中的突出贡献，感谢我的学生马瑞雪、孙越、叶鸿、王莎、权莉、王梦真、李美影、刘贝依、丁怡戈、王一宁、李旭弘、周娟、沈梦婷为本书出版付出的努力。最后感谢我的妻子李红霞、女儿唐之秋雅、儿子唐之夏青，在完成写作过程中，他们给予我非常大的理解和支持。没有他们的帮助，我的这项工作是难以完成的。

总的来说，本书不仅是对新疆社会科学普及工作的一次系统梳理和总结，更是对未来发展的一次展望和规划。我希望通过这本书，能够引起更多的人对新疆社会科学普及工作的关注和重视。同时，我也期待与广大读者一起探讨和交流社会科学普及工作中的成功经验和不足，为新疆乃至全国的社会科学普及事业贡献更多的智慧和力量。

尽管本书力求创新，但仍存在不足之处。感谢所有为此书的撰写付出辛勤汗水的同仁，也恳请各位读者提出宝贵意见，我们将继续关注新疆社会科学普及事业的发展动态，不断深化对这一主题的研究和探索。我们相信，在多方共同的努力下，新疆社会科学普及事业一定会取得更加辉煌的成就！

唐先滨

2024 年 12 月

图书在版编目(CIP)数据

新疆社会科学普及发展研究 / 唐先滨著. -- 北京：社会科学文献出版社，2025.1. -- ISBN 978-7-5228-4739-9

Ⅰ.C4

中国国家版本馆 CIP 数据核字第 202525QV64 号

新疆社会科学普及发展研究

著　　者 / 唐先滨

出 版 人 / 冀祥德
责任编辑 / 岳梦夏
责任印制 / 王京美

出　　版 / 社会科学文献出版社·马克思主义分社（010）59367126
　　　　　 地址：北京市北三环中路甲 29 号院华龙大厦　邮编：100029
　　　　　 网址：www.ssap.com.cn
发　　行 / 社会科学文献出版社（010）59367028
印　　装 / 三河市尚艺印装有限公司

规　　格 / 开本：787mm×1092mm　1/16
　　　　　 印张：13.75　字数：226 千字
版　　次 / 2025 年 1 月第 1 版　2025 年 1 月第 1 次印刷
书　　号 / ISBN 978-7-5228-4739-9
定　　价 / 98.00 元

读者服务电话：4008918866

△ 版权所有 翻印必究